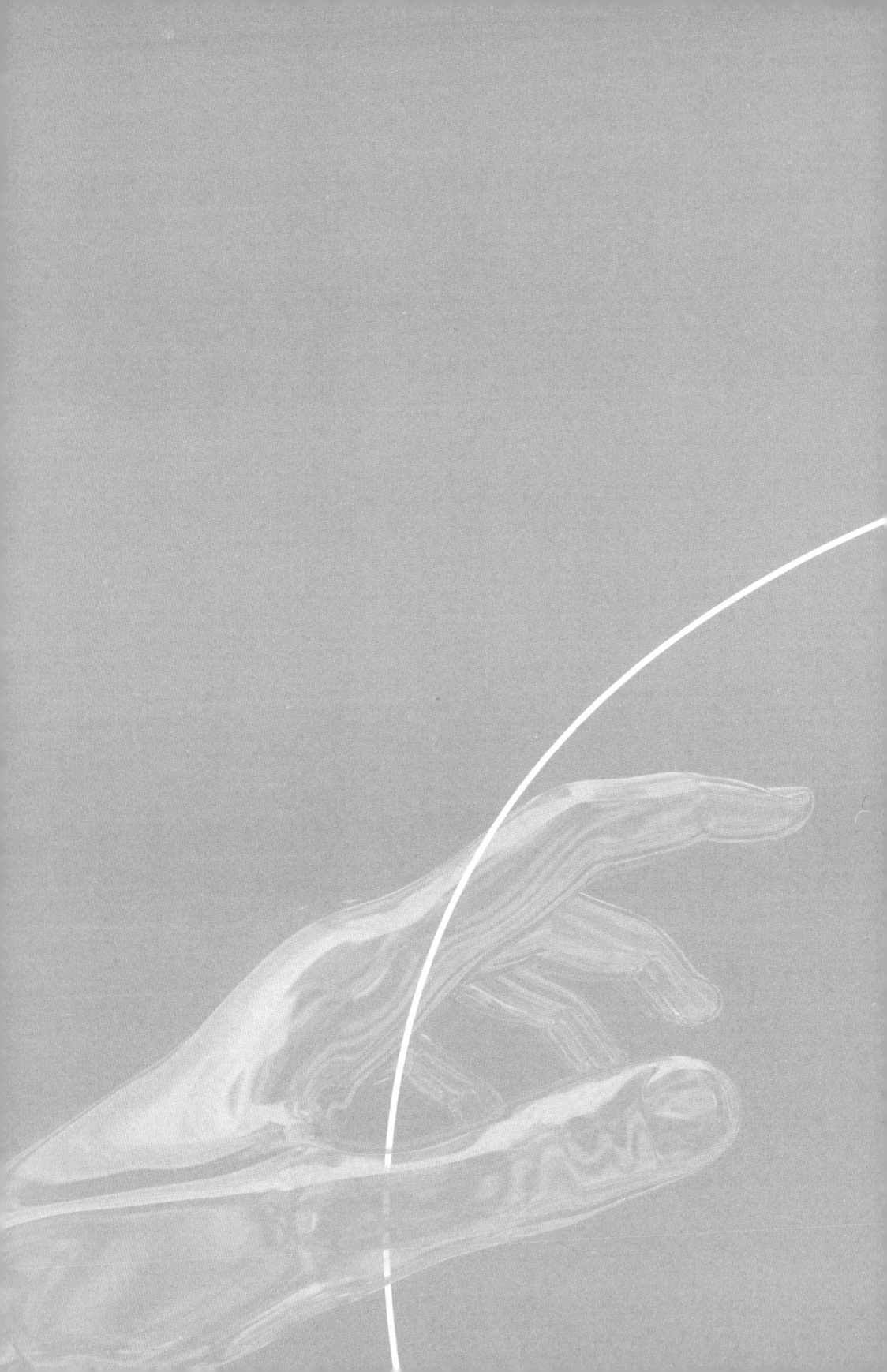

唯物史观视域下的当代资本主义新变化研究丛书
唐正东 / 主编

# 一般数据、虚体与数字资本

历史唯物主义视域下的
数字资本主义批判

蓝 江 / 著

江苏人民出版社

图书在版编目(CIP)数据

一般数据、虚体与数字资本：历史唯物主义视域下的数字资本主义批判 / 蓝江著. -- 南京：江苏人民出版社, 2022.5(2024.2重印)
(唯物史观视域下的当代资本主义新变化研究丛书)
ISBN 978-7-214-26290-5

Ⅰ. ①一… Ⅱ. ①蓝… Ⅲ. ①资本主义经济—网络经济—研究 Ⅳ. ①F

中国版本图书馆CIP数据核字(2021)第100995号

| | |
|---|---|
| 书　　　名 | 一般数据、虚体与数字资本：历史唯物主义视域下的数字资本主义批判 |
| 著　　　者 | 蓝　江 |
| 责 任 编 辑 | 曾　偲 |
| 装 帧 设 计 | 林　夏 |
| 责 任 监 制 | 王　娟 |
| 出 版 发 行 | 江苏人民出版社 |
| 地　　　址 | 南京市湖南路1号A楼,邮编:210009 |
| 照　　　排 | 江苏凤凰制版有限公司 |
| 印　　　刷 | 江苏凤凰盐城印刷有限公司 |
| 开　　　本 | 652毫米×960毫米　1/16 |
| 印　　　张 | 17.75　插页6 |
| 字　　　数 | 227千字 |
| 版　　　次 | 2022年5月第1版 |
| 印　　　次 | 2024年2月第2次印刷 |
| 标 准 书 号 | ISBN 978-7-214-26290-5 |
| 定　　　价 | 65.00元(精装) |

(江苏人民出版社图书凡印装错误可向承印厂调换)

本丛书系南京大学文科卓越研究计划项目
"世界马克思主义思潮与马克思主义中国化研究"成果

本书系国家社科基金重大项目
"后现代主义哲学发展路径与新进展研究"(18ZDA017)成果

# 总 序

从学术的角度推进对当代资本主义的研究,准确地把握其出现的各种变化和本质,深化对其发展规律的认识,是当下学界的一项重要任务。它不仅可以使我们从唯物史观的角度更加全面地剖析当代资本主义的本质,而且还可以从当代资本主义所无法摆脱的困境的维度来深化对资本逻辑本身的研究,从而对我们在新的实践语境中来驾驭资本关系提供有益的启示。

在当下的语境中,数据化生存已然是一种客观的事实。我们通过数据的中介而被联系在一起,作为平等和共享的数据包的一种要素而相互存在着,这要比当年通过货币的中介而使我们的社会关系不断延伸要来得更具质变性。我们通过数据的中介而使我们的主客体世界无限延长了,这已经不是一种手臂和脚的延长,而是世界本身的延长。这可能会使我们感叹一个新世界来临的可能性,但同时我们也要看到这个数据化的世界同样也有算法歧视、数据的资本化运作等难题。在马克思当年的货币化世界中,古典经济学家面对新出现的这个世界,很高兴地表示这是一个与封建时期的强权化社会秩序不同的、平等的自由交换的新世界,个人对他人的关系也从原先的依附关系变成了自由人之间的共生关系。但马克思却明白地告诉人们,资本主义货币化社会关系的本质不是一般的货币交换关系,而是以资本自我增殖的形式表现出来的特殊的货币关系。因此,它背后隐藏着的是与表面的自由平等关系不同的剥削与统治的关系。对这一点的强调并非为了让我们在当下的语境中照搬马克思当年的观点,而是敦促我们保持明确的方法论自觉。数据化世界的现实社会关系基础是一个很重要的理论维度,在私有制生产关系基础上的数据化世界很难摆脱资本对数据的控制。而要使数据化世界这个新要素能够真正服务于人们对美好生活的需要,就必须把它放在新生产关系的实践语境中。

资本逻辑批判一直是唯物史观视域下资本主义研究的一个重要领域。从资本关系出现的那一刻起,无止境的贫困以及无聊的劳动就一直是左派批判理论家关注的焦点。前者往往从交换或分配关系变革的角度,后者往往从基于人性的自由自觉的劳动的角度,来阐发自己的观点并提出克服上述困境的具体路径。对马克思恩格斯来说,上述阐释路径的最大问题在于拘泥于经济学的角度来谈论资本逻辑的本质。尽管从表面上看来,资本关系的确只是一种经济学上的关系,但如果真的只从经济学视域来探讨资本关系的本质,就很难得出正确的结论。亚当·斯密准确地看到了市场经济条件下商品交换的平等性,但他没看到的是资本主义市场经济条件下商品交换的吊诡性,即资本家在通过交换过程而得到劳动力商品之后,一定会在劳动力商品之使用价值的实现过程即资本主义生产过程中,迫使雇佣劳动生产出超过其自身价值的一个剩余价值。如果不越出资产阶级政治经济学的理论层面,如果不从唯物史观的视角进入生产关系的层面上来谈论资本关系,那是看不到上述这种吊诡性的。约翰·布雷、威廉·汤普逊等空想社会主义理论家之所以无法在克服不公平的分配关系上得出有说服力的结论,其原因正在于此。而在我看来,当代西方左派学界的一些学者尽管有较大的社会影响力,但他们解读资本逻辑的方法论却依然延续了从单纯经济学维度入手的解读思路。于是,资本关系的最大问题仍然是分配关系之不公平的问题,而不是资本主义生产关系的内在矛盾性问题。当我们面对他们所提出的各种诱人的替代方案时,我们要思考的其实不是这些方案是否完美,而是它们是否真能得以实现,是否真能推动现实社会关系的历史发展?

当代资本主义劳动过程的复杂化以及由此而带来的劳动主体、社会矛盾表现形式上的新变化,同样是我们在当代资本主义研究中要面对和重视的问题。劳动产品的形式从物质产品向知识产品的转变,使我们开始接受非物质劳动、生命政治的活动等新概念,并开始对劳动主体的转型问题感兴趣。从经验的层面上看,非物质劳动的确具有物质劳动所不具有的新特点,譬如,它更强调劳动者之间的协作性和共享性。但当有些国外学者说非物质劳动的这种新特点决定了它必然会开辟出人类社会关系的新未来时,我们需要思考的是:这种解读思路在方法论上是否存在着局限性?马克思当年面对机器体系的作用问题时,他感兴趣的不是机器的作用而是机器大工业对劳动过程的改变以及由此而对社会经济形态产生的影响。这不是因为马克思对工业过程有偏好,而是因为他是把机器放在资本主义生产过程的层面上来加以解读的。当我们今天面对当代资本主义的非物质劳动过程时,我们不仅要在生产的技术方式维度上关注非物质劳动的新特点,而且还要在生产的社会关系维度上来关注这种非物质劳动的具体表现形式。在资本主义生产关系条件下,非物质劳动的协作性和共享性到底会以什么样的形式表现出来?它还有可能以单独的形式来推动社会关系的发展吗?从本质上讲,对这一问题的思考,关系到我们能否正确理解唯物史观在方法论上的深刻性。

从现代性维度来剖析资本主义的特征,是学界很早就开启的一种学术努力,有从文化维度切入的,也有从经济学、政治学等维度切入的。从现代性的结构或元结构的角度来深化对这一问题的探讨,不失为一种可喜的理论努力。我们只有真正搞清楚了现代性的结构特征,才可能找到克服现代性之内在矛盾的科学路径。其实,不管是对现代性还是对现代化进程的研究,都有一个审视角度的问题。如果我们只是在文化的维度上把现代性解读为资本逻辑在文化层面的效应,那么,现代性批判的理论路径便只可能沿着文化的维度而展开。同样,如果我们只是从经济学和政治学的角度来谈论现代性问题,那么,现代性的结构当然就会被解读为市场和组织的相加。应该说,这些解读思路从某个角度来看都是有学术价值的,但当我们面对唯物史观对现代性问题的解读思路时,我们才能真正感受到方法论变革在此问题研究中的重要性。对唯物史观来说,社会实践是解读现代性问题的理论和实践基础。因此,那些看似独立的文化要素、经济要素和政治要素,其实都是现实的社会实践活动因其复杂性而展现出来的客观内容。从唯物史观角度来深化对这种复杂现代性的解读,可以让我们更加准确地把握当代资本主义现代性的内在矛盾及外在表现形式,同时也可以帮助我们正确地理解超越这种现代性的现实路径。对当代资本主义新变化的研究还可以从很多其他的角度来切入,在此就不详细展开了。此丛书是我们在这一领域所做的一项学术努力。我们希望通过对当代资本主义新变化研究的唯物史观视域的强调,来凸显一种方法论的自觉,以使我们能够从社会历史过程的角度来推进对此问题的研究。至于我们是否真的做到了这一点,还要请读到此丛书的专家学者们来评判,请大家批评指正。此丛书得到了南京大学文科卓越研究计划项目"世界马克思主义思潮与马克思主义中国化研究"的支持,在此表示感谢!

唐正东

2022年3月1日于南京

# 目 录

序 曲 1

第一章 三重逻辑 21
  一、一般数据:数字资本的本体论 22
  二、虚体:数字资本的存在论 28
  三、数字资本:数字时代的政治经济学批判 33

第二章 三个思考 39
  一、约迪·迪恩:交往资本主义 40
  二、克里斯蒂安·福克斯:数字劳动 46
  三、斯尔尼塞克、威廉姆斯:加速主义 51

第三章 数字权力 57
  一、数字权力的崛起 58
  二、数字资本的权力 63
  三、权力与新社会存在本体论 68

## 第四章　数字对象　73
一、自然与社会:现代体制下的"似自然性"　74
二、拟-对象与行动者网络理论　80
三、走向数字对象理论　87

## 第五章　虚体　95
一、影:从身体到虚体　96
二、被编码的物和数字辩证法　100
三、被异化的虚体　106

## 第六章　数字异化　112
一、对象性活动的分离　113
二、物的中介　119
三、数字异化的兴起　124

## 第七章　数字身体　131
一、从身体现象学到数码现象学　132
二、被颠倒的提线木偶　138
三、拟-生命与游戏的身体　144

## 第八章　数字生命政治学　150
一、人口统计学与生命档案化　152
二、算无遗策:算法治理和潜在性的消失　158
三、新神圣人:算法裂隙中的流众　165

## 第九章　数字货币　172
一、铭文:所有物的记录形式　174
二、封印的象征:货币装置的组成　180
三、分散式簿记和数字签名:走向数字货币　185

## 第十章　数字资本　193

一、从产业资本到数字资本　194

二、一般数据及其生产　199

三、数字资本的政治经济学　205

## 第十一章　数字再生产　211

一、从可说性到可数字化　213

二、复制与增补：再生产的数据化　218

三、数据生产关系的再生产　223

## 第十二章　数字社会主义的可能性　230

一、无用阶级：无产阶级的新形态？　232

二、人工智能与新社会主义计划　237

三、新控制论与未来的社会主义　243

## 尾声：5G、数字在场与万物互联　250

主要参考文献　261

后　记　271

# 序 曲

2017年上映的陈玉勋导演的电影《健忘村》有一个十分有趣的设定。看似安静祥和，实际上充满着尔虞我诈、明争暗斗的裕旺村（"欲望"的谐音），有一天突然来了一位云游四海的道士，自称天虹真人。他随身带来的一件法器，叫作"忘忧"，他称这是一件周朝流传下来的法器，具有异能。其中一个基本功能是，可以抹除人们那些不堪回首的记忆，让人忘掉记忆中的烦恼。第一个试用这个功能的是村民林金财家的娘子乌云，她憎恨自己的丈夫，又与村里的刘大夫好上了，刘大夫给她一包毒药准备毒死林金财，但是阴差阳错乌云却毒死了女主角秋蓉的丈夫朱大饼。所以，乌云要求抹去这段烦心的记忆。后来村子里的人逐渐都来找天虹真人抹除记忆。之前抹除记忆和忘记忧愁是出于村民自愿，后来由于大多数村民都抹除了记忆，剩下的没有抹除记忆的人成了另类，如村长和女主角秋蓉，他们便被要求强制抹除记忆。此外，之前要求抹除的记忆不过是每个人记忆中的烦忧的内容，但是，随着大家都来抹除记忆，所有的独特性的记忆都被抹除了，每一个人都被还原为一个特殊性的存在，用法国思想家贝尔纳·斯蒂格勒（Bernard Stiegler）的话来说："每个人的独特性被还原为特殊性。而这就是各种共同体类型的基础。"[1] 换句

---

[1] Bernard Stiegler, *Symbolic Misery Vol. 1: The Hyperindustrial Epoch*, trans. Barnaby Norman, Cambridge: Polity, 2014, pp. 5-6.

话说，抹除记忆、忘记烦恼的工具性操作，虽然不能被视为对人的生命的戕害，但是，在一定程度上，"忘忧"工具的抹除操作的作用就在于，将人还原为一个基本框架下的存在，任何背离于这个框架的记忆都必须被抹除。此外，天虹真人在抹除了所有人的记忆之后，将自己装扮成新村长，并自己起名为田贵。他给大家讲了一个神话故事，说是村长拯救了所有的村民，村民现在的幸福生活都来自村长的恩泽，而村民每天需要在一个仪式上唱着村长的颂歌，借此来维持村民共同体的存在。这样，之前尔虞我诈、钩心斗角的裕旺村，在"忘忧"机器的操纵下，变成了一个和谐的村子，每一个人都可以共同在对村长田贵神话的颂歌中维系着长久的宁静祥和。

其实，在"忘忧"机器抹除记忆的操作之外，村长田贵的另一个举动，往往会为观众所忽视，而这个举动，对于裕旺村的和谐同样是不可或缺的。这就是：一旦抹除了记忆，每个个体实际上丧失了独特性区分的可能。我们不可能再根据阴险狡诈来识别老村长，根据吝啬贪财来识别林金财，根据招蜂引蝶来识别乌云，如此等等。人与人之间的自然区别，在抹除记忆的同时也被抹除了。林金财与刘大夫之间很难有一个明确的区别，每一个人在"忘忧"的操作下都变成了列维纳斯式的无脸之人，在裕旺村中只有抽象的躯体在来回游动。用法国技术哲学家吉尔贝·西蒙东（Gilbert Simondon）的话来说，这是人的个性化（individuation）机能的丧失，而斯蒂格勒直接将这种个性化的丧失与当代资本主义前提下工人阶级的存在状况做了一个对比："工人不再是一个技术性的个体，因为机器已经让其行为标准化。这样，他变成了无产阶级。机器本身变成了技术对象，而工人不过是一个奴仆。"[①] 个性化的消失，意味着工人的独特性从内部被掏空，他们仅仅

---

[①] Bernard Stiegler, *Symbolic Misery*, Vol.1: *The Hyperindustrial Epoch*, trans. Barnaby Norman, Cambridge: Polity, 2014, p.49.

成为一种在新的自动化装置之下的无差别的无产阶级。在裕旺村里，被"忘忧"抹除了记忆的村民，无论之前的身份是贵是贱，都无一例外地成了操作"忘忧"机器的田贵的奴仆，田贵的到来直接让裕旺村经历了一次"启蒙"式的洗礼；在村长田贵的"启蒙"神话下，村民的无差别化的抽象，实际上让他们丧失了直接感受裕旺村中的现实的能力，一切生活状态，必须经由田贵的"启蒙"神话才能得到理解。

而在这个神话框架下，最终的问题是，村民们彼此间仍然存在着区别，但是这种区别已经不是之前的独特性区别，而是特殊性区别，即在一个可以计数的坐标系下进行的编号操作。对于所有的男性村民，田贵给他们分别以天干中的甲乙丙丁……编号区分，而对于女性，则画上了不同的花瓣，分别标示为一花、二花、三花……如此等等。尽管在列维-施特劳斯的人类学研究中，也曾提到原始部落会通过文身或文面的方式，将血缘关系和谱系学的相关信息，在统一结构语义学之下，在文身的花纹和数量上体现出来，但是《健忘村》中的数字却有着完全不同的意义。在一定程度上，村长田贵的操作并不是为了展现裕旺村中的自然的血缘谱系，相反，这个谱系恰恰是田贵必须要抹除的东西，抹除他到来之前所有的自然的与社会性的人际关系和血缘关系，包括夫妻关系、邻里关系、父子关系等。田贵的操作是超血缘的，田贵从甲乙丙丁……的编号一开始，就没有打算按村子原有的人员结构来计数，换言之，之前村民的既定结构是无法理解田贵的计数操作的。我们可以说，田贵的计数操作是一种统计学式的操作，是在完成对村民生命的抽象化处理之后，即实现了他们的生命从独特性还原为特殊性之后的操作。在这里，更近似于田贵的操作的是福柯意义上的生命权力和生命政治学，有趣的是，福柯谈论生命政治学的起点正好是一个计数性的操作：人口统计学。

在1976年的法兰西学院讲座"必须保卫社会"中，福柯第一次明确提出了他的生命权力（biopouvoir）和生命政治（biopolitique）概念。在福柯那里，生命政治是一种全新的治理技术，这是一种针对人被抽空独特性内涵的肉身化的技术，而不是直接针对人的生命的技术。对此，福柯说道：

> 在这个权力的新技术之中，在这个生命政治学之中，在这个建构的生命权力之中，到底是什么呢？刚才我跟你们说到两个词，即如出生率和死亡率、再生产比率、人口的繁殖等等一类的整体过程。我认为，在18世纪下半叶，出生率、死亡率、寿命这些过程，与所有经济和政治问题相联系，构成了知识的首要对象和生命政治学控制的首要目标。不管怎样，正是在这时，由最初的人口统计学对这些现象进行了统计工作。①

福柯的这段文字已经成为对他的生命政治学说的最经典的说明。在这里，福柯明确强调了生命权力和生命政治学的诞生与人口统计学计数操作之间的密切关系。不过，福柯更为重视的作用是生命的权力，通过生命政治的装置，变成直接作用于肉体的权力，生命的独特性被抽空，只剩下无法与其他对象相区分的肉体，这个被还原为人口统计学界面上的肉体，只有在计数的时候才有意义。在随后一年的讲座"安全、领土与人口"中，福柯再次强调了生命政治与人口统计之间的关系："因此有两个层面的现象。……一个属于政府的政治经济行为，这是人口的层面；而另一个层面是各种各样的人的层面，人口与此无关，应当得到治理，应当得到控制。"② 福柯表明，在独特性层面上的、不可计数的杂多个体是不适宜治理的，为了可以让政府进行治理，尤其是在政治和经济层面上进行治理，就必须对他们进行计数、进行统计，将杂多的个体还原为可以计数的人口，这正是福柯意义上的将生命变成肉体的生命权力，也是村长田贵应用甲乙丙丁……来治理村民

---

① [法] 福柯：《必须保卫社会》，钱翰译，上海人民出版社2000年版，第229—230页。
② [法] 福柯：《安全、领土与人口》，钱翰、陈晓径译，上海人民出版社2010年版，第33页。

的计数操作。

尽管福柯反复谈到人口统计和计数的问题,但是他并没有直接谈到计数和数字化对于生命政治治理的直接意义。福柯没有谈到的是,人口统计学不仅仅是一种将生命还原为肉体、将独特性还原为特殊性、将杂多个体还原为人口的计数操作,更重要的是,被统计起来的数字,并不是一次性的,而是被储存在数据库中的可以进一步统计管理的数据。也就是说,数据不仅仅是统计性的,也是生产性的,它本身就拥有着独立于具体个体的权力。比如说,当人口统计数据经过相关运算得出男女比例失调、人口老龄化严重等结论时,必然意味着相关的治理政策的出台,如增加生育率、做好地区卫生防疫,等等。数据实现的是一种全监控状态,它在将具体的生命还原为人口的同时,也为人口的发展指明了方向,即人口完全在一个可控的方向下被数据计算所引导,换言之,生命政治的核心是数字化治理。只有通过对已经被还原为标准化和形式化的肉体或人口的数字化,生命政治的治理才是可能的;正如在村长田贵完成了抹除记忆的操作之后,只能将村民编号为甲乙丙丁……或一花、二花、三花……之后,他对裕旺村的有序治理才是可能的。

当然,人口统计学只是数字化资本主义诞生的萌芽,它是今天高度运转的复杂化的数字化治理的一个前奏。但是在这个序曲中,已经出现了发达数字资本主义的某些端倪,如只有经过数字化的界面,存在物(个体)才能在既定的区域中找到自己对应的位置,才能有序地依照机器母体的节奏依次前进,而他们的每一次运动、每一次行为,甚至生老病死的环节,都被还原为计数和计算问题,而数据计算本身架构了对当代资本主义的理解。不过,数字化的治理与统治,在21世纪之前并没有成为十分显著的特征,也就是说,数字化的存在仍然依赖于原有的资本主义体系的运行规则,如在政治领域,依赖于官僚体制和设定的民主机制(如投票的技术、选举之前的民调),在经济领域，依赖于商品交换和资本周转的规律，货币资本仍然是主宰着资本主义市场运行的核心力量（包括在生产领域和消费领域）。然而，随着信息技术的深入发展，大数据、社会网络和云计算等新数字技术的广泛渗透，我们面对的资本主义已经不纯粹是之前仍然依附于现有的行政体系和货币交换体系的资本主义，在这个时代，数字化治理必然拥有着超越实体化资本主义的内涵。

实际上，对具体生命的抽象化，在资本主义发展史上有两条路径，而不是一条路径。第一条路径，对于马克思主义的研究者来说，已经非常熟悉，即政治经济学的路径。第二条路径，就是福柯提出的生命政治学的路径。这两条路径实际上是彼此平行的，两条路径共同构成了从古典时代向现代资本主义社会的政治和经济的过渡。

从古典政治经济学开始，如亚当·斯密就已经看到了一种抽离于具体生命的抽象劳动概念，即可以被量化和计算的劳动："等量劳动，无论在什么时候和什么地方，对于劳动者都可以说有同等的价值。如果劳动者都具有一般的精力和熟练与技巧程度，那么在劳动时，就必然牺牲等量的安乐、自由与幸福。他们所购得货物不论多少，总是等于他所付出的代价。……劳动是商品的真实价格，货币知识商品的名义价格。"[1] 更重要的是，斯密不仅仅看到了这种可以计算的等量劳动，而且也看到了这种等量劳动在整个资本主义市场体系构建中的地位和作用。作为等量劳动外表的价格，不仅仅是一个市场上的计量单位，它也架构了整个资本主义的市场，"货币却就在这情况下，成为一切文明国商业上的通用媒介。通过这媒介，一切货物都能进行买卖，都能

---

[1] [英] 亚当·斯密：《国民财富的性质和原因的研究》（上），郭大力、王亚南译，商务印书馆1972年版，第28—29页。

相互交换"①。斯密的逻辑，我们完全可以倒过来再叙述一遍，即一切货物倘若不通过货币这个媒介，它就无法交换，也无法在一切文明国商业中立足；于是，斯密的古典政治经济学命题完全可以置换为福柯式的生命政治学命题，在这个命题下，货币及其交换体系成为制约所有文明国（即资本主义国家）人口生命的一根准绳。

马克思充分肯定了亚当·斯密在古典政治经济学上的贡献，尤其提到了他从等量劳动的概念出发来架构整个资本主义市场秩序的观念：

> 亚当·斯密大大地前进了一步，他抛开了创造财富的活动的一切规定性——干脆就是劳动，既不是工业劳动，又不是商业劳动，也不是农业劳动，而既是这种劳动，又是那种劳动，有了创造财富的活动的抽象一般性，也就有了被规定为财富的对象的一般性，这就是产品一般，或者说又是劳动一般，然而是作为过去的、对象化的劳动。②

马克思所强调的劳动一般，就是斯密的等量的可以计算的劳动。劳动一般概念，被马克思直接视为现代经济学的起点，也正是在劳动一般概念的基础上，政治经济学才彻底摆脱了从具体规定性出发来谈论国民财富问题的状况，才真正第一次从抽象的形式化规律上探讨经济学的"自然"规律。不过，相对于亚当·斯密，马克思更清醒地认识到，这种所谓的经济学的"自然"规律实际上是属于市民社会时代的产物，它是在具体的社会发展过程中，从具体社会存在所面对的真实生活状态中产生出来的，而不是斯密或者古典政治经济学的理论生产。马克思说："最一般的抽象总只是产生在最丰富的具体发展的场合，在那里一种东西为许多东西所共有，为一切所共有。这样一来，它就

---

① [英] 亚当·斯密：《国民财富的性质和原因的研究》（上），郭大力、王亚南译，商务印书馆1972年版，第25页。
② 《马克思恩格斯选集》第2卷，人民出版社1995年版，第21—22页。

不再只是在特殊形式上才能加以思考了。另一方面，劳动一般这个抽象，不仅仅是各种劳动组成的一个具体总体的精神结果。对于任何种类劳动的同样看待，适合于这样一种社会形式，在这种社会形式中，个人很容易从一种劳动转到另一种劳动，一定种类的劳动对他们来说是偶然的，因而是无差别的。"①

我们应该如何理解马克思对劳动一般的历史唯物主义式的解读？显然，一种可以抽离于具体劳动种类的劳动一般概念的诞生，与一种社会现实有关，即各种具体劳动之间的可替换性。在前资本主义社会，从事工匠劳动的行会学徒，与长期在农场主庄园里租种土地的农民之间很难进行角色的转化，因为在不同行业之间，不仅仅存在着严格的壁垒，而且，每一种具体的劳动，都直接关乎具体个体的生存存在。如亚里士多德在《尼各马可伦理学》中就曾指出："人的劳动是灵魂的一种合乎逻各斯的实现的活动与实践，且一个好人的劳动就是良好地、高尚地完成这种劳动。"② 亚里士多德强调了前资本主义社会的劳动实际上关乎一个人的具体的存在德性，也就是人之所为人的生命的独特性，他因为他自己的劳动创造而成为那个声名显赫的人物。在此劳动和彼劳动之间，在画家的画作和陶瓷工匠的瓷器之间不存在任何可比性，因而也没有任何替代的可能性，在前资本主义社会中，画家的劳动不可能用陶瓷工匠的劳动来衡量，反之亦然。马克思的犀利在于，在某种特殊情况下，这种前资本主义社会中的不可转换和替代，没有共同衡量标准的劳动，在新的劳动体制下，突然具有了某种共同的标准，这个标准就是斯密所谈到的货币，而之所以拥有这个标准，在马克思看来，恰恰在于资本主义下的雇佣劳动的出现。雇佣劳动是以薪资来给劳动付酬的，按照马克思的说法："这种表现形式掩盖了现实关

---

① 《马克思恩格斯选集》第 2 卷，人民出版社 1995 年版，第 22 页。
② [古希腊] 亚里士多德：《尼各马可伦理学》，廖申白译，商务印书馆 2003 年版，第 20 页。

系，正好显示出它的反面。"① 换言之，马克思表明了，在雇佣劳动之下，抽象的劳动一般形式，是具体的现实劳动的表象，而现实中的具体劳动，无论是画家的绘画劳动，还是陶瓷工匠的制作劳动，抑或是在大机器面前从事流水线作业的产业工人，还有在电脑面前日复一日进行着鼠标键盘操作的现代雇佣工人，都被还原为一个指数，即劳动一般，他们之间的具体差别在这个抽象的表现形式面前是无意义的。如果他们抵抗这种抽象化还原的劳动一般，势必意味着被整个市场机制，乃至整个资本主义的运作机制所抛弃而无法生存，变成阿甘本意义上的赤裸生命。相反，他们若想在这个世界上寻得一块安身之所，就必须接受这种劳动一般的抽象化过程。

在这个意义上，政治经济学的抽象化过程，与福柯在人口统计学基础上提出的生命政治学过程是同时发生的两个过程。前者将具体劳动还原为抽象化的劳动一般，让具体的劳动活动进入到资本主义的市场和竞争机制当中，成为一种可以在市场上买卖的东西；后者成为统治者进行国家和社会治理的量化工具，它将治理的核心指向被还原为人口的肉体，一种成为规范的身体。两个过程的核心都在于量化：前者的量化在于换算成一个可交换的数字，在市场上成为通货；后者的量化是成为一个数据计算的指标，成为生命政治治理的对象。

不过，当部分第二国际的理论家从历史发展规律的角度来僵化理解马克思的历史唯物主义的时候，卢卡奇再一次从政治经济学和生命政治学的平行关系角度思考了历史唯物主义的批判性内涵。在《历史与阶级意识》中，卢卡奇提出了"物化"（Verdinglichung）的概念。他说道，商品结构的本质的基础是：

> 人与人之间的关系获得物的性质，并从而获得一种"幽灵般的对象性"，这种对象性以其严格的、仿佛十全十美和合理的自律

---

① 《马克思恩格斯选集》第2卷，人民出版社1995年版，第224页。

性掩盖着它的基本本质，即人与人之间关系的所有痕迹。①

在卢卡奇看来，商品形式的物成为人与人之间的中介，也成为人与世界的关系的中介；人与人之间的关系表现为一种物的关系，而人的存在必须通过物的方式来实现。于是，这是一个以商品形式的物为支配的社会，物以商品的形式渗透到社会生活的方方面面，在这个意义上，任何人或对象，都必须颠倒为物的形式，才能在市场化的世界上存在。这就是商品拜物教，也是以居于商品与商品之间的货币为核心的拜物教。因此，一旦我们被强制性地纳入以商品或货币为支配的社会，意味着我们被还原为物的形式，即卢卡奇意义上的物化。"因为只有当'自由的'工人产生了，他能够把他的劳动力作为'属于'他的商品，作为他'拥有'的物自由地放到市场上出卖时，劳动过程的合理机械化才是可能的。"②

必须指出的是，对卢卡奇的物化中的"物"（Das Ding），不能理解为一种自然的存在物。尽管在卢卡奇那里，人是通过物的中介来架构的，只有通过一种商品化形式的物，人才能进入到市场之中，才能与其他的人发生关系，尤其是在雇佣劳动关系中，具体的有生命的人只有被物化为劳动力，成为一种以物的形式存在的肉体时，工人才成为"自由的"工人，他们才拥有一种可以与其他人发生交换关系的权利。但是，这种物不是康德意义上的物自体，我们不能将卢卡奇的物理解为自在之物，一种纯粹在人类世界之外的物。也就是说，卢卡奇在纯粹的物自体和商品化形式的物之间没有有效地做出区别，以至于物化成为卢卡奇分析的终极概念。对此，法兰克福学派的霍耐特曾批评说："我们看到，他（卢卡奇）疏忽大意地将'物'和'物性'应用到主体在其环境中可以感受到的一切现象当中，将其作为在经济上可

---

① [匈]卢卡奇：《历史与阶级意识》，杜章智等译，商务印书馆1992年版，第143—144页。
② [匈]卢卡奇：《历史与阶级意识》，杜章智等译，商务印书馆1992年版，第153页。

以利用的因素。在没有考虑是何种物的情况下,卢卡奇坚持认为,只要这些东西在经济交易当中有用,所有这些都可以视为物一样的东西。"① 的确,卢卡奇在物的概念的使用上是相当模糊的,他并没有阐明他所使用的物化概念中的物的含义。

严格来说,当卢卡奇使用物化概念的时候,他更关心的是从物的中介所架构出来的商品市场,乃至整个资本主义社会的统一性。也就是说,某种物的形式,构成了将世界的杂多因素还原为一个统一衡量标准的尺度,这个尺度被卢卡奇简称为"物"。但卢卡奇同时意识到,他所谈论的物从来不是具体的物,而是拥有抽象化形式的一般物,更确切地说,是一种可以在市场上用量化指标来衡量和计算的物。所以,卢卡奇在提出物化概念的时候也明确指出:"对我们来说,最重要的是在这里起作用的原则:根据计算,即可计算性来加以调节的合理化的原则。"② 倘若如此,那么,在卢卡奇那里,真正起到中介性作用的因素,并不是物,而是一种可以用来计算的量,表象为物的数量。物只是这个数量的外表,真正被纳入市场体系和人与人之间交换关系的东西就是这个数量;在市场上,这个量表象为物的价格,而价格是物的交换价值的体现。这样,我们如果将卢卡奇的物化界定为物成为人与人之间关系的中介,也是人在资本主义市场上存在的参照系,那么,我们会发现,真正起到中介作用的不是物,而是物的抽象形式,即一个数量,人与人之间的交换关系、雇佣关系,乃至整个生产关系,最终都依赖于具体的数量。这样,真正的问题并不在于物化,而是数量化或数字化,是物的数字化形式中介了人与人之间的关系;而无论是人还是物,都只有通过这种中介的关系,才能得到理解。

那么,在今天,在大数据和云计算成为支配性规则的今天,我们

---

① Axel Honneth, *Reification: A New Look at an Old Idea*, trans. Martin Jay, Oxford: Oxford University Press, 2012, p.23.
② [匈]卢卡奇:《历史与阶级意识》,杜章智等译,商务印书馆1992年版,第149页。

每一个人进一步被转为一串数据，被数据和数字中介化，并不是对卢卡奇物化原则的替代或推翻。相反，卢卡奇的物化概念的确道出了当时资本主义发展状况的一个事实：人与人之间的交换关系和雇佣关系，的确是通过某种物（如货币）来实现的，在这个基础上，产生了那个时代资本主义的物化和异化。但是，真正的问题并没有在此停止，即在人与人之间的关系被颠倒为物与物之间的关系的同时，物实际上只是充当了真正作为支配性概念的数据的外壳。它进一步掩藏了在资本主义中起到核心作用的运算规则。而在支付宝、微信支付、Apple Pay、Pay Pal 等数字化支付手段成为主流的今天，我们之间的交换关系已经摆脱了纸币的那个物外壳，甚至在今天的手机 App 中，信用卡等物质形式也被抛弃了，货币关系在今天就是智能手机或电脑网络中的一串数字，它归属于一个数字化的账号和密码。物质性的外衣已经被剥除，数字化的形式第一次以最为赤裸的方式成为架构人与人之间关系的利器，我们不仅仅被还原为物，在这个物的外壳破裂之后，我们还进一步被还原为一种数值关系。这样，在今天的拜物教中，我们看到的不纯粹是商品拜物教和货币拜物教，我们可以透过这两种拜物教，看到与资本拜物教联系更为密切的一种全新的拜物教形式：数字拜物教。在这个意义上，政治经济学和生命政治学再一次发生了关联，今天，我们可以提出这样的问题：在资本主义治理形式和生产方式下，人成为异化的人，但这种异化究竟是以物为中介的物化，还是以数字、数据为中介的数字化？显然，我们今天面对的资本主义，就是数字和数据成为支配的时代，这是数字拜物教和数据拜物教的时代，也是数字资本主义时代来临的号角。

我们已经站在数字资本主义分析和数字政治经济学批判的入口处，为了更好地理解数字资本主义的序曲，我们需要在此经历一首回旋曲，即经过当代意大利自治主义对马克思的"机器论片段"的解读，来迂回地进入数字资本主义的大门。之所以如此，正是因为安东尼奥·奈格里、保罗·维尔诺（Paolo Virno）、莫里奇奥·拉扎拉托（Maurizio Lazzarato）等人十分看重马克思在《1857—1858年经济学手稿》中的一段文字：

> 自然界没有造出任何机器，没有造出机车、铁路、电报、自动走锭精纺机等等。它们是人的产业劳动的产物，是转化为人的意志驾驭自然界的器官或者说在自然界实现人的意志的器官的自然物质。它们是**人的手创造出来的人脑的器官**；是对象化的知识力量。固定资本的发展表明，一般社会知识，已经在多么大的程度上变成了**直接的生产力**，从而社会生活过程的条件本身在多么大的程度上受到一般智力的控制并按照这种智力得到改造。它表明，社会生产力已经在多么大的程度上，不仅以知识的形式，而且作为社会实践的直接器官，作为实际生活过程的直接器官被生产出来。①

尽管马克思使用了一般智力的概念，但是他在《1857—1858年经济学手稿》中并没有给出对"一般智力"的详细解释。对于意大利自治学派而言，如在维尔诺看来，一般智力概念打开了一扇从早期的产业资本向当代资本主义（他们称之为认知资本主义或后福特制资本主义）理解的大门。维尔诺说："马克思的一般智力——作为一种主要的生产力——完全对立于固定资本，例如它是机器体系的对象化的'科技力量'。马克思忽略了一般智力本身是一种活劳动。对后福特制生产的分析迫使我们对此进行批评，像菲亚特工厂采用的所谓的'第二代自动化劳动'和程序操作上的彻底革新，说明了知识和生产之间的关系是人们之间的语言合作的关系，而不是机器体系中所耗费的关系。在后福特制之下，概念和逻辑扮演着十分重要的角色，不能被视为固定资本，因为它们与多元的活生生的主体不可分割。一般智力包含了

---

① 《马克思恩格斯文集》第8卷，人民出版社2009年版，第197—198页。

正式和非正式的知识、想象、伦理趋势、精神和'语言游戏'。思想和话语在当代劳动中就起着生产性'机器'的作用,不需要采用机械化身体或电子精神等东西。"① 从维尔诺的概括中我们可以看出,维尔诺关心的不是传统马克思主义上的个体的雇佣劳动和资本家之间的雇佣关系,而是机器生产中生产性个体通过语言、情感、习惯所形成的一种不能用物质来衡量的总体性关系,而这种非物质层面上的产物,就是一般智力。这个理解实际上是对《1857—1858 年经济学手稿》中的马克思的一般智力概念的过度阐释。不过,非物质劳动也好,一般智力也好,在奈格里、维尔诺、拉扎拉托等意大利自治学派看来,这是一种在后福特制时代,比实质性的物质产品更具有价值的非物质产品,而这势必成为资本新型的实质吸纳(real subsumption)的工具,也成为新的帝国时代无产阶级和资本主义斗争的界面。

不过,一般智力对于哈特和奈格里来说还有另一层意义。在《大众》(Multitude)一书中,哈特和奈格里曾用热带的白蚁来形容个体智力和一般智力的关系:"普通动物的行为可以成为这个观念(一般智力)的近似物。例如,看一下热带白蚁在彼此交流协作之下建造出的那恢宏壮阔的建筑,那精妙绝伦的穹顶。研究者认为,在蚁群中,单个白蚁与其他白蚁之间用信息素交流。尽管没有一只白蚁拥有很高的智力,但白蚁群构成了一个无中心的一般智力的体系。这就是建立在交流基础上的蚁群智力。"② 由此可见,无论是对奈格里、哈特还是维尔诺来说,一般智力都是一种在不同个体交流合作基础上形成的总体性的非物质关系,这个非物质关系支配着资本主义生产、分配、交换、消费的过程,于是,意大利自治学派将这种基于一般智力的生产方式称为

---

① Paolo Virno, "Intelletto generale", eds. Zanini and Fadini, *Lessico Postfordista*, Milan: Feltrinelli, 2001, p. 46.
② Michael Hardt, Antonio Negri, *Multitude: War and Democracy in the Age of Empire*, London: Penguin Group, 2004, p. 91.

认知资本主义（cognitive capitalism）。

不过，对于今天基于互联网电脑、智能手机形成的数字技术成为主导的时代，奈格里、哈特、维尔诺等人的理论是否仍然具有解释力？奈格里显然已经注意到了数字技术带来的变化，但是他仍然坚持在一般智力的框架下来消化数字技术的变革，认为相对于后福特制时代的认知资本主义而言，情况并没有发生根本性的变化，即手提电脑、智能手机、Wi-Fi、大数据、云计算等新型技术，不过是非物质生产的一般智力的延伸。

显然，这种非物质劳动和一般智力的概念，其短板在今天也一览无余。毕竟，今天的生产不再是维尔诺笔下的菲亚特汽车厂的生产模式，当更多的直接产业阶段的作业被智能化的机器人代替时，当可变资本更多的是面对手提电脑、平板电脑、智能手机、触摸屏幕的个体时，他们对马克思经典的可变资本和固定资本的分析就会捉襟见肘。毕竟，在大机械化的工业革命时代，作为固定资产的机器只能被资本家所拥有，工人必须长途跋涉到工厂里被这些大机器整合到生产过程之中；今天的生产工具（或者说生产资料）更多是个人化的，生产甚至可以在家庭中完成，而且，这些电脑、手机的消费是从雇佣劳动者自己的个人消费中开销的，传统意义上的固定资本逐渐退化。这就是奈格里所强调的："今天的无形资本超过了有形资本在全球资本存在中的比重。固定资本现在看起来是在身体之内，印在他们身上，也服从于他们——当我们考虑诸如研究和软件开发等活动时，情况更为如此。"① 但是，奈格里显然太过乐观了，当雇佣劳动者可以自由支配使用智能手机和手提电脑的时候，并不一定代表着可变资本对固定资本的重新占有或支配，正如他提到的那样，在其中会形成一种革命性的力量，

---

① ［意］安东尼奥·奈格里：《固定资本的占有：一个隐喻?》，黄璐译，载《第四届当代资本主义研究暨纪念〈资本论〉第一卷出版 150 周年国际学术研讨会会议论文集》，南京大学，2017 年 6 月，第 151 页。

即在一般智力之下形成的属于主体的革命性力量。真正的问题在于，奈格里、哈特、维尔诺所寄予厚望的一般智力根本走偏了方向。在今天，事情变得更为清楚，随着人工智能技术、自动化机器人技术，乃至阿尔法狗（Alpha Go）的出现，这种一般智力绝不等同于白蚁个体构成的总体性的治理，而是一种将主体边缘化的新的客观力量，在这个意义下，真正起到支配性作用的并不是在非物质劳动中形成的一般智力，而是一种新的资本：数字资本（digital capital），而数字资本的基础不是奈格里、维尔诺所提出的一般智力，而是与主体无关的冷冰冰的一般数据（general data）。

为了理解数字资本和一般数据的概念，我们需要比较以下三种情况：

（1）产业资本家将一定的资本投入到生产中，购买了一定的厂房和机器设备，雇佣了一定数量的产业工人，在资本循环中，需要进一步实现在生产过程中所产生的价值，但是由于生产的盲目性，以至于产业资本家不能完全在市场的交换环节中实现其全部的价值。正如《资本论》第三卷分析指出的，"全部生产的联系是作为盲目的规律强加于生产当事人"[①]。例如，资本家 A 想办一个工厂，他并不太清楚生产什么更容易销售，在什么地方创办工厂更能实现其价值，另外还有物流、人力成本、配套设施等环境性因素的考虑。此外，最大的限制是资金的限制，也正是由于资金周转上的空缺，必然使得这个资本家不得不依靠金融资本来实现其资本的生产过程。不过，由于生产的盲目性，一旦生产相对过剩，必然会产生经济危机。

（2）如果产业资本是资本主义生产最基础的环节，金融资本就成为控制产业资本的一种形式。奥地利经济学家希法亭分析了作为金融资本代表的银行的地位的变化："当银行转到为产业资本家提供生产资

---

[①]《马克思恩格斯全集》第 46 卷，中文第二版，人民出版社 2003 年版，第 286 页。

本时，情况就不同了。这时，银行的兴趣不再局限于企业暂时状况和市场的暂时状况，而毋宁说更关注于企业的长远命运和未来的市场状况。"① 希法亭发现，银行从借与贷的中间人，变化为凌驾于产业资本之上的新资本形式：金融资本，经历了从不起眼的中间人向掌控全球经济秩序的金融巨鳄的转变。同样，金融资本家 B 可以将一定的资本贷给产业资本家 A，也可以授予 A 以信用，成为 A 的信用资本，在金融资本基础上，形成了拉扎拉托所谓的全面性的负债人，"信用—负债关系被永恒地镌刻在信用卡的磁条里"②。不过，金融资本虽然解决了产业资本的资金周转链的问题，但是仍然没有解决盲目性的问题，尤其是在银行和金融机构将投资打包成对应的金融产品销售给普通人之后更是如此；而信用的破产和金融泡沫的破灭仍然是建立在相关信息缺乏的基础之上的，即金融资本不能根据数据信息的定位给出精准的在表面上最合理的投资方向，从而在诸如股票和房地产投资上产生了盲目性，最终导致了比产业经济危机更为严重的金融危机。

（3）实际上，在 2008 年金融危机之后，已经衍生出全新的资本形态，我们称之为数字资本。数字资本最有效的东西并不是货币，而是数据。对日常生活行为中的海量数据信息进行收集、储存并计算分析的数据库，我们现在称之为"大数据"和"云计算"技术。现在诸如阿里巴巴和谷歌等公司，正在成为数字资本，而不是传统的产业资本和金融资本。什么是数字资本？数字资本即这些掌握了一般数据的公司。为需要进行投资和生产的产业资本和金融资本提供相关的咨询服务，它们可以详细地分析出产业资本生产什么可以最大程度地获利，什么是现在最有需求的东西；数字资本消除了金融投资上的盲目性，它通过相关的数据计算，将最值得投资的行业列举出来，并在互联网

---

① [奥] 希法亭：《金融资本》，福民等译，商务印书馆 1994 年版，第 92—93 页。
② Maurizio Lazzarato, *Governing by Debt*, trans. Joshua David Jordan, South Pasadena: Semiotext (e), 2015, p.71.

上实现比金融资本更为有效的资本配置。也就是说，产业资本家 A 和金融资本家 B 都可以在数字资本家 C 那里获得利润。在一定程度上我们可以预见，在不远的将来，数字资本一定会从简单的咨询和广告服务，上升为对产业资本和金融资本全面的掌控，成为数字资本主义的完整形态。当然，数字资本也可能会发生危机，我们可以预见到数据泛滥和主体架空之后面对的数据危机，而对这个危机的分析超出了本书的分析范围。

那么，数字资本究竟是如何来生产和运作的？以淘宝为例。表面上，淘宝仅仅是一个第三方平台，类似于一个场地，让买家和卖家在这个场地里发生交易。而淘宝起到的作用也类似于实体的卖场，制定交易规则，并起到对交易的第三方的监督作用（支付宝就是在这个背景下应运而生的）。但是，一个衍生的效果是，在买卖交易中发生的所有的资金都流向这个第三方平台，以至于这个第三方平台在扩大为一个巨大的网络卖场时，拥有了难以估量的资金流动；此外，所有交易的信息和数据也流向了这个平台，以至于在掌握了巨大的数据之后，形成了可以控制商家的一个锁链，如平台会根据交易信息和用户评价让商家冲钻、冲冠，甚至开辟了一个优质商家的新场地——天猫。在一定时间之后，人们突然发现，最重要的是这个平台，而不是卖家和买家。当然，这个平台不是冷酷无情的统治者，它会利用它的信息数据为商家提供相关的大数据服务，比如计算买家购物倾向，并及时提供给商家，以便他们调整其销售策略，甚至直接出现为买家量身定做的服务。同时，在买家购物的同时，会向其推送其他买家购买同类商品时会同时关注的那些商品，为买家提供潜在的引导性服务。所有这一切，并不是哪个淘宝员工主体行为的结果，而是一般数据通过云计算做出的推送。这个一般数据就是今天的大数据，它形成了一种无形式的、非物质的数据存储形式，它已成为今天数字资本主义最为珍贵的东西，它有效地支配着销售和购买、借贷、交通物流乃至教育（如学而思、新东方、沪江、作业帮这样的网络教育机构)、文化等诸多领域。

关键是,一般数据的生产不再是某个工人或雇员劳动的产品,而是每一个电脑或智能手机的用户每一次搜索、购买、娱乐行为所产生的结果。以谷歌为例。在谷歌上搜索时,表面上,是搜索用户与所搜索对象的关系,但是这个关系实际上是被谷歌这样的搜索引擎中介的,也就是说,我们每一次上谷歌浏览和搜索的信息,都被谷歌公司作为数据保存下来,并加入其大数据的计算之中。这些计算的产品,被我们称为智能时代的黑技术。除了专门的技术人员的工作,更重要的是所有参与搜索的网民的行为,一并生产了一般数据,但是这个一般数据却被数字资本攫为己有、为己所用,并产生可观的利润。当然,在这样的新资本形式下,一旦截断了数据流,也就意味着大规模的资本损失。如2017年6月爆发的顺丰与淘宝旗下的菜鸟联盟之间的冲突,就是互相截断数据流,最后因为数据的断裂让双方损失都很大,所以选择了和解。而在几天之内产生的近亿损失,更多的是由在淘宝、天猫平台上的卖家和买家来承担的,而拥有大量数字资本的顺丰和菜鸟,也因为数字资本选择在一般数据上和解,因为这已经不是主体的情绪化恩怨的问题,而是数字资本所生产的一般数据全方位地支配着今天的市场和生产的问题。

我们每一个人在网络中日常行为,变成了一般数据成长的根源,也让这个社会成为斯蒂格勒笔下的自动化社会(automatic society)。这已经不是奈格里、哈特、维尔诺等人所理解的带有主体色彩的一般智力,仿佛主体在非物质生产中占据主动。他们错了!斯蒂格勒说:"自动化和网络化的记忆留存的数字形式产生了破坏性的后果,而它已经对社会进行了重新组织。"[①] 数字资本主义已经成为一个以数字平台和一般

---

[①] Bernard Stiegler, *Automatic Society*, Vol. 1: *The Future of Work*, trans. Daniel Ross, Cambridg: Polity, 2016, p.33.

数据为基础的新型资本主义，它正在成为我们时代新的支配性力量，而我们所有的存在的意义，只能在这个数字化平台上重塑，这或许解释了为什么我们今天即便两个人面对面，也更喜欢用微信、Facebook等工具来交流，也解释了为什么我们从微信红包上抢到1块钱会欣喜若狂，但对现实中的十几元钱都不会太在意。所有这些都意味着，我们的生存，产品的生产、交换、消费，甚至货币本身，都被一般数据重新组织和架构了。在我们感觉没有发生变化的地方，恰恰是一般数据的平台让我们的日常生活的方方面面发生了数字化的异化，而不是物化的异化。我们的生命只有附着在这个数据平台上才能获得意义，甚至才能被看见。这就是数字资本主义时代和一般数据下主体的命运；这不是主体对固定资本的重新占据，而是主体在更深层次上被异化了。或许，我们可以在数字资本主义的前提下改写马克思的那句名言：

> 在数字化生产条件占统治地位的社会中，整个社会生活表现为数据的巨大积聚（accumulation of data）。有生命的物质性的一切都离我们远去，变成了一种数字化（digitalization）。

# 第一章

# 三重逻辑

我们无法否定数字化时代的存在,也无法阻止数字化时代的前进,就像我们无法对抗大自然的力量一样。

——尼葛洛庞帝:《数字化生存》

网络对21世纪的社会或者人类群体来说并不是特有的,网络构成了各种各样的基本生活方式。

——曼纽尔·卡斯特:《网络社会》

## 一、一般数据：数字资本的本体论

不知从何时起，我们已经对周遭的一切变化变得漠然，我们不会惊诧于一个在路边卖烤红薯的小贩会摆上一个二维码，供客人付款时扫码；我们已经习惯于看到快递小哥和外卖小哥在大街小巷里骑着电动车穿梭，将各种货物和外卖送到每一个人手中；我们也不会感到奇怪，平常喧闹的菜场里讨价还价的声音越来越少，更多时候是主顾们前来取走他们预定的土鸡蛋、有机蔬菜或者新鲜的河鱼。而这一切的转变，仅仅发生在三四年的时间里。我们回想一下，不用回溯太远，六七年前，一个手上没有带任何现金和银行卡的人，几乎是举步维艰。然而，在今天，世界各地来中国的外国人都相继体会到了这种便捷支付方式的实惠，除此之外，还有阿里巴巴的电子商务，顺丰、圆通、韵达等快递业，优酷、爱奇艺等网络视频平台，大众点评网、美团、携程、艺龙开辟的美食、酒店、出行、旅游的平台，如此等等，不一而足。今天，人们只需在智能手机上安装若干 App，就足以满足衣食住行的各种需求。对于这种变化，我们需要关注的是，这些东西对我们来说究竟意味着什么？更明确一些，这些东西改变的是我们的生活的外表，还是我们的最基本的存在方式？显然，我们已经不能用修修补补的改良来形容这次巨大的变化，可以肯定，这次翻天覆地但实际上并没有引起人们足够重视的变化首先是本体论上的变化。

我并不是未来主义者，也不需要在这里刻意营造一个未来数字化前景的神话，将自己装扮成一位先知，来预言一个石破天惊的未来世界。20 世纪 80 年代的托夫勒的《第三次浪潮》、世纪之交的尼葛洛庞帝的《数字化生存》都是未来学的典范，他们以神话式的宏大话语预言了当时的新技术会造成的颠覆性变化；在他们的预言中，人类会在新技术的裹挟下获得更大的自由、更丰富的物质享受、更便利和谐的生存环境。对于信息技术和互联网的预测，也早在克林顿时代就已经开始，那个时代的经济学家也谈到了信息经济和知识经济，认为未来资本主义的发展必然是知识资本主义和信息资本主义，知识和信息将成为决定在全球化环境中成败的关键；他们指出，未来的知识经济将取代实体经济成为经济发展的推动力。那么，人们一定会问，今天的数字时代或数字资本主义究竟与20世纪末诞生的信息资本主义和数字资本主义有什么不同？

我们不能将数字资本主义简单地定义为信息或数据占据着支配性地位的资本主义发展模式。在数字资本主义和知识资本主义或信息资本主义之间必然存在着实质性的区别。为了理解这个根本性的区别，我们需要回溯到资本主义诞生的初期，理解资本主义形成时期所带来的变化。我们知道，资本主义是一种商品经济，但是，我们不能简单地说，有商品交换或者有货币，就一定是资本主义。实际上，在资本主义诞生之前，商品的等价交换或作为一般等价物的货币已经出现了。那么究竟是什么将前资本主义社会与资本主义社会区分了开来？斯密在《国民财富的性质和原因的研究》中给出了他的理解："在各个国家，人类勤劳所能购入或生产的每一种商品量，自然会按照有效需求，即按照愿意支付为生产这种商品和使它上市所需支付的全部地租、劳动和利润的那些人的需求，自行调节。"① 对于斯密来说，最重要的不是偶然性的商品交换，也不是个别性的货币使用，而是所有这些东西都在一个生产和交换中被融合为一个体系，这个体系在《国民财富的性质和原因的研究》中被称为"政治经济学体系"，用一个很通俗的隐喻来说，即"看不见的手"。当代意大利思想家阿甘本指出"斯密的'看

---

① [英] 亚当·斯密：《国民财富的性质和原因的研究》（下），郭大力、王亚南译，商务印书馆1974年版，第7页。

不见的手'可以视为一种秩序的建立"。① 实际上，对于斯密来说，最重要的是资本主义架构起一种以相等的劳动量来衡量的生产和交换的政治经济学体系，而这个体系反过来贯穿了人们的社会生活的一切，让一切自然的和社会的事物都必须在这个体系中进行衡量，这一步才是从前资本主义社会跨越到资本主义政治经济学的最伟大的进步。用马克思的话来说："亚当·斯密大大地前进了一步，他抛开了创造财富的活动的一切规定性——干脆就是劳动，既不是工业劳动，又不是商业劳动，也不是农业劳动，而既是这种劳动，又是那种劳动。有了创造财富活动的抽象一般性，也就有了被规定为财富的对象的一般性，这就是产品一般，或者说又是劳动一般。"② 马克思解释得更为明确，即亚当·斯密的政治经济学体系并不是一个自然秩序，而是一种抽象秩序，这种抽象秩序是在一种抽象的量上建立起来的；这个量在理论上的表现是劳动一般，而在现实中，这种劳动一般需要进一步具体化为货币，而货币绝对不能被视为一种简单的一般等价物，它是早期产业资本主义的抽象观念的凝结，即一种政治经济学体系通过货币这个具体的抽象在现实中的实现。由于有了劳动一般和作为具体抽象的货币，资本主义的秩序才在全世界范围内建立起来；尽管这里面充满了血腥和暴力征服，但正如马克思在《共产党宣言》中所写到的，资本主义"把一切民族甚至最野蛮的民族都卷入到文明中来了"③。

现代资本主义是一个架构了全世界的秩序，让所有的民族，甚至最偏远的地区和民族都不得不从属于这个秩序法则。这样，零星的、分散的生产和交换被凝结为一个世界体系，这也是为什么亚当·斯密的理想是建立一个纯粹由这种秩序所支配的"世界市场"。这个秩序是

---

① Giorgio Agamben, *The Kingdom and the Glory: For a Theological Genealogy of Economy and Government*, trans. Lorenzo Chiesa, Stanford: Stanford University Press, 2011, p. 284.
②《马克思恩格斯全集》第 30 卷，中文第二版，人民出版社 1995 年版，第 45 页。
③《马克思恩格斯选集》第 2 卷，人民出版社 1995 年版，第 276 页。

黑格尔意义上的"第二自然",是在人们的生产和交换活动中形成的并逐渐起到支配性作用的秩序,一旦它成型,会毫不犹豫地将全世界范围的各个民族、各种人口以强制或暴力的方式纳入这个体系中来,并形成以这种体系为中心的政治体制和文化思想。

那么,我们是否在今天经历了同样的过程,我们是否面对着一个全新秩序的确立,并强制性地将人们纳入这个体系之中呢?我们可以先从现象谈起。例如,在越南、印度、孟加拉国等国家和地区的小型加工厂,能否仍然以分散的形态继续生存?我们知道,在数字时代之前,在马克思的批判中,产业资本的一个弊病就是生产盲目性,它并不能准确预测它们生产出来的商品,是否能够适应市场的需求,是生产不足还是生产相对过剩。然而,亚马逊等电子商务网站的交易数据流似乎有效地解决了这个问题,即通过每一个用户(包括卖家和买家)的交易行为发生的数据进行大数据统计,而这些统计的数据直接形成了一种导向,如今年服装流行什么款式、什么样的色彩今年最流行等,通过对交易行为的数据进行处理,这些生产出来的新的数据会直接引导生产的走向。在这个意义上,亚马逊等交易平台,不仅仅是为买家或卖家提供了一个交易平台,而是架构了一种秩序。这种秩序事实上不是强制性的,但是,对于任何一个卖家而言,一旦远离了这种秩序,势必意味着被市场淘汰,而为了在数字时代能够生存,原先相对独立的生产厂商实际上已经依附于这些大平台,成为它们实质上的附庸。阿里巴巴的支付宝业务和微信的微信支付业务推出之后,进一步强化了这种趋势。原先,这种分散的买家或卖家的高度聚集仅仅发生在阿里巴巴等自己所开设的平台,但是新的在线支付架构秩序的力量已经超越了它们自身的平台,成为一种普世性的力量。我们看到,在地下人行通道里卖袜子和小商品的老太太摆出支付二维码也许并不是自愿的,因为一旦没有这个二维码(拥有这个二维码意味着加入在线支付系统构筑的秩序之中),过客可能随时会以没有现金为由而拒绝购买,这意味着他们根本无法卖出自己的商品。在这个意义上，从路边摊贩到大卖场，事实上他们更多时候是不得已而加入这个秩序的，因为这种新秩序已经生产出让每一个人都无法逃离的架构。而这种架构正以几何级数的速度全方位扩张，从北上广这样的大都市扩展到偏远的农村，从中国大陆延伸到周边国家或地区，即使那些之前不怎么使用网络的用户，在这个时代也不得不加入这个潮流当中。新秩序显然已经将它的力量扩展到当今社会的每一个毛细血管当中，或许我们可以改写一下马克思、恩格斯在《共产党宣言》中的那句名言：数字资本主义"把一切个体甚至最偏远的个体都卷入到数字文明中来了"。

新的时代需要新的概念。当然，我们不能继续再用劳动一般或商品的价值量等这样的传统政治经济学的说法来面对今天的数字资本主义。哈特、奈格里、拉扎拉托、维尔诺等这些意大利自治主义者选用了马克思在《1857—1858年经济学手稿》中的一个概念，作为形容当代资本主义新发展的核心观念。这个概念就是"一般智力"（general intellect）。马克思的原话是："固定资本的发展表明，一般社会知识，已经在多么大的程度上变成了**直接的生产力**，从而社会生活过程的条件本身在多么大的程度上受到一般智力的控制并按照这种智力得到改造。"① 这种一般智力，在意大利自治主义那里，是一个额外的衍生物，是在工人的非物质劳动中生产出来的，并成为一种赘余的力量。维尔诺指出："一般智力，可以被视为一种公共资源（或者超个体的资源），它将那些不定性的薪资劳动还原为一种额外的剩余物。"② 奈格里、维尔诺、拉扎拉托等意大利自治主义者十分正确地看到，同亚当·斯密和马克思描述过的资本主义的抽象的政治经济学体制一样，一般智力的确成了一种被额外生产出来的剩余力量，同时，反过来，这种剩余

---

① 《马克思恩格斯文集》第8卷，人民出版社2009年版，第198页。
② Paolo Virno, *When the Word Becomes Flesh: Language and Human Nature*, trans. Giuseppina Mecchia, South Pasadena: Semiotext (e), 2015, p.148.

力量凌驾于个体之上，成为统治性的力量。但是，奈格里和维尔诺等人错误地将这种力量视为主观性的力量，并认为作为可变资本的一般智力正在取代不变资本，让资本的生产成为可以被无产阶级控制的过程，从而为未来的共同体——共产主义——奠定了良好的基础。

然而，他们的预测太过乐观。因为尽管这种由非物质劳动生产出来的一般智力不具有物质的外表，但是它们也绝对不能等于纯粹主观。相反，我们在数据流和云计算中看到的是，主体在这些数据面前不是变得更强大了，而是变得更容易为这种不以人的意志为转移的产品所支配。当代思辨实在论的代表之一格拉厄姆·哈曼（Graham Harman）用对象（object）取代了物质（matter）概念，而这种以对象为中心的本体论，也被哈曼称为OOO（object-oriented ontology）体系。哈曼说："一种真正的对象理论需要关注的是各个对象之间的关联，而这些对象根本不涉及任何人。"① 也就是说，非物质性对象的关联体系仍然是外在于主体的系统，它不可能成为最终取代不变资本的革命性力量，换句话说，在哈曼那里，OOO体系就是不变资本。

这样，我们需要确立的概念必须代表一种符合数字资本时代的新特性，而这种新特征恰恰是一种客观性的力量，即由数据和云计算形成的庞大的关联体系，我们可以称之为一般数据（general data）。而今天的数字资本主义正是在这个一般数据的基础上架构出来的总体的体系。在这个意义上，数字时代的所有要素，包括所有的个体、所有的物，都无一例外地为这个一般数据所中介；只有在一般数据的坐标系上，所有的对象才能找到其特定的存在意义。于是，我们对数字资本的分析，很自然地从本体论走向了存在论。

---

① Graham Harman, *Immaterialism*, Cambridge: Polity Press, 2016, p. 6.

## 二、虚体：数字资本的存在论

对于数字资本的存在论，我们可以从一个问题开始。试想一下，对于今天在大都市里生活的个体来说，假设他今天出门一天，却不幸将手机忘在家里，在随后的一天中会发生什么？或许，当他在等公交或坐在地铁上的时候，看到其他人都在默默地看着自己手里的手机，他顿时会产生一种与世界的疏离感。这种疏离感意味着，作为此在的他，在那一瞬间，被世界隔离了。而更重要的是，今天的人们，尤其是年轻人，一旦与智能手机和其他智能设备的形式相隔离（如忘记带手机出门的情况），会自然地产生一种焦虑感。当然，这种焦虑感并不是什么心理疾病，而是数字时代的人所特有的症候：离开手机或智能设备，即与世界疏离。于是，我们很容易理解，为什么忘记带手机出门的人，一旦回到家里，第一件事情，就是找到手机，打开里面的微信或其他 App，看看究竟别人给自己留了什么言；在那一瞬间，焦虑感消失了，他们从一个被疏离的空间中，通过手中的手机，重返世界，世界在他们面前重新展开，一切重新回复到了正常状态。

尽管上面的例子只是虚构的场景，但不可否认，这样的情形，或许有一天就会发生在我们周围。即是说，这种感觉会被今天的很多人感同身受。不过，我们如果将时间背景换一换，如在十年前，事情仍然是这样吗？对于十年前的人们来说，手机肯定也已经成为最重要的日常用品之一，摩托罗拉、诺基亚等手机是主要机型，但那个时代的手机更多承担的是电话和短信功能，偶尔带有照相功能，即便没有带手机出门，也不会产生像今天这样的焦虑感。那么，今天的焦虑感究竟从何而来？

亚里士多德的《政治学》中有一个很有名的命题，"人是政治的动物"。这句话经常遭到误读，因为 politics 这个概念，实际上来自古希腊的城邦（polis）。城邦区别于带有血缘关系的家（oikia），这样，在古希腊背景下，政治或城邦代表着一种非血缘性的、公民性的结群。所以，在亚里士多德那里，"人是政治的动物"也意味着，在古代背景下，人不可能依赖于个体来生存。所以，古代城邦最重的惩罚就是流放（古希腊语的 ὄστρακον，拉丁语的 exilium），即将政治的人的存在（bios）还原为最赤裸的生命状态（zoē）。在后世的阿甘本那里，这种 zoē 的生命状态被解释为"在城邦中生命被纳入性地排斥"①。这样，亚里士多德和阿甘本所涉及的一个根本问题是，尽管赤裸生命（zoē）不至于让个体无法生存，但是一种良善的生活是政治性的，即 bios 的生活。而这种 bios 的生活需要在城邦中的人际关系中架构，也就是说，人必须被城邦中的人际关系网络（或政治关系，或生产关系等）中介，才能获得有品质的生活。这才是亚里士多德谈"人是政治的动物"的本意所在。在马克思那里，亚里士多德的命题被转化为《关于费尔巴哈的提纲》中的表达："人的本质不是单个人所拥有的抽象物，在其现实性上，它是一切社会关系的总和。"② 人的存在，尤其是一种良善的存在，需要一种共同体、一种社会关系来中介。人的纯粹生命存在（zoē）虽然不可或缺，但它仅仅构成了我们最基础的生命存在的事实。在这个意义上，我们才能理解，未来的解放运动，绝不是个体性的解放，也不纯粹是满足人类的最基础的生理上的需求，否则，就会堕落为阿甘本意义上的作为奴隶的"身体之用"（use of body），而不是真正意义上的解放。而至少在今天，我们不满足于仅仅作为一种生命事实的存在，而更需要被社会关系所中介的政治性存在的价值，即 bios 意义上的存在。如果没有 bios，则必然会有一种被流放的孤独感，正如巴塔耶谈到的那种被流放的孤独："我在自己身上开了一家戏院，这

---

① [意] 吉奥乔·阿甘本：《神圣人：至高权力与赤裸生命》，吴冠军译，中央编译出版社 2016 年版，第 11 页。
②《马克思恩格斯选集》第 1 卷，人民出版社 1995 年版，第 56 页。

里上演的是虚假的睡眠,没有对象的演技,让我冒汗的羞耻,没有希望,死亡,吹灭的蜡烛。"①

由此可见,我们的存在不能远离社会关系的建构,远离将我们架构为人的那个中介。一旦离开这个中介,即我们作为人的 bios,我们就只有焦虑和孤独,甚至是恐惧。在孤寂无眠的夜空中,一切都被悬搁了,一切都转化为列维纳斯那空洞的 il y a。如果理解了这一点,我们就很容易理解今天我们一旦远离了智能手机,我们的焦虑感究竟从何而来。首先,随着智能手机和数字化交往的日渐深入,我们会发现,实际上各种 App 和智能手机本身在为我们创造了新的交往的同时,也把我们实体性世界的交往边缘化了。我们通过微信、QQ、微博、陌陌等软件实现的交往,让我们认识了天南海北的各色人物,新的朋友,甚至海外的友人,但是,我们周边的交往越来越被淡化。很多大学生到毕业的时候,连班级上的同学都认不全。现在的钢筋混凝土丛林,让每一个人在空间上如此邻近,心灵上却如此疏远。我们可以理解,一对夫妻明明就在一个房间里,还需要打开微信,发给对方一个表情,然后互相莞尔一笑。这一切现象说明,在今天的数字化时代里,虽然实体性身体交往并没有消失,但是被边缘化了。相反,越来越多人重视的是在数字界面里创造的身体所营造的交往形态,随着智能设备的 App 的广泛应用,这个交往形式会越来越普及,并形成让人越来越欲罢不能的数字化网络;参与其中的人,在存在中不可避免地为其所中介,将自己变成一种数字化的产物,参与到交往行为中。而那些不能依赖于智能设备和数字化界面来实现交往的人(如同没有带手机出门的白领),瞬间会感到被边缘化。在地铁上,忘记带手机的人和那些各自看着自己手机界面傻傻发笑的人的区别,并不在于他们多一个设备还是少一个设备,因为智能手机代表着一个存在的界面,拥有这种设

---

① [法]乔治·巴塔耶:《不可能性》,曹丹红译,南京大学出版社 2017 年版,第 152 页。

备，意味着被这种界面所包含，反之，则被排斥。没有带手机出门的人的孤独感和焦虑感正来源于此，他们丧失了与当今世界联系的最基本的手段，他们感到被隔离在世界之外，成为数字时代一个赤裸的生命，一个可有可无的存在。

在这里，我们需要引入思考数字资本的第二个概念——虚体。什么是虚体？我们假定，数字时代的交往依赖于一个数字界面，但是这个数字界面不是某个神灵凭空创造出来的，它是一种网络，而这种网络依赖于各个节点。对于构成数字化界面的节点，我们可以界定其为虚体（virtual body）。法国社会学家布鲁诺·拉图尔（Bruno Latour）在其著作中将自己的理论界定为行动者网络理论（actant-network theory，ANT）。拉图尔的解释是："一个行动者网络就是由大范围的各种流入和流出的行动元的行动所创造出来的。"[①] 在 ANT 中，核心的要素是行动元（actant）；这是一种无中心的块茎式的网络构成，各个大小行动元构成了 ANT，行动元与 ANT 是不可分离的，行动元只有在 ANT 中才能具有意义。

拉图尔的 ANT 理论更多是从社会构成角度来谈的，我们需要一种存在论的角度来切入数字界面中的存在事实，而在这里，构成数字界面的最基本的单元就是虚体。虚体是数字网络中的一个活性的点，它能够主动地产生关系，在这个意义上，虚体区别于对象（object）。这样，数字网络实际上是在无数的虚体的相互作用下形成的交往关系和社会关系。那么，我们需要对虚体概念做出如下几个说明：

（1）虚体是数字化网络最基本的存在单元。在数字化网络中，只能通过虚体参与到数字化的交往当中。实体（即真实世界的个体）并不直接是数字化界面上的行动元，尽管他们可以操作数字化的虚体，

---

[①] Bruno Latour, *Reassembling the Social: An Introduction to Actor-Network-Theory*, Oxford: Oxford University Press, 2005, p. 217.

但是，他们唯有将他们自己变成一个虚体（如注册一个账号、拥有一个用户名）才能在数字化界面上进行交往。而对应于这个虚体的，是一切被塑造出来的数据，这个虚体并不是肉体，而纯粹是被数据生产出来的产品。比如说，在某些相亲网站上，虚体身份对应于身高、长相、收入、家庭状况等一系列数据，其他虚体实际上搜索的是这些数据构成的虚体对象。比如一位男士，键入自己的要求（学历、户籍、年龄等数据要求），弹出来的就是这样一些数据构成的虚体，而这种虚体与虚体构成的关系，恰恰是由于数据关系匹配对应出来的关系。于是，西方马克思主义将物化作为人的异化形式的理论在今天必须加以拓展，我们今天的异化形式不再是简单的物质化，而是数字化。数字化异化代表着真实的个体在社会交往关系层面必须依赖于一个数字化的虚体而存在。

（2）虚体与实体之间不存在严格的对应关系。尽管有人会质疑，虚体必须通过背后一个实体的操作来实现，从而认定虚体的存在一定依赖于某个现实中的个体。这个说法实际上忽略了：在今天的数字化背景下，可能存在一个个体拥有多个不同性格、不同角色的虚体存在，或者多个个体共同使用一个角色参与到数字化网络交往之中的情况。但更重要的事实是，随着人工智能技术的发展，通过运行一些智能软件来模仿人类的对话和行为模式，作为虚体参与到网络交往之中已成为可能。在互联网诞生之初，曾有人戏谑：在互联网上跟你对话的可能是一只狗。今天这句话一语成谶。因为在很多交往领域，正是这种智能程序的机器人作为虚体参与到与人交往的平台上，在QQ、微信、微博、淘宝，甚至更高段的围棋网站（曾挑战诸多围棋高手的master用户就是最典型的案例）、风靡一时的王者荣耀游戏，以及微信推出的简单的小游戏，如跳一跳和头脑王者中，都有这种智能软件作为虚体而存在的情况。虚体概念最核心的事实是，它实际上打破了原先的人与非人的界限：自然人个体可以成为虚体，而非人的程序也可以作为虚体参与到数字化界面的交往中。

（3）虚体的核心是数据化，即作为一般数据而存在。虚体并不是自然个体那种生命体，而是一串数字或者被运算出来的结果。虚体的存在本质就是数据，那么，虚体与虚体之间的交往，毋宁说是一种数据交换关系，这种数据交换本身又生产出新的数据。这样，无论是作为网络行动元的虚体，还是哈曼所说的数字对象，其背后的本质都是一般数据。一般数据构成了数字资本主义中最重要的事实，成为最一般性的量。如果说货币构成了产业资本主义时代的通货，那么，一般数据则成为数字资本主义下最普遍性的价值。所有的虚体都是一个数据包，而这个数据包是在一个参照系下被视为有价值的。而最新的概念，如比特币、区块链，也正是参照了一定的算法和参照系而成为一种有价值的数据的。这样，对数字时代的存在论进行探讨，必然将我们引向数字资本主义时代最基本的奥秘——数字时代的政治经济学批判。

## 三、数字资本：数字时代的政治经济学批判

对数字时代的政治经济学批判的研究，也需要一个回溯性的考察。首先，在《资本论》的"货币章"中，马克思谈到了货币这个一般等价物的兴起。相对于原始的物物交换原则，实际上货币并非是绝对必要的，不过在物物交换中产生了一般价值形式，这种一般价值形式是物与物之间等价交换的前提条件。因此，马克思指出："可见，商品拜物教的奥秘不过在于：商品形式在人们面前把本身劳动的社会性质反映成劳动产品本身的物的性质，反映成这些物的天然的社会属性，从而把生产者同总劳动的社会关系反映成存在于生产者之外的物与物之间的社会关系。"[①]这样，由于货币成为社会关系的一种抽象的反映，商品交换中体现着

---

[①]《马克思恩格斯全集》第44卷，中文第二版，人民出版社2001年版，第89页。

的也是这种等价的物物交换关系。在货币所架构的物与物的等价交换关系中,实际上再现的是平等的人与人之间的关系,但这种交换关系不足以让货币成为资本。也就是说,货币的出现,也不足以让一个商品社会直接成为资本主义社会。这正是马克思和恩格斯与赫斯分道扬镳的地方:赫斯坚持认为货币是万恶的源泉;马克思通过对资本运作方式的研究,发现资本主义社会的不平等,实际上并不发生在交换领域,而是发生在生产领域。于是马克思进一步说道:

> 货币的各种特殊形式,即单纯的商品等价物,或流通手段,或支付手段、贮藏货币和世界货币,按其中这种或那种职能的不同作用范围和相对占优势的情况,表示社会生产过程的极不相同的阶段。但是根据经验,不很发达的商品流通就足以促使所有这些形式的形成。资本则不然。有了商品流通和货币流通,决不是就具备了资本存在的历史条件。只有当生产资料和生活资料的所有者在市场上找到出卖自己劳动力的自由工人的时候,资本才产生;而单是这一历史条件就包含着一部世界史。因此,资本一出现,就标志着社会生产过程的一个新时代。①

这段文字之所以重要,正是因为马克思在这里表明,资本主义真正的问题并不是货币这种抽象化的表现形式,不是货币无情地将所有一切具体的差别都还原为货币的量的差别,而共产主义革命的核心也不是回到一个物物交换的前现代社会,甚至像鲍德里亚那样,返回到夸富宴式的象征交换时代。马克思的《资本论》实际上肯定了货币作为一般等价物在历史上的进步作用。尽管在这个标准化的时代,一切都需要被转化为具体量,其过程冷酷无情,但是我们革命的目标不是摧毁货币及其架构的世界体系。相反,我们应当看到,在这个体系之下,真正起到不平等作用的是资本。也就是当工人贱卖自己的劳动力,

---

① 《马克思恩格斯全集》第44卷,中文第二版,人民出版社2001年版,第198页。

并让资本家将他们的剩余价值攫为己有的时候，资本主义才成为资本主义。马克思说，并不是货币一出现，我们就进入到了资本主义，而是"资本一出现"，才标志着"社会生产工程的一个新时代"。因此，马克思的政治经济学批判的目标不是货币，而是资本，是资本家对劳动力商品的不平等地占有。也只有在这个意义上，马克思才反讽地写道："原来的货币占有者资本家，昂首前进，劳动力的占有者作为他的工人，尾随其后。一个笑容满面，雄心勃勃，一个战战兢兢，畏缩不前，像在市场上出卖了自己的皮一样，只有一个前途——让人家来鞣。"①

马克思在《资本论》中对资本家及其不平等占有的批判，对今天我们思考数字资本主义也是非常有启示的。在前文中，我们已经谈到，今天来架构我们在数字化界面中的社会交往关系的，不纯粹是作为一般等价物的货币，而是一般数据。一般数据的确创造了一个全新的界面，让今天绝大多数的交换和社会关系，都被它所中介，被它所赋值、所架构。但是，这里面并没有发生不平等。马克思在对货币进行分析时，亦是如此，即货币的架构虽然带有强制性的痕迹，但是这种架构并不是历史的倒退，不是退回到蛮荒化的状态，相反，货币成为抽象的一般等价物，实际上代表着人类社会的进步。同样，我们可以说，今天的一般数据，各种智能手机上的 App，我们的数据化的虚体，被数据交换链接起来的新型的人与人，甚至人与非人之间的关系，并不是时代的倒退，而是随着技术的发展我们必须经历的历史阶段。我们并不需要像古典的浪漫主义一样，去缅怀一个前数字化社会，将手机和电脑全部隔绝，返回到一个根本不存在的田园诗歌式的生活中。这种浪漫主义在数字化时代的翻版，以乡愁和忧郁的方式抵抗着数字化的钢铁履甲，而这一切无异于螳臂当车。

---

① 《马克思恩格斯全集》第 44 卷，中文第二版，人民出版社 2001 年版，第 205 页。

这是错误的批判方向。批判数字资本主义，不等于要我们删除手机里的支付宝、微信、淘宝等软件，将手机还原为纯粹的接听工具，甚至彻底将所有的智能设备全部抛弃掉。问题在于，这些一般数据，这些再次经过云计算加工后的数据，如何制造着新的不平等？

克里斯蒂安·福克斯（Christian Fuchs）尝试着从数字劳动的角度出发，来探索数字资本主义时代的不平等与剥削问题。福克斯在对Facebook的研究中发现，Facebook的使用者在实质上生产了一种数字化的社会关系："Facebook的使用者就是生产性的运输工人，他们传播了广告性的意识形态，并让使用价值得以实现。他们的活动就是生产劳动。"① 福克斯的结论是，Facebook通过他们的用户，将他们所需要承担的广告和文化理念传播出去，这样，这些用户实际上为Facebook提供了免费的数字劳动，而Facebook直接享用了这种传播带来的后果，即广告费用或特定的意识形态（如"网络水军"）。福克斯虽然研究的是数字时代的资本主义，但实际上探讨的是一个前数字时代的产品——广告及其传播。在尼克·斯尔尼塞克（Nick Srnicek）看来，尽管广告及其传播在数字资本主义时代仍然存在，但它是"数字时代最老土的盈利模式"②。

实际上，在数字资本主义时代，更有价值的东西是数据。如在购买亚马逊的商品时，亚马逊网站上有一个类似商品的推送，这些商品大多也是消费者会感兴趣的。值得注意的是，这些推送的类似商品，并不是那个后台工作人员主观推送的，实际上是通过云计算得出来的，这些云计算的结果推送了类似商品，从而得到更大的销售额。这些数据更重要的使用价值是，如果生产商获知哪一种款式更赚钱，更受市场青睐，便会及时调整生产方向，使自己的生产获得最大利润。这种

---

① Christian Fuchs, *Reconsidering Value and Labour in the Digital Age*, New York: Palgrave Macmillan, 2015, p. 38.
② Nick Srnicek, *Platform Capitalism*, Cambridge: Polity, 2017, p. 50.

通过云计算得出的引导性方向，在一定程度上避免了马克思在《资本论》第三卷中指出的资本主义生产的盲目性，从而降低了生产相对过剩的风险。对于产业资本如此，对于金融资本也是这样。大数据和云计算为金融投资提供了某一产业正在兴起，并预期能够获得多少利润、产生多少效益的信息。在一些投资咨询公司中，已经采用这样的云计算技术来引导金融投资，这样，金融投资不再纯粹是一种市场中的赌博，而是受到了数据监控的有效引导。而在引导产业资本和金融资本运作的背后，实际上是一种新型的资本在起作用，我们可以称之为"数字资本"。

既然被称为"数字资本"，我们首先要理解这些以一般数据为形式，并中介了诸多虚体的"数字资本"从何而来。奈格里在他的一个研究中指出，谷歌的数据有一个十分重要的来源，那就是用户的每一次搜索。从表面上看，每一个体的单次搜索是没有价值可言的，但是，如果搜集了足够多次（如上亿次）搜索的信息，这些数据就不是毫无价值的了，而是变成非常有价值的数据资源。我们的搜索所创造出来的数据，成为云计算的原材料，经过一定的处理计算后，就产生了最终具有高度使用价值的数据。同样，淘宝或天猫上顾客单次购买的数据，是没有太多价值的，但是上千万次购买的数据，经过分析就会具有不可小觑的价值。关键在于，这些数据，以及这些数据构成的平台，实际上并不是共享的，而是被某些大公司无偿占有了。我们完全可以将所有的用户进行的搜索、购物、浏览、观看，甚至游戏视为一次数字劳动，这些数字劳动生产出来的产品通过各种云计算和App，生产成为对产业资本和金融资本都非常有价值的数字资本。我们并没有从数字劳动中获得报酬，而这种实际上由上亿的匿名用户生产出来的数据产品（数字资本）却成为数字时代资本家占有的对象，也正是对数字资本的占有，让数字资本家居于整个资本运转链条的顶端。我们很清楚地看到，在今天的世界资本市场上，叱咤风云的不再是那些从事实体生产的产业资本家，甚至金融资本也处于比较边缘的地位，而谷歌、苹果、微软、Facebook、Twitter等更重视数字资本的公司成为这个世界潮流的主导，而他们在背后占据的就是处在数字资本主义金字塔尖上的一般数据。

那么，最终的问题并不在于是否需要数字化，或者将数字化视为新的圈地运动。数字时代的政治经济学批判矛头指向的也不是一般数据和数字化的虚体，而是这些一般数据和数字化的交换平台被少数几家公司所垄断，并从中榨取巨额的剩余价值。真正的问题是，这些由所有用户生产出来的数据，是否应该合法地被为数不多的几家大公司无偿占有？事实上，只有摧毁这种占有，才是数字资本主义批判的方向，因为虽然这些大公司在云计算和数据处理上也付出了一定的代价，但这些代价不足以成为他们整体占据这些数据的合法理由。那么，或许有人会提出，让这些大公司付给所有用户从事数字劳动的报酬不就得了。但是，这种方案的困难在于，大公司无法准确地给所有用户（数字劳动者）给予报酬，更重要的是，和马克思所处的资本主义时代不同，我们甚至不可能拥有准确衡量这种报酬的合理手段。支付报酬，是资本主义早期的一种以私人物权为基础的报酬方式，建立在私人的财产所有权绝对不可侵犯的理解之上。将一个业已建立起来的庞大平台，充分分割为若干个小蛋糕，让诸多个体私人占有，事实上是一种倒退。面对一般数据，以及由大量数据聚集构成的数字平台这一新生事物，我们不能再退回到17世纪的物权法的理解方式，即将一个财产转化为个体所有。真正有价值的思考方向是共享。因为，在根本上，一般数据是共同生产出来的产物，在这个共同生产过程中，每一个生产者（用户）实际上很难分出彼此。与其将其分割，不如令其共享。数字时代的革命口号，不再仅仅是消除生产资料的私人占有，也包含了数据绝对的和透明的共享。这种共享势必让我们走向一个新时代，让私人数据垄断逐渐成为不可能。

# 第二章

# 三个思考

互联网传播媒介的扩张强化了民主修辞的霸权。它并非消除了民主，当代交往资本主义的意识形态形式将言论、意见、参与拜物教化。我们身处在大量拥有 Facebook 和 Twitter 的朋友当中，在博客、YouTube 的视频上的点击率成为成功的主要标志。

——约迪·迪恩

数字媒介不仅带来了事件和空间上的传播加速，而且通过个人化服务，还提供了资本的新桥梁，在生产和交换、生产者和消费者中间寻找最短路径。因此，除了具有加速循环的特征，资本流通经过个人化之后变得图表化了。然而，当这种加速达到极限之后将会面临资本循环的体制，而它的再生产又是基于资本。我们认为在这个过程中出现的新现象是，由于数字媒介带来的无处不在和即时性，资本加速的逻辑来到了一个逻辑重点。在我们对传播媒介的分析中，资本被假定为一个反人类的对象，它处于一个不断被强化的重复过程之中，在这个过程中，价值被表达为自我扩张的、运动中的价值。

——克里斯蒂安·福克斯

在 21 世纪，发达资本主义的发展重心，在于提取和使用一种特殊的原材料——数据。

——尼克·斯尔尼塞克

众所周知，今天的时代是一个数字化时代，新的数字化技术正在改变当代资本主义的样态。我们需要从新的角度来重新审视大数据、云计算、微信、智能手机等产生的冲击。数字化技术的降临并没有将人从异化状态下解放出来，只是改变了其形态，即从物化的异化，变成数字化的异化。此外，由于数字化数据收集，云储存、云计算产生了一般数据的概念，这是区别于产业资本、金融资本的第三种资本形态，即数字资本。数字资本形成了以一般数据为根基的数字化平台，这就是数字资本主义支配生命政治治理和政治经济学关系的奥秘所在，也正因为一般数据的实现，我们的社会表现为海量数据的积聚，而人与物，以及任何存在物都必须经过数字化才能在数字资本主义之下存在和可见。对于资本主义出现的新的变化，数字技术、云计算和大数据与资本主义的合流，迫使人们对资本主义进行新的思考，如加速主义、数字资本主义批判、新实在论都是在这个方面取得的新的成果。在对资本主义进行思考的同时，也意味着西方左翼尝试在批判资本主义社会问题上提出新的路径和方法，在这个方面，比较有影响力的学说包括约迪·迪恩的交往资本主义或传播资本主义。

## 一、约迪·迪恩：交往资本主义

美国左翼马克思主义理论家约迪·迪恩（Jodi Dean）是一个大胆的开创者，她在2009年的《民主与其他新自由主义的幻象：交往资本主义和左翼政治》（*Democracy and Other Neoliberal Fantasies: Communicative Capitalism and Left Politics*）以及2010年的《博客理论》（*Blog Theory*）中就提出了"势"的概念，她重点分析的就是互联网和信息传媒体系，以及博客、微博、手机短信、飞信等新型信息交往模式给资本主义之势带来的变化。这种变化是多方面的，但至少包含了两个层次的内涵：一方面，信息交往的方式变革导致了工业资本主义的一系列变化，这些变化导致了2008年之后的资本主义金融危机，并且，资本主义用来牟利的方式也不再是在机器和办公桌上的剥削，不再纯粹从生产性劳动中获利，更重要的是从博客、微博的交往中来获利。这种模式的改变，导致了资本主义之势的改变，这种势之改变，对于新共产主义的形成极为有利。对于约迪·迪恩来说，这种有利表现为大众产生越来越多的对"我们"的集体性概念的欲望，这会导致社会分化越来越剧烈，最终形成了1％与99％之间的决裂，使得大众反抗少数人的斗争成为可能。另一方面，交往资本主义并没有改变马克思和恩格斯在《共产党宣言》中所提出的资产阶级和无产阶级的决裂和斗争的具体形态，在今天，天下大势仍然体现在为数众多的无产阶级同资产阶级堡垒的斗争，尽管在20世纪这种斗争的趋势被掩盖在国家垄断资本主义与全球金融资本主义之下，左翼的抵抗以忧郁的方式蜷缩在艺术与文化研究领域，但是在今天，历史重生了，新无产阶级不再遮遮掩掩地用文化反抗和艺术激进化的方式来体现左翼的欲求，相反，他们直接面对自己的经济地位和政治地位的问题，政治经济学再一次成为全球资本主义与无产阶级斗争的焦点。这样，我们可以说，迪恩所说的今日之势，在为大众提供新的联合可能性的同时，也重新让共产主义在大势之下成为可能，让其在历史的地平线上以曙光的方式呈现出来。

约迪·迪恩分析新共产主义之势的另一个关键词是交往资本主义①（communicative capitalism）。交往（communicative）是在当今西方理

---

① 在英语中，communicative 实际上有多种翻译方法，其中，communicative capitalism 对应于传播学理论，可以理解为传播资本主义，指的是倚靠传播媒体，尤其是网络时代的博客、微博、Facebook、Twitter 等新型自媒体手段而在传媒产业形成的资本主义，在这个意义上，约迪·迪恩的 communicative capitalism 理解为传播资本主义是合适的。但是，约迪·迪恩更重要的是建立了 communicative 与哈贝马斯等人的交往理论之间的关联，而哈贝马斯的名著已经被广泛地理解为"交往行动理论"，所以，这里翻译为交往资本主义。

*41*

论界出镜率比较高的词语,早在20世纪80年代,哈贝马斯两卷本的《交往行动理论》(The Theory of Communicative Action)就将主体间的交往问题推向了前台,也就是说,在当下资本主义的社会情势下,主体之间的交往在社会中占据着十分重要的地位。交往问题的提出,是对纯粹个体主义的自由主义方法论的一次反驳,即以与他们或其他主体进行交往的个体取代了自启蒙以来的自利性和自律性的个体。哈贝马斯及其后继者都试图在平等协商和良好对话的情况下重塑资本主义社会的根基,即认为社会的存在不是以孤立的个体来实现的,而是以交往性的主体间性来实现的。交往概念一出场,便在20世纪末期的西方社会中一发不可收拾,交往似乎成为20世纪最后十年中最为重要的词汇之一,同时交往的这种影响也延续到21世纪的最初十年。

互联网的出现增加了人与人之间交往的可能性,使得交往更加成为当下资本主义的重要特征之一。在当下,互联网的功用已经不限于浏览信息和查阅资料,更为重要的是,互联网为今天的人们提供了一种生存方式。自从尼葛洛庞帝的《数字化生存》宣告赛博空间成为我们交流的主要界面开始,近几年来,在博客、微博、Twitter、Facebook、YouTube甚至手机短信、飞信等工具的推波助澜之下,人与人的交往已经成几何倍数增长,而在这种交往高速增长的同时,资本主义看到了一种全新的获利方式,并将之推行到整个社会。早在2009年的《民主与其他新自由主义的幻象:交往资本主义和左翼政治》一书中,迪恩就对交往资本主义这个概念进行了描述:"我所界定的交往资本主义,就是以某些方式,加入和参与到信息、娱乐,以及交往技术的理想的物质化之中。交往资本主义控制了抵抗,并巩固了全球资本主义。"[1] 实际上,迪恩认为这个交往资本主义的概念并不是她自己的原创,她认为这个概念的

---

[1] Jodi Dean, *Democracy and Other Neoliberal Fantasies: Communicative Capitalism and Left Politics*, Durham: Duke University Press, 2009, p.2.

提出，受到了奈格里的影响。奈格里曾指出："交往是资本主义生产的方式，在其中，资本已经成功地将整个社会和全球从属于它的体制，完全压制了其他可能性。"① 在今天，交往资本主义已经成为一种全新的资本主义意识形态，它的根基是个体之间的交往，并以这种交往为基础创造出一种所谓的网络"民主"模式。迪恩不无反讽地说，交往资本主义让我们认为"所有观点都是同样正确的，所有选择都是差不多的，每一次鼠标点击都是一次政治参与"②。这样，在一种伪政治参与的情形下，我们享受了网络交往给我们带来的快感。但是正如鲍德里亚所提出的内爆（implosion）一样，当这种观点和意见以及鼠标的随意点击在博客、微博上泛滥的时候，实际上带来的不是对意见的重视，相反，是由于信息量激增而导致的贬值。真正的反抗和批判性意见已经淹没于大量无用信息的洪流之中，最终，反抗和批判为交往资本主义所消化。

而在一年之后出版的《博客理论》中，迪恩对交往资本主义的概念给予了更为清晰的说明：

> 我的立场是，当代交往传播媒体已经在强度和广度上，从娱乐、生产和监督上俘获了所有的用户。我对这种形式所用的术语就是交往资本主义。正如工业资本主义依赖于对劳动的剥削，那么交往资本主义依赖于对交往的剥削。③

从迪恩的这段描述中可以看到，交往资本主义不仅仅是作为当代资本主义的基本特征的概念，更重要的是，它的获利方式发生了巨大改变。即现在的博客、微博等网络交往技术所运行的新型资本主义，它所需要的不仅仅是生产过程中的剩余价值，更为重要的是，它也需

---

① Paul A. Passavant and Jodi Dean, *Empire's New Clothes： Reading Hardt and Negri*, New York：Routledge, 2004, p. 288.
② Jodi Dean, *Blog Theory*, Cambridge：Polity Press, 2010, p. 2.
③ Jodi Dean, *Blog Theory*, Cambridge：Polity Press, 2010, p. 4.

要我们的剩余注意力,需要我们在互联网中和博客、微博中的各种链接,来形成一种适合于交往资本主义市场的人际交往网络。

问题在于,交往资本主义如何从我们的交往之中获利呢,或者说,他们如何来剥削交往呢?迪恩指出,交往资本主义的剥削形式不依赖于商品模式,而是直接剥削位于商品中心的社会关系。在这里,他直接引述了马克思在《资本论》中对商品价值的社会属性的论证,即认为在资本主义市场体系之中,商品的使用价值或自然属性是不重要的,相反,体现了抽象的社会关系的劳动一般才是最为重要的东西,因此,交往资本主义甚至抛弃了商品的物质性外壳,直接将剥削和获利指向了位于其核心的抽象社会关系的表达。迪恩说:"通过互联网,通过个人之间的交往和信息技术,资本主义已经找到了更为直接的榨取价值的方式。"①

那么这种全新的榨取价值的方式是什么?迪恩指出,当代资本主义的交往回路(communicative circuits)是一个驱力运动的循环,这种回路迫使我们来回在网络上运作,并让人们感到兴奋和衰竭。"在博客和微博中,我们贡献得越多,我们便越扩大了自己的地盘,于是他人不得不去做决定是回应还是忽略我的信息?我们要对每一条信息做出选择,但我们选择越多,需要做选择的选择也越多。我们不得不迫使自己沉溺于其中,并越来越耗尽我们的精力。"② 也就是说,网络博客和微博上的交往是一种沉溺性的交往,这种交往耗费的是我们的注意力,当我们投入越多,注意力也被消耗越多,这样我们就越来越陷入一个固定的交往圈子和回路中,不能自拔。当然,在交往资本主义的资本家建立起交往的格局的时候,他们所需的原材料,即我们在博客和微博中的发言,基本上是免费的,得到的回应和选择基本上也是免

---

① Jodi Dean, *The Communist Horizon*, London: Verso, 2012, p.129.
② Jodi Dean, *The Communist Horizon*, London: Verso, 2012, p.144.

费的。但是，Twitter、Facebook、YouTube 运行的这些我们投入其中的言论、文章、小说甚至是照片和视频，都无一例外地变成了他们的资本。相对于在工业资本主义时代还需要支付薪酬的劳动来说，在交往资本主义时代对我们之间交往和消耗的剥夺与剥削几乎是无成本的，我们在付出注意力，完成微博中的对话，甚至是我们偶然的一次鼠标点击，都会被这种交往资本主义所消化，形成它们利润的来源。此外，在交往资本主义时代，注意力和点击率本身就是可以创造价值的因素，而这些因素直接与我们在互联网中的交往相关。

不过，交往资本主义并不是没有内在矛盾的，和马克思分析的早期资本主义社会的基本矛盾一样，交往资本主义社会也存在着一个基本矛盾。克里斯蒂安·玛拉齐（Christian Marazzi）在其《资本与语言》（*Capital and Language*）一书中认为："信息的供给和对注意力的需求之间的不平衡是当代资本主义的基本矛盾，这是基于价值形式的一个内在矛盾。"① 一方面，交往资本主义不断在交往形式和信息技术作用下生产出大量的信息；另一方面，作为被剥削的我们的注意力是相对有限的，这导致了交往资本主义将我们的注意力通过一定的方式加以集中，这个过程类似于资本的积累过程，当然，在交往资本主义的前提下，这个过程演化为注意力的积累过程。对于交往资本主义时代的资产阶级而言，他们很明白，在今天，注意力本身就是价值的来源，一个信息、一个话题、一个产品、一个图像、一段视频越受关注，也就意味着能够牟取更多的利润。对于资产阶级而言，这已经不是什么秘密。但是，真正的秘密在于，这种注意力和交往的集中模式通过一定方式是可控的，也就是说，注意力和交往的流向是交往资本主义盈利的关键所在。这样，交往资本主义势必在网络中制造一种不平等，即关注的不平等，而这种不平等事实恰恰是建立在资产阶级对

---

① Christian Marazzi, *Capital and Language*, Los Angeles: Semiotext (e), 2008, p.14.

其他人的注意力和交往的剥削与盘剥基础之上的。我们完全可以从"双十一"时淘宝、京东等网站以高度聚集的注意力和交往，并在一天之内盈利十几亿中看到这种交往资本主义的未来走向。

## 二、克里斯蒂安·福克斯：数字劳动

对于数字资本主义的思考，生于奥地利、执教于英国伦敦威斯敏斯特大学（Westminster University）的克里斯蒂安·福克斯在这个方面做出了比较突出的贡献。迄今为止，福克斯教授已经围绕数字资本主义、数字劳动、数字时代的马克思主义做出了非常详尽的分析，主要著作包括《数字劳动和卡尔·马克思》（*Digital Labour and Karl Marx*）、《互联网与社会：信息时代的社会理论》（*Internet and Society: Social Theory in the Information Age*）、《社会媒体时代的文化与经济》（*Culture and Economy in the Age of Social Media*）、《在信息时代阅读马克思》（*Reading Marx in the Information Age*）、《传播的批判理论：互联网时代对卢卡奇、阿多诺、马尔库塞、霍耐特和哈贝马斯的新解读》（*Critical Theory of Communication: New Readings of Lukács, Adorno, Marcuse, Honneth and Habermas in the Age of the Internet*）等。

对于福克斯来说，今天理解资本主义最重要的概念就是数字劳动。事实上，福克斯对于数字劳动的概念有着两种不同的理解方式。其一是，随着互联网工业的发展、个人电脑和智能手机的广泛应用形成了所谓的信息与传播产业（ICT），该产业与之前的工业生产的产业有着很大的区别，它构成了一个巨大的产业链条。福克斯举例说，一位刚果民主共和国北基伍省矿区的工人开采着专供生产笔记本电脑和智能手机的矿产；位于东南亚的富士康工厂生产线上的工人必须牺牲周末，没日没夜地加班生产各种新型手机和智能设备的配件，然后装船送往太平洋的彼岸；位于美国旧金山硅谷附近的装配工人（多半为西班牙裔的移民和女性）将来自世界各地的原件装配成手机、笔记本、平板电脑的成品；而在印度的班加罗尔，一些坐在隔间里的软件工程师在加班赶写新的升级版本的程序，为的是赶上在美国加利福尼亚州库比蒂诺举行的新品发布会。在今天，不知不觉间已经在全世界范围内形成了一个巨大的产业联动网络，在这个意义上，同时归属于这个全新的信息与传播产业的劳动者，无论是刚果的矿工、东南亚富士康工厂的工人、还是美国硅谷的装配工，以及印度的"码农"，都可以说是在从事着数字劳动。福克斯说："不同形式的数字劳动都被关联在一个统一的数字劳动国际分工的体制下，在这个体制下，为了数字媒体的存在、使用和应用的所有劳动形成了一个系统分工。"[1] 但是，福克斯显然不希望从这个角度来分析数字劳动，因为在他看来，北基伍省矿工的工作类似于一种奴隶制下的劳动，因为他们在手持 AK-47 的监工的眼皮下，被迫干着繁重的劳动，而东南亚的富士康工人以及硅谷的移民装配工实际上仍然处在早期资本主义的大机器生产线之下，属于经典马克思主义分析的生产性劳动的框架之内，马克思对于资本主义绝大多数的分析都适用于这些劳动。而印度程序员的工作则是另一种状态，他更像是在二战后的组织化资本主义框架下的一个零碎的片段，虽然他在身体上已经摆脱了繁重的体力劳动，但在办公室的电脑上不停地编写代码和调试程序也让他经受着当代资本主义的剥削，对于这种白领化的劳动和剥削问题，在保罗·巴兰、斯威齐等人的新马克思主义的政治经济学中已经给出了十分具体的分析。

显然，福克斯所认为的数字劳动并不是这一类劳动，他认为，尽管这些劳动是为数字产业或信息与传播产业服务的，但是它们仍然属于传统的产业劳动。为了解释这种特殊的数字劳动，福克斯引用了达

---

[1] Christian Fuchs, *Digital Labour and Karl Marx*, New York: Routeledge, 2014, p. 5.

拉斯·斯迈斯（Dallas Smythe）在 1951 年的一篇文章《广播和电视中的消费问题》里提出的问题：为什么免费的广播和电视会成为商品？在一般人看来，听众和观众是享受的主体，他们从事的是消遣，而不是劳动，尤其不是生产性劳动。但是斯迈斯强调，这些观点弄错了方向，真正的商品不是广播里的声音和电视上的图像，而是听众和观众本身；听众和观众直接构成了一种听力劳动和观看劳动，而且是一种没有薪酬的劳动，而成功的广播电台和电视台再将这种听众和观众的注意力商品打包卖给广告商，并从广告商那里谋取利润。斯迈斯说："因为听众的注意力是产生出来的，并被销售、被购买、被消费，它有一定的价格，是一种商品。听众贡献了未付酬的听力劳动，换得的是编排好的节目材料和广告栏目。"① 福克斯将斯迈斯对广播和电视的听众和观众的分析直接应用到今天的数字媒介上，在我们使用诸如 Facebook、Twitter、Instagram、YouTube 等工具时，也面临着斯迈斯所分析过的听力劳动的问题。不过，今天我们的活动不再是单向地接受来自电台和电视的固定的节目和广告，在今天的数字化平台上，数字用户拥有着更大的使用上的自由，但在福克斯看来，这恰恰为今天的数字劳动提供了条件。比如说，当我们在逛 Facebook 的时候，主要有两种活动：（1）浏览其他人和专题栏目的界面，看其他人发的帖子；（2）自己发帖子，来吸引观看。与斯迈斯所处的时代相比，今天的注意力更是一种特殊的"商品"，因为一旦引起关注，有超高的点击率和观看率，即意味着某个主题成功地生产出了注意力。福克斯说：

> 重要的是要注意到，Facebook 的用户在同一个数字工作中，产生了两种不同的使用价值：让他们自己的需求得以传播，获得公众关注度，这就会让他们成为特定广告针对的目标。所以，我

---

① Dallas Smythe, *Dependency Road*, Norwood：Ablex Press, 1981, p.233.

们可以说 Facebook 的使用价值具有双重性：一方面，它们生产出自己的使用价值，创造用户与公众关注度的关联；另一方面，用户为资本生产出了使用价值，即为广告产业生产出特定的目标广告对象。①

我们分别来看看数字劳动者两种特殊的使用价值。首先是传播和公众关注度。不过在这里，福克斯突发奇想，他将这种网络用户的传播工作，直接等同于马克思在《资本论》第二卷中对交通运输问题的讨论。因为马克思说过："投在运输业上的生产资本，会部分地由于运输工具的价值转移，部分地由于运输劳动的价值追加，把价值追加到所运输的产品中去。"② 对于福克斯来说，在网络平台和媒体中进行的也是一种交通运输，不过今天的数字媒体运输的不再是具体的物质产品，而是文化产品和意识形态。每一个数字媒体的用户，一旦在自己的 Facebook 主页上发帖子，即意味着他进行了一次象征和数字代码产品的生产，他通过有线或无线的数字化网络将其传播出去，这就是一种数字时代交通，而这种交通为各种广告信息和意识形态的传播提供了极大便利："商业媒体将关联的商品意识形态传递给用户，它们将意识形态'运输'给消费者。广告进行着信息生产和运输劳动。广告并不是以物理的形式将商品从 A 运输到 B，它们组织了一个传播空间，允许广告商将他们的使用价值的承诺运输给潜在的用户。Facebook 用户和从业人员就是运输工人，他们运输着使用价值的承诺（即商品意识形态），将之传递给潜在的消费者。"③ 尽管福克斯将今天的数字化传播理解为马克思意义上的运输劳动，与马克思在《资本论》中关于流通环节的分析相去甚远，但是，福克斯的这种异想的确构建了一种观

---

① Christian Fuchs, *Digital Labour and Karl Marx*, New York：Routeledge, 2014, p. 258.
②《马克思恩格斯全集》第 45 卷，中文第二版，人民出版社 2003 年版，第 168 页。
③ Christian Fuchs, *Reconsidering Value and Labour in the Digital Age*, New York：Palgrave Macmillan, 2015, p. 30.

念，即今天所有的数字平台的用户，实际上就是运输工人，而且是免费替大平台和广告商运输商品意识形态的工人。想象一下，今天我们熟悉的"双十一"购物节、"黑色星期五"购物节不正是这种商品意识形态传播的结果吗？我们中的每一个人何尝不是这种商品意识形态的运输工人，为这种数字界面上的购物狂欢推波助澜？在福克斯看来，这是一种免费的数字劳动，一种被数字资本所榨取的无偿的运输劳动；这种在我们看来是免费消遣的活动，在数字资本主义那里，实际上就是一种注意力产品。在2018年的迪士尼动画片《无敌破坏王2：大闹互联网》中，那个在互联网世界身无分文的拉尔夫就是跑去找爆音（BuzzzTube）网站的椰丝小姐，用拍摄的视频吸引网络注意力来赚钱的，这等于是说，在今天的数字时代或者在数字资本主义下的政治经济学的基本法则是：网络的注意力或公众关注度就是金钱。这个法则就是支撑着网络大V和网红经济最基本的基底，在微博上，在Instagram上，在TikTok上，谁能吸引更多的注意力和关注度，谁就是王者，而普遍的数字平台用户正深陷于这种商品意识形态的泥淖中，他们如同最底层的搬运工，怀揣着成功的梦想，为数字资本提供着免费的数字劳动，让大的数字平台公司充分榨取着最大化的数字劳动的剩余价值。

  最为关键的是，今天的数字平台的使用者用来创造这种运输和传播的工具也存在着巨大问题。比如，我们为使用某个软件支付了使用费用，如我们使用微软的Office系统写文章、制作报表和幻灯片，用IBM公司的SPSS系统来做社会统计，还有我们玩育碧公司制作的《刺客信条》《看门狗》等游戏，我们是否拥有了这些软件，或者按照福克斯的理解，拥有了这些数字劳动的生产资料？当然不是。我们支付的费用实际上购买的并不是软件本身，而只是一个软件的使用授权（license），比如我自己电脑上的 Microsoft Office Word 软件上面有一个 licensed version，这代表着我们这些所谓的用户只是这些软件的食利者（rentier），软件的所有权仍然在微软公司，它仍然有资格继续将这些软件卖给其他用户。福克斯将这种购买授权的行为比作马克思所说的租用土地行为，我们以为我们拥有了数字时代的生产资料，但福克斯警告说，我们实际上只是在向大软件公司和数字公司缴纳地租。齐泽克在他 2019 年的新书《〈共产党宣言〉的相关性》（*The Relevance of the Commnunist Manifesto*）中也提到了这种租用关系："比尔·盖茨拥有财富并不是因为微软比其他竞争者的软件卖得更便宜，也不是因为他对他所雇佣的智力劳动工人进行了更惨无人道的剥削。倘若如此，微软早该破产了……为什么上亿的人们仍然选择购买微软？因为微软建立了一个伪-普遍性的标准，并垄断了这个领域，而这个领域就是马克思的一般智力的直接体现。在几十年后，盖茨成为最富有的人，他的手段就是向参与被私有化和被控制的一般智力形式下的数以亿计的数字劳动的工人收取租金。"[①] 于是，福克斯和齐泽克给出了数字时代资本主义的数字劳动的最悲惨的画面，他们不是享用着现代化设备和数字网络的白领精英，相反，他们是为数字资本主义提供着免酬劳的数字劳动，并租用着大平台和大软件公司地盘的佃农，他们被数字资本家们盘剥了一层又一层，被最大化地榨取了他们生产和生活中的各种剩余价值，但他们仍然对此浑然不知。

## 三、斯尔尼塞克、威廉姆斯：加速主义

在数字时代思考资本主义的另一个代表是以尼克·斯尔尼塞克为代表的加速主义马克思主义思潮。斯尔尼塞克是当代左翼加速主义

---

[①] Slovaj Žižek, *The Relevance of the Commnunist Manifesto*, Cambridge: Polity, 2019, p. 14.

（accelerationism）的奠基者。他出生于美国，但在加拿大的西安大略大学（University of Western Ontario）获得了哲学与心理学硕士学位，之后转战英国，在伦敦政治经济学院（LSE）获得哲学博士学位。他与阿列克斯·威廉姆斯（Alex Williams）在2013年发表的著名的"加速主义宣言"，让其声名鹊起，用他们自己的话说，加速主义就是马克思主义在当代最直接的表现形式。2016年，斯尔尼塞克出版了他分析当下数字资本主义的重量级著作：《平台资本主义》（*Platform Capitalism*），将他的加速主义政治经济学批判与数字资本主义分析有效地结合起来，成为当代资本主义批判的最新代表作品。

斯尔尼塞克和威廉姆斯在"加速主义宣言"中提出的另一种马克思的批判倾向就变得非常值得我们注意了。斯尔尼塞克和威廉姆斯认为，马克思根本"不是一位抵抗现代性的思想家，而毋宁是一位试图分析并介入现代性的思想家"，简单来说，马克思反对的不是现代性和大机器本身，而是这种对现代性和大机器的资本主义的占有方式。从后来的意大利自治主义开始，从他们推崇马克思的"机器论片段"开始，我们已经看到他们将马克思对资本主义的批判，从对生产力（即现代性和大机器生产）的批判，变成了对生产关系（即资本主义下不平等的雇佣关系）的批判。在对"机器论片段"的阅读中，斯尔尼塞克和意大利自治主义者们一样，认为问题并不是出在机器上。如果机器带来的现代化潮流是不可抵挡的，我们又何必如同螳臂当车一般，将自己有限的生命耗费在一个不可能的事业之中呢？因为抵抗现代性和大机器的命运必然是忧郁的、必然是悲剧，卢卡奇和西方马克思主义从一开始就走入了抵抗现代性的死胡同，但真正的问题不是将现代性和机器化大生产而是将其中造成的不平等，视为邪恶的力量。如果机器是中性的，在资本主义可以使用的同时，它为什么不能变成无产阶级解放的工具呢？倘若如此，在他们看来，马克思真正的意愿正是走入现代性，而不是像西方马克思主义所认为的那样是拒绝现代性。

这样，加速主义最基本的原则是，在现代性或者资本主义带来的机器生产内部找到其中的矛盾，并加速推进它的高速运转，最终，这种机制会在高速运转中走向崩溃，而资本主义也会因此迅速衰落甚至死亡。因此，在《大纲》之后的马克思那里，一个新的变化是，对资本主义的批判不能在资本主义之外进行，我们只有在资本主义内部，才能找到走向未来社会的路径。

这正是加速主义的核心要义所在。加速主义的核心词汇——加速（accelerate）——指的正是对资本主义机器本身的加速。这种加速，在资产阶级看来，是加快了他们资本周转的速度，最终让他们获取利润的速度也随之加快。但是，在加速主义看来，为了让这个大机器更快地耗费掉，我们的立场绝不应是拒绝，而是让其加速。斯尔尼塞克和威廉姆斯说："认为左派政治要反对技术社会的加速运动，至少从某种程度上来说，这种评价绝对是一种误解。事实上，如果政治上的左派要想拥有未来的话，他们就必须最大程度地拥抱这个被压迫者的加速主义的发展趋势。"① 这样，加速主义的目的正是推动生产力的发展，而不是阻碍生产力的车轮，"加速主义者就是要最大程度地释放出生产力的潜能"。只有让那些平庸的左派和新自由主义都十分忌惮的生产力的潜能全部都发挥出来，无产阶级才能真正意义上拥有未来，"加速主义推动的是一个更为现代的未来——是新自由主义不敢去生产的现代性。未来必须再一次被打开，开启我们的视野，投向大外部（outside）的普世可能性"②。

也只有在加速主义的意义上，我们才能理解为什么斯尔尼塞克会

---

① Alex Williams, Nick Srnicek, "♯Accelerate: Manifesto for an Accelerationist Politics", in Robin Mackey & Armen Avanessian eds., ♯ *Accelerate: The Accelerationist Reader*, London: Urbanomic Media LTD., 2014, p. 354.
② Alex Williams, Nick Srnicek, "♯Accelerate: Manifesto for an Accelerationist Politics", in Robin Mackey & Armen Avanessian eds., ♯ *Accelerate: The Accelerationist Reader*, London: Urbanomic Media LTD., 2014, p. 362.

如此关注数字时代的平台资本主义的生产。斯尔尼塞克指出:"在思辨的边缘,今天资本主义的计算基础设施已经间接地触及其物理学上的极限,高频次贸易的速度战争已经迫使决策者必须在十亿分之一秒内做出决定。更习以为常的发展是,海量的个人数据(购买习惯、旅游模式、浏览历史等)已经与复杂的数学分析结合起来,用来为市场提供预测。新近出现的发展,如无人机送货和自动驾驶,都预示着一个逐渐自动化和计算化的未来。世界已经在自身层面上重构了,而这一切与人类的感知无关。"① 斯尔尼塞克敏锐地把握到,如果要推进加速主义的策略,计算基础设施和数据才是其中的关键,而让新自由主义感到忧虑,甚至无法控制的正是大量数据的自动生产(automatic production),今天,数据的收集和生产恰恰是由谷歌、苹果、亚马逊、优步、Facebook、YouTube 等大的平台公司来进行的。因此,斯尔尼塞克与维尔诺、奈格里、拉扎拉托等人的认知资本主义分道扬镳了,因为今天更为重要的东西是数据,而不是非物质生产和一般智力。数据不是非物质的一般智力,简单来说,在斯尔尼塞克看来,今天的资本主义就是以数据为对象的资本主义。他说:"我们应当将数据看成是用来提取的原材料,用户的活动就是这些原材料的自然资源。就像石油一样,数据就是一个提取、精炼出来的原材料,可以在诸多方面进行使用。"② 这意味着,拥有越多的数据,则拥有越强大的竞争力。但是,不是所有的人都拥有提取、精炼数据的能力,云计算和大数据处理只有一些大的公司才能进行,也只有他们提炼的数据才具有使用价值层面上的意义。而这些大公司所依赖的就是大的数据平台,这些数据平台就是他们收集和提炼数据的矿井。

对于平台资本主义,斯尔尼塞克有一个说明:

---

① Nick Srnicek, "Computational Infrastructure and Aesthetics", in S. Malik & C. Cox eds., *Realism Materialism Art*, Annandale-on-Hudson: Sternberg Press, 2015, p. 308.
② Nick Srnicek, *Platform Capitalism*, Cambridge: Polity, 2016, p. 40.

什么是平台？在最一般的层次上，平台是数字的基础设施，它可以让两个或更多的群组发生互动。因此，平台将自己作为中介，让不同的用户汇集在一起：顾客、广告商、提供服务的商家、生产商、供应商，甚至物质对象。平台往往还有一些工具，让用户可以建造他们自己的产品、服务和市场。①

实际上，按照斯尔尼塞克的定义，简单来说，平台就是我们平常使用的各个界面、App 和应用，如微信、百度、淘宝、滴滴打车、京东、大众点评网、携程、蚂蚁短租、当当等。这些公司制作的平台充当着社会中的新型智能机器，将各种用户（包括个体用户、生产商、供应商、物流、媒体甚至 AI 和装有传感器的设备等）都纳入巨大的数字界面中，将它们都转化为统一的数字化模式，并从中提取作为原材料的数据；再经过云计算和数据处理，使其成为具有价值的数据，用以分析和预测市场走向，甚至可以据此预测国际局势的风云变幻。换句话说，今天谁拥有了绝对多的数据，谁就是这个世界上的王者。资本主义的权力开始发生了位移，从纯粹以货币为中心的体系（尤其是二战之后以美元为中心建立起来的布雷顿森林体系），位移至最广泛也最有效的（这里的有效并不是指数据的真实性，而是数据在数字界面发挥影响的实力；真实性只是数据效力的一个参数，但是不等于所有的真实数据都具有数字界面上的实际效力）数据。所以，斯尔尼塞克认为："这些平台的地位尽管是中介，但它们不仅获得了海量的数据，而且控制和监控着游戏规则。"② 这样，数字平台不仅仅是一个在市场上倚靠数据赚得金银满钵的企业，最关键的是，他们控制的数据和平台，本身就为未来生活制定了规则，而所有人包括用户、商家甚至非人的 AI 和物（object）都必须依照这样的规则来运作。也正是这些规

---

① Nick Srnicek, *Platform Capitalism*, Cambridge: Polity, 2016, p. 43.
② Nick Srnicek, *Platform Capitalism*, Cambridge: Polity, 2016, p. 47.

则，让平台不仅处于经济利益的顶端，也成为超越民族国家的政府和政策之外的僭主。

数字时代共产主义研究指向的是：这些一般数据和数字化的交换平台被少数几家公司所垄断，并从中榨取巨额的剩余价值，但这些由所有用户生产出来的数据，是否应该合法地被为数不多的几家大公司无偿占有？摧毁这种占有，才是数字资本主义批判的方向，因为对于这些一般数据，虽然这些大公司在云计算和数据处理上也付出了一定的代价，但这些代价不足以成为他们整体占据这些数据的合法理由。面对一般数据，以及由大量数据聚集构成的数字平台这一新生事物，真正有价值的思考方向是共享。因为，在根本上，一般数据是共同生产出来的产物，在这个共同生产过程中，每一个生产者（用户）实际上很难分出彼此；与其将其分割，不如令其共享。数字时代的革命口号，不再仅仅是消除生产资料的私人占有，也包含了对数据绝对的和透明的共享。这种共享势必让我们走向一个新时代，让私人数据垄断逐渐成为不可能。

# 第三章

# 数字权力

> 权力关系深深地根植于社会关系中,它不是凌驾于社会之上的。人们梦想彻底将其根除,并彻底将其取代。在社会中生存,无论如何,都是以下这样一种生存:某些人的行为作用于另一些人的行为。没有权力关系的社会只能是一种抽象。
>
> ——米歇尔·福柯:《主体与权力》

1999年上映的沃卓斯基兄弟导演的《黑客帝国》系列似乎成为一个魔咒。影片描述了一种被命名为"母体"（matrix）的数字化网络成为凌驾于每一个人之上的无形的力量，所有认为自己拥有自由和理性的人，身体背后都有一个通向"母体"的管道；"母体"是潜伏的，在日常生活的表象中根本看不到它的存在，但它又的确控制着我们日常生活的方方面面，甚至直接制定了我们日常生活的规则和认知。这是一个比乔治·奥威尔笔下的"老大哥"更深刻的权力形象，日常生活中的权力关系甚至不再是"老大哥在看着你"这样的凝视性结构，而是成为完全无形的数字化控制方式。如果在2000年前后，我们还能将电影中的"母体"形象看成是科幻式的隐喻，那么，今天这种隐喻正在逐渐变成社会生活中的现实。当我们使用智能手机、平板电脑，以及其他各种终端进行网络购物、刷朋友圈、网上约车、购票的同时，我们没有意识到的是，我们的行为和意识已经在其中受到一种看不见的力量的引导，而在今天的影视作品中，如斯皮尔伯格导演的《头号玩家》和斯蒂芬·苏思科导演的《解除好友2：暗网》都在以全新的方式向我们讲述在我们日常生活背后的看不见的权力。于是，随着数字化技术的继续推进，我们在享受着日常生活便利的同时，也不得不面对一种新型资本即数字资本的崛起，而数字资本的根源在于数字变得具有权力，而资本掌控了这种新权力，即数字权力。

# 一、数字权力的崛起

当我们打开电脑上的亚马逊页面或者在手机上打开亚马逊App的时候，会发现这样一种现象：在我们精心挑选了一本书之后，屏幕的下端会继续推送其他书籍。比如，当我购买福柯的《什么是批判?》的时候，页面下方会出现刚刚出版的福柯的其他书籍，如《主体性与真相》或《双性人巴尔班》。在这个时候，我们甚至没有丝毫的迟疑，就将另外这两本书也放入购物车中，并为之下单付款。同样，如果在淘宝或京东这样的网站上，我购买了一个最新版的台式电脑，并为之配置了一个高端显卡，在付款之前，我会看到网页下端的推送中出现了最新的光电键盘、专业级的混响音箱和最新的人体工程学鼠标的身影。与互联网早期那种漫无目的的浮窗广告不同的是，这些推送和链接不再是盲目的，而是带有很精准的用户定位。在我购买福柯的书籍的时候，其他福柯的书籍以及与福柯研究有关的书籍会十分准确地从页面中跳出来，而且我们在扫一眼之后立刻就会下单。我们对这种推送，不会像对待之前的网页广告和浮窗广告那样感到厌烦，甚至直接在浏览器里屏蔽掉这些广告，相反，今天的网络购物反而促使我们养成这样一种习惯：在购买了真正所需要的商品后，会主动地下拉菜单，看看下面的推送中还有什么是自己需要的。

　　相信这样的经验对于那些有着丰富的智能购物经验的用户来说，已经变成了司空见惯的常态。但是，我们需要追问的是：为什么亚马逊或京东、淘宝能如此准确地推送出我们可能感兴趣并下单购买的商品，这仅仅是因为远在大洋彼岸的贝佐斯或者马云、刘强东等人有着超常的智慧吗？还是他们偷窥了我们心中的秘密，将我们欲望的对象以现实化的商品的样态直接推送给我们？显然，我们已经无法在传统的消费心理学或商业销售策略的框架下来理解这个问题。因为这个问题涉及一个更为根本的问题：存在着一种无形的力量，能够对我们的消费行为作出十分精准的判断，并将这种判断变成实际的购买行为，从而达到让网络商家和厂商与消费者共赢的局面。

　　在这里，我们需要摒弃传统的关于孤立个体的研究范式，即将个体的消费行为视为一种偶然性的消费活动，并认为这种消费活动是由一个理性个体的模型来主导的。与之相反，个体的消费行为从来不是个体性的，在表面的偶然性和零散性背后，实际上存在着一种隐性的社会支配框架，促动着每一个参与消费活动的个体的行为。法国社会学家鲍德里亚就看到了这种消费行为背后的社会本质："消费只是一个表面上的混乱的领域……它是一种主动的集体行为，是一种约束、一种道德、一种制度。它完全是一种价值体系，具备这个概念的所必需的集团一体化及社会控制功能。"① 鲍德里亚的确看到了位于每一个消费主体背后的看不见的因素的支配，这种因素被他称作"价值体系"（在《符号政治经济学批判》中，鲍德里亚进一步称之为"符号价值体系"），而每个个体就处在这个"价值体系"的掌控之下，于是，在鲍德里亚那里，消费社会就成为被掌控的个体消费的社会。

不过，鲍德里亚消费社会理论的缺陷也由此暴露出来。他首先将这种被控制的消费视为外在于个体的消费行为的存在，并虚构出一种绝对凌驾于每一个个体之上的"价值体系"。然而，在进入数字时代之后，问题变得越来越昭然若揭。也就是说，在背后支配着我们的市场行为的因素，其实并不是什么玄妙的"价值体系"，而是一种数据结构。说得简单一点就是，我们参与消费时，都会留下一定的消费的痕迹（trace），这个痕迹相对于每一个体来说都是无关紧要的，但是，如果能够通过某种程序将这些散落的痕迹收集起来，就会具有非常可观的价值。举例来说，当我们在图书馆借书时，往往不止借一本书，在我们所借的书籍之间，并非纯粹偶然的关系，而是具有某种关联。在我接触一本罗贯中的《三国演义》的时候，可能也会借一本《曹操传》。如果仅仅就一个读者借书来说，这个关联是非常微弱的，而且充满着偶然性，如一个读者完全可以在借《三国演义》的同时，借一本《烹饪技巧》。但是，如果几百个读者在借《三国演义》的同时，也会借《曹操传》，这个关联就会变得与众不同：在痕迹的数据收集中，《三国演义》和《曹操传》之间就会建立起强关联，那么下次读者再来

---

① [法] 让·鲍德里亚：《消费社会》，刘成富译，南京大学出版社 2008 年版，第 63 页。

借《三国演义》的时候，由于图书馆借阅系统的这种强关联函数的存在，《曹操传》就会以关联书籍的状态被推荐给希望借《三国演义》的读者。与之类似，在去年的 Facebook 的泄密事件中，人们发现，一些大数据公司对于我们这些行为的关切几乎是无孔不入。例如，"大数据公司表示，他们只需要根据 Facebook 上的用户 5 个点赞信息，就可以比较准确地判断出该用户的政治倾向，如果该用户有发言，或者有更多的互动行为，则能为分析公司提供更丰富的材料，可以帮助分析公司判断，发送何种推送可以对该用户产生影响，来动摇或巩固他的某一政治立场，来控制他相应的政治情感"[1]。

从这个例子中我们可以理解，亚马逊、谷歌、Facebook 等平台上的十分精准的数据是从何而来的。与其说，这种结构是一种绝对先于我们存在的价值架构，如同鲍德里亚的"价值体系"一样，不如说，这是一种在所有个体看来无关紧要的数据痕迹的结果。这些痕迹在我们的消费行为、网络阅读行为、点赞行为之后被个体所遗忘，但是这些行为却在互联网世界中留下了痕迹，一种被数据化的痕迹。这些痕迹被大数据的算法关联起来，并以一种非人的样态重新在网络世界中登场，成为看似超越于我们之上的数据化的智能。简言之，我们之所以能够在亚马逊网站上购买一本福柯的书籍之后，立刻在下面的推送中发现其他最新的福柯作品，并不纯粹是因为它们都是福柯作品的缘故，而是因为，在我这次购买行为之前，在网络中已经存在成千上万条数字痕迹，这海量的痕迹将这两个商品从数据上关联起来，成为一个庞大的对象物的关联网络，这是一个物体系（system of objects）——一个在我们的行为痕迹下成为数据化关联的物体系。鲍德里亚曾说，"人与人之间的关系在物品之中并通过物品自我'完成'和自我'消解'，而物品成为人和人的关系必要的中介者，而且很快地，又成为它的代替

---

[1] 蓝江：《数字时代西方代议民主制危机》，载《红旗文稿》2019 年第 2 期，第 37 页。

符号，它的不在场的无罪证明。"① 不过，今天的物体系不再是鲍德里亚的功能性或符号性的关联，而是我们留下的网络行为痕迹中的数据关联。这种关联更像是法国社会学家布鲁诺·拉图尔谈到的行动者网络理论：每一个行动者（actant），无论这种行动者是具体的人还是物，它们的行为构成了一种巨大的行动者网络。拉图尔的说法是："行动者网络理论仅仅是认为，一旦我们习惯了不同的参照框架的诸多变化，就可以很好理解社会是如何形成的，因为各个参照框架之间的相对性的关联，要比通常意义上认为的绝对（也就是说，专断的）环境更能提供客观性判断。"② 如果我们将拉图尔的行动者网络理论移植到今天的数据痕迹网络中来，可以得出如下结论：

（1）今天所有参与互联网和数字空间的行动者构成了一个巨大的行动者网络，这个网络不是超越于所有行动者之上的超然的"价值体系"，而是一种行动数据所形成的相对性的关联结果。

（2）这个行动者网络具有一种特殊的权力，即它的权力的体现并不在于强制性的规训，相反，行动者本身就是这种行动者网络生产的原因和结果；每一个行动者在生产自己的行为的同时，也受到了其他行动者建立起来的关联的制约，也就是说，一旦关联在网络空间中被建构起来，便会成为约束和影响我们行为选择的力量，即数字权力。

（3）这种数字的行动者网络尽管是每一个参与者的行为的结果，但是它所形成的关联却不是微观的，而是一种海量级别的宏大网络；这种网络对于我们具有支配性的作用，而且我们这些网络主体也实际上会成为这种宏大网络的产品。这是一个奇特的悖论：我们在进行网上购物、阅读点赞甚至看影视、玩游戏的时候，从事了一种特殊的数

---

① [法] 让·鲍德里亚：《物体系》，林志明译，上海人民出版社 2019 年版，第 214 页。
② Bruno Latour, *Reassembling the Social*: *An Introduction to Actor-Network-Theory*, Oxford: Oxford University Press, 2005, p. 30.

字劳动，数字劳动生产了宏大的数字网络，但这个宏大的数字网络反过来又作用于我们自身，让我们成为它的产品。于是，在数字权力空间中出现了一个特殊的概念：数字产消者（digital prosumer）。

无论如何，我们今天正在目睹一种新型权力——数字权力——的诞生。这种权力是我们每一个人的产品，但它又反过来吞噬着每一个生产着它的数字产消者。一个庞大的数字网络的链条将我们每一个人以及对应的物都关联起来，对数字权力的进一步考察，需要我们走出微观领域，从更宏观的角度来审视数字权力的作用。

## 二、数字资本的权力

这种由我们的网络行为痕迹所形成的庞大数据网络，其功能不仅仅是在我们购物时给我们发一个相关联的推送那么简单，我们需要在更广阔的历史视野中来审视数字权力的崛起。在马克思所在的时代，甚至在20世纪最初的20年里，世界上最强大的资本集团都是产业集团，如德国的克虏伯钢铁公司、美国的卡耐基钢铁公司以及英国曼彻斯特兰开夏郡的纺织业和谢菲尔德的钢铁工厂，这些工厂就是马克思在《资本论》及其手稿中大量分析的对象。纺织业和钢铁业的发展，不仅给英国带来了繁荣，让英国成为工业革命的火车头，而且缔造了一批工业巨头，并让他们融入英国的上流社会，让他们具有了实实在在的经济权力和政治权力。霍布斯鲍姆曾评论说："格林家族已经从海顿花园的晒盐生意上升到一个贵族地位。巴林家族已由西南部的制衣行业拓展为行将公认的国际贸易和金融业巨头。这些家族的社会上升势头与其经济实力扩张同步进行，贵族身份已经获得或即将到手。"[①] 霍布斯鲍姆为我们描

---

① [英] 霍布斯鲍姆：《工业与帝国：英国的现代化历程》，梅俊杰译，中央编译出版社2016年版，第74页。

述的状况是：大的产业集团，尤其是纺织业和钢铁制造业，不仅仅在宏观上推动了整个英国的经济和政治地位的上升，而且这些大的工厂主和产业资本家在攫取了大量的产业利润的同时，也谋得了政治上的地位，他们已经与贵族地位相当，并在一些郡取得了议会席位。从这个意义上来说，自 18—19 世纪起，政治权力不再是封建贵族的特权，新兴的产业资本家已经步入政治发展的决策层，并拥有了经济权力和政治权力。

到了 20 世纪五六十年代，情况显然发生了变化。尽管产业资本家仍然在政治场域中具有非凡的影响力，如洛克菲勒家族的石油产业，但是，另一种力量正在逐步地取代产业资本家的地位。1959 年，之前为美国钢铁公司、通用汽车公司、美国电报电话公司起辅助性的融资作用的金融公司摩根公司与纽约担保信托公司合并，成立了著名的美国摩根银行。摩根银行的成立，代表着摩根公司不再充当替大公司提供融资业务的金融部门，而是成为其权力贯穿于各个实业公司的金融寡头。除此之外，摩根银行的 20 多名员工不满足于发展传统的商业银行贷款、融资等业务，而将银行的目标改变为投资，即他们希望成立一个特殊性的投资性银行，即摩根士丹利。银行业从普通的商业融资变成了投资性银行，这决定了金融业和产业资本之间的关系的变化，也就是说，金融资本开始接手原来由产业资本所掌握的权力。大型金融资本，如摩根银行、摩根士丹利、大通金融集团、日本三井住友银行、花旗银行、汇丰银行成为这个时代的引领者。金融资本从而取代产业资本，成为最重要的权力。

半个世纪之后，我们似乎又看到了相同的场景，随着 2008 年金融危机的爆发，一些金融集团开始萎缩，甚至破产。尽管 2000 年由洛克菲勒家族的大通银行和摩根银行合并成立的摩根大通集团仍然在世界经济领域占据着举足轻重的地位，但是，世界经济中最具有影响力的企业排行榜中已经多出了很多既非产业集团亦非金融集团的名字。今天,我们已经对以下这些名字如数家珍,如微软的比尔·盖茨、苹果的乔布斯和库克、Facebook 的扎克伯格、亚马逊的杰夫·贝佐斯等。我们似乎看到了另一个时代的来临:一群从事数字技术和互联网的资本家,正在取代传统产业资本家和金融资本家的地位,他们正在打造一个属于数字时代的帝国。但是,问题在于,今天苹果、微软、Facebook 等公司的地位上升,是否意味着发生了与之前金融资本和产业资本的权力关系翻转一样的过程?如果答案是肯定的,那么他们又是如何来实现这个翻转的?

当然,对于这些新的数字技术和互联网公司,我们不能简单地将其等同于它们销售的软件和硬件,比如微软就是卖 Windows 和 Office 这样的软件的公司,而苹果就是卖手机和电脑的公司。如果从这个角度来理解,我们很难将贝佐斯纳入这个范畴,因为贝佐斯的亚马逊无非是提供了一个在网络销售商品的平台。那么,在这个权力翻转的过程中,究竟发生了什么?

让我们还是回到之前的命题,我们在网络中的行为构成另一个行为者网络,即一个庞大的数据网络。我们知道,这个数据网络可以通过我们的点赞、购物、观看视频、玩游戏、发帖子来建立各种数据之间的关联,并在算法上体现为一系列的关联函数。这些关联函数一旦确立,就可以对特定对象进行分析,如该对象喜欢什么样的款式,偏保守还是偏激进,经常去哪些场所,喜欢参加什么样的活动,等等。根据这些分析出来的信息,像苹果、亚马逊、Facebook 这样的大数据平台就可以对症下药,十分精确地向该对象发送特定信息。不过,对这个过程我们也可以逆过来看,即生成的大数据网络,不仅可以作用于消费端,也可以作用于生产端,不仅可以分析具体对象,也可以做群组分析,将对象的消费行为按照年龄段、性别、地域、文化层次进行分类,然后分析不同群组的消费和行为倾向。譬如,经过对购物中的交易数据分析,我们可以判定 A 城市今年夏天 20 岁左右的女孩子大

*65*

致喜欢什么款式的衣服、大概需要多少件,这样的数据对于服装生产商就直接具备引导性作用。此前,个别的生产部门是盲目的。马克思曾说道:"全部生产的联系是作为盲目的规律强加于生产当事人,而不是作为由他们的集体的理性所把握、从而受这种理性支配的规律来使生产过程服从于他们的共同的控制。"① 马克思将之视为资本主义经济危机的一个基本矛盾,即资本主义生产的盲目性与社会上的实际消费需求之间的矛盾;由于生产的盲目,要么造成生产不足,要么生产过剩,尤其是后者会直接影响到产业资本家的资本周转。但是,如果拥有了由各种行为者构成的大数据网络之后,产业生产的盲目性就得到了克服,即由于对特定群组进行有效的分析,使得过剩的生产不再大规模发生,可以尽快地实现产业资本的资本周转,这本身就是资本主义发展的动力。况且,大数据网络的存在,让产业资本具有了更大的生产灵活性,一些生产厂商完全可以按照这些特定的数据的指示进行生产,这样,大数据便驾驭了生产部门。

金融部门的情况,亦是如此。在前数字时代里,金融融资和投资实际上也缺少必要的信息和数据分析,金融投资的走向也带有一定的盲目性。由于大数据网络提供的数据分析,可以有效地将金融投资的风险降到最低,而在资金配置上,也能让金融资源得到最优化最合理的应用,即通过数据提供的导向,一方面可以让最需要得到发展的部门获得融资,从而得到发展上的优先权,另一方面让投资的基金实现利益的最大化,让资金流向最容易获利的部门。所以,在大数据背景下,金融投资获得了双赢,既可以让资金尽可能地流向最需要的产业部分,也可以实现资金的利润最大化。而这种双赢局面的前提,必须有金融市场的"眼睛",即大数据分析的结果作为支撑。

这样,我们实际上看到了第三种资本——数字资本——的出现。

---

①《马克思恩格斯选集》第2卷,人民出版社2012年版,第510页。

数字资本实际上就是由所有互联网的参与者的行为痕迹数据组成的行动者网络，但是这种网络一经形成，就仿佛具有了一种独立于各个行动者的权力。这种权力的厉害之处，不仅仅在于可以引导消费者的消费行为，而且可以直接作用于产业资本和金融资本；也就是说，大数据网络一旦转型为可以被占有和使用的权力，它就成为一种新的数字资本，这种数字资本正是今天资本主义的最新形态。实际上，我们如今看到的在世界市场上呼风唤雨的数字技术和互联网公司所占据的就是这种新型的数字资本，而数字资本的力量正在于对数字权力的占有与使用。正如齐泽克指出的："比尔·盖茨拥有财富并不是因为微软比其他竞争者的软件卖得更便宜，也不是因为他对他所雇佣的智力劳动工人进行了更惨无人道的剥削。倘若如此，微软早该破产了……为什么上亿的人们仍然选择购买微软？因为微软建立了一个伪-普遍性的标准，并垄断了这个领域，而这个领域就是马克思的一般智力的直接体现。"① 齐泽克是对的，扎克伯格、贝佐斯、马斯克等人和比尔·盖茨一样，他们垄断了一个领域，即由每一个参与数字网络的行动者创造出来的普遍智能的领域，并依靠这个网络来牟取暴利，相反，如果任何其他人想利用他们所占有的数据资源，就必须向他们支付巨额的租金。而这个被数字公司垄断的数字权力，实际上已经凌驾于所有的产业资本和金融资本之上，因为他们不过是这个数字技术和互联网公司地盘上的租赁户而已。在此，我们看到了资本主义历史上的第二次翻转：数字资本的权力直接翻转了产业资本和金融资本的力量，成为具有最闪亮光环的权力。正是拥有了这种熠熠生辉的新的权力，扎克伯格、贝佐斯、马斯克等人才能登上数字时代资本主义的巅峰。

---

① Slovaj Žižek, *The Relevance of the Commnunist Manifesto*, Cambridge：Polity, 2019, p.14.

## 三、权力与新社会存在本体论

在这里，我们可以得出一个具体结论：数字资本主义的核心是数字资本，而数字资本魔法的奥妙并不神秘，就在于私有化的数字技术和互联网公司占有了庞大的大数据体系的一部分，让这个大数据体系成为它们牟取巨额利润的利器。借助占据的这些数据，数字技术和互联网公司可以引导产业部门的生产，也可以引导金融资金的流向，其锋芒所指之处，就能化腐朽为神奇。相反，如果对大数据网络持拒绝态度，也即意味着被新的时代所抛弃，而不愿意加入大数据网络之中、不愿意向这些互联网公司交纳租金的企业都将面临风雨飘摇的风险。正如韩裔德国学者韩炳哲所说："未来，数字社会中的信息猎人将带着谷歌眼镜上路。这种数据处理的眼镜代替了旧石器时代猎人们的矛、弓和箭。它将人眼直接与互联网联通。佩戴者仿佛能洞穿一切。它将引领着全信息时代的到来。"[①] 当然，韩炳哲的"谷歌眼镜"也可以被视为一种隐喻，因为大数据的分析将一切以全景敞视（panoptical）的方式暴露在我们眼前，这实际上就是边沁设计全景敞视监狱时所怀揣的理想，让守卫可以一览无遗地看到所有被规训的囚徒。

所以，韩炳哲对于数字时代的全景敞视主义保持了更为悲观的态度。在他的《精神政治学》一书中，他带着十分苍白的论调写道：

> 大数据的确可以非常有效地进行监控。"我们保证您可以360度全方位了解顾客"是美国大数据公司 Acxiom 的宣传口号。数字化的全景监狱实际上让人能够360度全方位监视其中的每个人。边沁的全景监狱与视觉角度有关，这样，它就不可避免地存

---

① [德] 韩炳哲：《在群中：数字媒体时代的大众心理学》，程巍译，中信出版社2019年版，第63页。

在死角，囚犯在这个死角内可以悄悄地随心所欲，而不被发现。因此，非视角性的数字化监控才是最有效的。它不受视角的局限，而视角的局限正是模拟视觉的特征。数字化视觉对每一个死角都能进行全方位监控，这样一来，也就不存在所谓的死角了。而且，与模拟视角、透视视角相比，数字视觉还能洞察人的精神。①

在韩炳哲的笔下，由于大数据公司占据了数字全景敞视主义的绝对优势，我们只能任其鱼肉。Acxiom 的广告语是真的，他们的确可以完全一览无遗地看到数据里的每一个顾客和个体的动向，没有死角。数字全景敞视主义似乎宣告了一个拥有着彻底控制能力的权力的诞生；面对这种权力，所有的用户、所有的行动者都不得不接受它的掌控和盘剥，人们只是大数据和数字全景敞视主义下的产消者。这个世界的王者是微软、亚马逊、苹果、Facebook，在它们的全景敞视之下，所有用户都变成了赤裸生命。

然而，韩炳哲的结论过于绝对，或者说，过于悲观。问题的关键在于，扎克伯格们是否真正拥有了数字全景敞视主义的权力和合法性，尽管他们实际上已经在现实中十分熟练地使用着这个权力（如 2019 年的 Facebook 泄露用户的数据信息的案例，并有可能造成了有利于特朗普上台的选择）。或者说，用户和行为者是否真的就像韩炳哲等人想象的那样，他们仅仅是数据网络中的牵线木偶，只能任由大数据公司摆弄？

在回答这个问题之前，我们不要忘记，这个被大数据公司无偿占据的数字资本，被他们当成数字全景敞视主义的工具的数字权力，实际上是由参与到数字网络中的每一个用户和行动者创造的，而不是专属于数字技术和互联网公司的特有的知识产权。在数字资本主义诞生

---

① [德] 韩炳哲：《精神政治学》，关玉红译，中信出版社 2019 年版，第 76 页。

之前，未来学家杰里米·里夫金（Jeremy Rifkin）就提出了他的"协同共享"（collaborative commons）的观念，将其作为未来社会的一种特有的生产和交换的模式。齐泽克对于里夫金的"协同共享"给出了如下评价："在协同共享中，个体自由给出他们的产品，让产品进入循环。这就是协同共享的解放维度。当然，这个解放需要在所谓的'物联网'兴起，并结合今天生产力发展的结果，即'零边际效应'突飞猛进式发展，有越来越多的产品，不仅仅是信息产品，都可以无需额外耗费即能再生产的情况下才有可能。"① 尽管里夫金的设想有些天马行空，但是在数字化时代的今天，其可能性越来越高。在数字空间中，每一个人都参与到数字活动之中（分享照片、发表感想、展示个性、玩游戏、听音乐、观看视频，乃至高层次的创造，如数字绘画、即兴音乐创作、在线创作诗歌，等等），在 Facebook 或 Instagram 中照片和活动是被网友无偿贡献出来，并参与到巨大的数字网络中去的，这实际上就是里夫金的"协同共享"理念的体现。通过"协同共享"，网络用户实际上创造了一个新型的社会样态：以数字行动和参与为基础的协同共享模式，依附于一个巨大的平台或网络，并形成了不断衍生的数据链接网络，我们每一个人都是其中的一分子。在这个意义上，这个"协同共享"的网络并没有数字全景敞视主义的意义，因为它不属于某几个大数据公司，而是一个开源体系，它平等地向所有用户开放，并形成相应的社交圈子。

正如卢梭在《论人与人之间不平等的起因和基础》中所说的："谁第一个把一块土地圈起来，硬说'这块土地是我的'并找到一些头脑十分简单的人相信他所说的话，这个人就是文明社会的真正缔造者。"②

---

① Slovaj Žižek, *The Relevance of the Communist Manifesto*, Cambridge: Polity Press, 2019, p. 10.
② ［法］卢梭：《论人与人之间不平等的起因和基础》，李平沤译，商务印书馆 2017 年版，第 87 页。

今天数字技术和互联网公司实际上做的就是那个精明的人所做的事情，问题并不在于大数据及其形成的数据网络，而是这些大数据公司将这些数据宣布归他们所有，并任由他们借此牟利。由此，所有在数据网络中生存和行动的个体，都不得不面对他们所创造出来的"协同共享"的世界被特定集团垄断的风险。由于这种垄断，我们所分享的信息都成为它们偷窥的对象，并借此贯穿我们的数字生存方式。那么，真正的问题并不在于数字技术及其互联网络具有一种原罪，即大数据的本质并不是建立韩炳哲所谓的"数字全景监狱"，而是这种本应该用来创造更多丰富生活可能性的网络被占据了。数字技术和互联网公司所开发的平台和软件虽然是不可或缺的，如微软的 Windows 操作系统和扎克伯格的 Facebook 应用，但是，真正让他们获取巨额利润的却不是用户支付给他们的软件费用或 App 的会员租金，而是那个由诸多用户"协同共享"所构成的巨大网络。

或许我们需要一种数字时代的社会存在本体论。社会存在本体论借用了卢卡奇晚期的一个说法。卢卡奇看到："劳动以及从劳动当中直接形成的所有实践形式，从一开始就对劳动着的、从事着实践活动的人产生复杂的反作用，使人的活动变成日益广泛的同时又是区分得越来越细致和更加有意识的活动，从而使得主客体关系日益强烈地同时也是日益深刻地成为了在人类活动中占主导地位的范畴。这种观点无疑是正确的。但在这同时，作为上述过程的基础，社会的社会性也在逐渐地现实地形成，从而从外延和内涵方面为目的论设定了创造一个日益广大的活动领域。"① 如果我们不是将数字时代的大数据网络看成一种纯粹的数字算法的客观性系统，而是看成带有行为者和参与者痕迹的社会存在的关系网络，就会得出与纯粹被数字技术和互联网公司

---

① ［匈］卢卡奇：《关于社会存在的本体论（上卷）——社会存在本体论引论》，白锡堃、张西平、李秋零译，重庆出版社1993年版，第49页。

占据的全景监狱式的数据网络不同的结论。在广泛使用智能手机和数字终端的时代里,我们每一个人都参与其中,通过自己的数字行为实践创造出数字性的社会生存方式。按照卢卡奇的理解,这种将所有用户链接在一起的数字化实践,在形成巨大的网络的同时,也生产着主体的行为与意识。在这个意义上,只有更广泛、更公开的"协同共享",才能打破由大数据公司来垄断数据网络的既定事实,而将这种数据网络还给真正参与到数字化实践中的互联的个体。参与数字空间的个体以零星的方式是无法对抗大数据公司的数字资本和数字权力的,因为一旦以个体的身份参与到互联网络中,他们就是福柯笔下的全景监狱中的单身牢房中的囚徒,他们甚至无法看到那个正在凝视着他们的权力中枢。一旦我们沿着卢卡奇的足迹,将数字时代的行动和参与看成一种社会存在的实践,也就意味着我们将把自己塑造为一个链接起来的行为者网络,这就是卢卡奇意义上的"日益广大的活动领域"。这个领域,本身就属于所有的行动者;也只有通过链接起来的网络,我们才能摆脱充当数字全景监狱中的小白鼠的命运。

第四章

# 数字对象

> 人类如何受到机器的威胁呢?他制造了机器,他将自身化身于机器之中,他以机器的种类来划分自己的成员,他甚至用机器来建造自己的身体。人类又如何受到对象的威胁呢?它们全是拟-对象,都在其追踪的集体内部运转。它由对象构成,就像它也构成了对象一样。
>
> ——布鲁诺·拉图尔:《我们从未现代过》

谈起对象或物，往往给我们的是这样的印象：一杯水、一张纸、一只小狗、一台机器、一幢建筑……在以往的哲学中，这些对象物往往会被视为一种与作为主体的我们并存的被动的客观性的存在，它们的存在模式只能被我们的意识或我们的行为所认识或激活。而在这个认识或激活背后，存在着一种实在论式的根基，即有一种无法为我们的意志所转移的惰性。然而，时过境迁，当我们今天徜徉于网络空间，面对大数据和云计算所形成的新的空间和界面时，这种基于传统主客体二元论和实在论根基的哲学是否仍然可以帮我们洞悉其中的一切？

# 一、自然与社会：现代体制下的"似自然性"

1959年9月，英国科学家斯诺（C. P. Snow）在剑桥大学发表了著名的题为"两种文化"（*The Two Cultures*）的演讲，对现代社会"日益分裂为两个极端的集团"，表现得极为忧虑。这两大集团，一极是从事科学研究尤其是物理学研究的科学家，他们将自己树立为现代社会进步的标杆，而他们所代表的文化被称为"科学文化"。在人们看来，科学家往往带有一种进步主义的乐观精神，他们将自己的锋芒指向自然界。正如斯诺本人所说："科学进程有两种动机：一是为了理解自然界，二是为了控制自然界。对任何一位科学家来说，无论哪一种动机都会成为主导，科学战斗往往从这一种或那一种动机中获得最初的冲力。"① 而被斯诺视为分裂的另一极的是人文知识分子。与科学家们不同，人文知识分子并没有那种冲动和乐观，他们对现代社会更多充满着忧虑。在他们看来，我们生活所处的现代社会，并不是一种像自然一样的给予物，而是人类自己的建构，而这种建构，也正由于人

---

① [英] C. P. 斯诺：《两种文化》，纪树立译，三联书店1994年版，第64页。

类自己的有限性，充满着各种不尽如人意的地方。与科学家们努力用现代化的科学技术去面对自然、征服自然的雄心壮志不同，人文知识分子的更多思考的是如何摆脱现代社会的藩篱和羁绊。在斯诺眼中，作为西方马克思主义奠基者之一的卢卡奇就是这样的一个例子，他们思考的是如何去突破和摆脱现代社会和政治的约束，实现一种"摆脱社会的自由"[1]。这样，科学文化或者人文文化（斯诺称之为"非科学文化"）之间就存在着一道无法跨越的鸿沟，而且随着现代社会越来越深入的发展，这道鸿沟也越来越宽，越来越难以弥合。

当然，斯诺并不是唯一一个，也不是最早提出在现代西方社会中科学文化和人文文化之间存在巨大差别的思想家。早在17世纪，科学家和哲学家之间已经就自然和社会的关系进行了一场争论。在法国科学社会学和人类学学者布鲁诺·拉图尔的《我们从未现代过》（*Nous n'avons jamais été modernes*）中，就提到了著名的波义耳和霍布斯之争。罗伯特·波义耳（Robert Boyle）是物理学家和化学家，他的真空泵的实验研究产生了巨大争议。因为波义耳的科学不再是简单诉诸一种数理的推论，而是坚持用实验室的方式将某种事实展现出来；与之前的实验不同，波义耳更关心他所需要的实验是否能被人们看见。"波义耳的设备具有一个最大的优点，即在一系列构思巧妙的封闭空间和容器的帮助下，它们能够使观察者看到玻璃试管内部的情况，并允许人们引导甚至控制实验的发展。"[2] 这样，波义耳树立的是一个现代实验科学程序，即科学结论不仅仅依赖于逻辑学、数学和修辞学（这些学科在中世纪和现代早期充当了科学的主要依据），而且"依赖于一种准司法性的隐喻：在实验场地获得可靠之人、可信之人甚至是有钱

---

[1] [英] C. P. 斯诺：《两种文化》，纪树立译，三联书店1994年版，第93页。
[2] [法] 布鲁诺·拉图尔：《我们从未现代过》，刘鹏、安涅思译，苏州大学出版社2010年版，第20页。

人的证言，就可以证实事实的存在。"① 简言之，波义耳的实验程序不是以某个人的权威或者看不见的演算而是以大家共同能够观测得到的事实（fait）作为科学研究的依据。也正是波义耳的事实权威成为他与霍布斯争论的焦点，而霍布斯批评波义耳的基础恰恰是哲学。美国科学哲学家夏平（Shapin）和谢弗（Schaffer）的《利维坦与空气泵》(*Leviathan and Air-Pump*)指出："'每个人自做的实验'是经验。霍布斯说过，由于这只是'感官和记忆'，实验在有此经验的人心中产生确定性，但却无法产生集体的确定性，而那是哲学的特权。"② 说得更确切些，霍布斯的哲学事实上是一种政治哲学，是一种基于社会权力关系构造的利维坦哲学。用霍布斯的话来说："哲学研究自希腊兴起之后，意见互异，问题纷杂，除自然物之外，亦涉及政治，人人各取所好之议，每每视旁人之见为异端，然异端不过一己私见，不涉真伪。"③ 也正是在这个背景下，基于自利算计的公民，在契约之下，将关于问题的决定权让渡于由契约形成的利维坦；这个人工建构的利维坦，而不是波义耳的事实，成为确定真理的标准。我们可以说，在霍布斯的命题下，关键的不是事实和经验，而是算计和权力；而最终对于事物对象及其真理性的裁量，被让渡于一个非自然的人造物——利维坦。

事实上，波义耳和霍布斯之争，并没有真正解决我们如何面对自然和社会中的对象的问题，而是将对象撕裂为两种不同的对象。一种是自然对象。在以波义耳为代表的科学家那里，决定自然对象的是科学性的客观事实，它们需要在实验室树立的标准程序之下，将某个对象转化（translate）为一个科学的对象，并纳入现代科学体系的话语当中。而另一种，是社会或政治对象。霍布斯的对象更适合用政治或法

---

① [法] 布鲁诺·拉图尔：《我们从未现代过》，刘鹏、安涅思译，苏州大学出版社2010年版，第21页。
② [美] 夏平、谢弗：《利维坦与空气泵》，蔡佩君译，上海人民出版社2006年版，第122页。
③ [美] 夏平、谢弗：《利维坦与空气泵》，蔡佩君译，上海人民出版社2006年版，第280页。

律的范畴术语来把握，他认为我们更多地需要将对象视为一种社会联系。正如拉图尔所说："利维坦仅仅是由公民所构成。简言之，除却社会联系，别无他物。或者说，多亏了霍布斯及其继承者，我们已经开始理解社会关系、权力、力量和社会的含义了。"① 在拉图尔和夏平、谢弗等人看来，所谓的现代性的诞生是两套平行的体系：一套是坚持以自然为对象的科学体系，另一套是依赖于赤裸裸的利益算计的个体（naked calculating individual）所达成的契约而造就的社会或政治体系；一边是波义耳的空气泵，一边是霍布斯的利维坦；一边是试图摆脱人类社会污浊的纯粹自然，一边是完全依赖于公民而形成的社会关系的连接。在现代性的意义上，真理既是一种完全脱离于人的社会性偏见的纯粹自然规律，也是一种基于各种算计而达成最终协议的人工产物（语言游戏），这两套体系是一种并行不悖的关系。在拉图尔那里，这是一种对称性的人类学（碰巧，这也正是拉图尔影响力最大的《我们从未现代过》一书的副标题）；而在法国新一代哲学家昆汀·梅亚苏（Quentin Meillassoux）那里，这就是自然与人类本身的相关主义（correlationism）。

然而，这种彼此对称的自然与社会，不仅仅在我们的文化中缔造了互为颠倒镜像的科学体制和人文体制，也塑造了两种对应的架构对象的方式。在德国古典唯心主义那里，是先天的观念首先建立了我们认识的基本框架，也只有在这个先天的框架之下，我们才有可能去认识具体的物理对象。也就是说，我们只有首先具有了关于房子的概念，才能在现实之中将某个物视为一个房子；相反，倘若没有这个房子的范畴或概念，房子就不可能作为对象直接向我们呈现出来，也不能形成我们的意识。费尔巴哈试图颠倒这个关系，他将这种做作的观念论

---

① [法] 布鲁诺·拉图尔：《我们从未现代过》，刘鹏、安涅思译，苏州大学出版社 2010 年版，第 33 页。

改造成为一种感性直观的唯物主义。在后来的马克思看来，费尔巴哈的问题也恰恰是现代性这种二分的另一种表象，即他在坚持一种只能被我们的感性直观所把握的自然对象的时候，虽然克服了自我意识的对象化再返回自身的观念式循环，但是他选择了类似于自然科学研究式的自然对象，即一种纯粹化的、不受人类意识干扰的感性世界的形式。正如后来马克思在《德意志意识形态》中所批判的那样：

> 费尔巴哈对感性世界的"理解"一方面仅仅局限于对这一世界的单纯的直观，另一方面仅仅局限于单纯的感觉。……他没有看到，他周围的感性世界决不是某种开天辟地以来就直接存在的、始终如一的东西，而是工业和社会状况的产物，是历史的产物，是世世代代活动的结果……甚至连最简单的"感性确定性"的对象也只是由于社会发展，由于工业和商业交往才提供给他的。①

马克思的评论对于费尔巴哈，以及那种十分坚持自然对象和社会（或人为）对象区分的人来说，都是十分鞭辟入里的。在18—19世纪，自然科学的发展，让自然存在物可以通过科学方式来纯粹地加以认识，无论是科学上的实验方法，还是机械唯物主义的感性直观，实际上都试图将自然对象加以提纯，变成可以完全不依赖于人类社会而被纯粹理解的对象。马克思随后以德国莱茵地区的樱桃树为例，告诉这位学究气十足的费尔巴哈，他之所以能直观到眼前的樱桃树，并不是因为樱桃树是自然直接的给予物，恰恰相反，是因为德国莱茵地区工业和商业的发展，人们出于商业上的利益，从其他地区将樱桃树移栽到莱茵地区，如此，德国教授的眼中才能直观到一种叫作樱桃树的对象。在这个意义上，马克思坚持了一种从具体的社会发展和人类活动来架构现实对象的方法，以此来克服自启蒙以来形成的自然和社会的二元分裂。自然对象的纯粹化，以及我们能够以纯粹直观的方式来审视自

---

① 《马克思恩格斯选集》第1卷，人民出版社1995年版，第75—76页。

然，这本身就是历史发展到一定阶段的产物。正如拉图尔指出的，只有在出现了波义耳和拉瓦锡的化学之后，氯化钠的提纯才在化学上成为可能；作为盐的最重要成分之一的氯化钠表面上是一种自然对象，但确实是一种现代科学文化和社会发展的产物。

一个更为精准的例子是货币。马克思在《资本论》中研究了商品的二重性之后，将目光指向了货币这种特殊的对象。显然，无论我们是从纯粹自然的角度，还是纯粹观念的角度，都无法深入理解货币的本质。作为对象的货币，在根本上是一种现代社会的产物。在马克思看来，它依赖于商品交换体系。马克思指出："正是商品世界的这个完成形式——货币形式，用物的形式掩盖了私人劳动的社会性质以及私人劳动者的社会关系，而不是把它们揭示出来。"① 也就是说，货币有着天然物外衣（如金银或其他贵金属），但是它表征的是一种被掩盖的社会关系；货币本身不具有独立性。如果我们将货币的纯粹物质形式孤立出来，得出的绝对不是货币，而是一个特殊的自然物（贵重金属）。相反，货币之所以成为货币，即作为对象的货币，恰恰是因为它在一定的社会关系，尤其是以商品交换为中心的网络关系中起作用而得到界定的。在这个意义上，货币成为一种杂合物（hybrid），它同时包含着自然对象和社会对象的表征。

不过，尽管马克思认识到这种特殊对象的存在构成了作为二元对称现代性的一个中间项的杂合物，但是他并没有使用一个特殊的概念，将它与自然科学和人文科学中所提出的纯自然对象和政治或社会对象区分开来。不过，在后来的《资本论》法文版的序言中马克思提出，"社会经济形态与自然的历史是相似的"②，在这个层面上，张一兵教授将货币对象解读为一种类似于自然物的社会存在物。张一兵教授指出：

---

① 《马克思恩格斯全集》第44卷，中文第二版，人民出版社2001年版，第93页。
② ［德］马克思：《资本论》法文修订版第一卷，中国社会科学出版社1983年版，第4页。

"马克思在这里的原意是要说明资本主义生产方式运行的某种特殊性，即人类主体社会生活颠倒地表现为非主体的受自己创造出来的物化经济力量奴役的自发进程，人类主体异在地表现为客体经济过程的人格化，所以人类主体的社会历史发展就如同无主体的自然进程一样，变成了不以人类主体意愿为转移的类似自然史的过程（我在这里称之为'似自然性'）。"[1] 这里使用的"似自然性"或"似自然物"，正好可以用来弥补马克思在概念上的这个空缺，简言之，在现代社会中二元对称的人类学谱系下，在表面上我们获得的是更为纯粹的自然物或人为物（社会物），但实际上，这种纯粹的自然物和人为物依赖于一个更为根本的中介，这种中介不仅仅同时由自然成分和社会成分杂合而成，它也位于自然和社会那道难以弥合的鸿沟之间，成为二者间唯一的沟通路径。就如同将具有使用价值的物和人类社会交往联结起来的，恰恰是马克思分析过的以物与物的关系来表征人与人关系的货币；货币就是最典型的杂合物，也是看起来在现代社会中最为自然的东西，仿佛它有着自己的自然规律和属性一样。在这个意义上，"似自然性"或"似自然物"是对现代体制下的货币这种特殊杂合物的最好的说明。

## 二、拟-对象与行动者网络理论

有趣的是，如果我们将"似自然性"翻译为英文，可以翻译为 quasi-naturality，这个词的用法，很接近于法国科学哲学家米歇尔·塞尔（Michel Serres）和拉图尔的一个关键概念"拟-对象"（quasi-object）。无论在塞尔那里还是在拉图尔那里，拟-对象都不是真正的真实物或对象，而是依赖于一种建构的体系所生成的对象。

---

[1] 张一兵：《马克思历史辩证法的主体向度》，南京大学出版社2002年版，第5页。

实际上，拟-对象概念的产生，与法国独特的结构主义思潮有着密切的关系。在经过列维-施特劳斯、拉康、罗兰·巴特等人的结构主义洗礼之后，整个社会过程和结构被视为一种无主体的过程。而阿尔都塞的马克思主义哲学直接宣布历史是一个无主体的过程，直接将从主体层面来把握自然和历史的可能性排除了。在结构主义的框架下，真正决定对象的，并不是那个被称为主体的东西，相反，对象的属性和内涵取决于它在一个具体的结构网络中的关系。例如，福柯将对象直接转化为一个话语构型（discursive formation）的结果。福柯曾以一本手中的书作为例子，进一步指出：

> 我手上这本作为对象的书，收缩在这个限定它的平行六面体当中，它的统一体是可变的和相对的：它只能通过话语域（le champ de discours）来建构、指示，最终得到描述。①

福柯的意思是，所谓的对象根本不能独立存在，它依附于一种话语体系，福柯说："每一种话语，依次建构出自己的对象，它一直会起作用，直到实现对象彻底的转变。"② 这里的关键在于，和罗兰·巴特一样，福柯认为对象实际上是一种话语构型建构出来的，重要的不是主体与对象之间的关系，而是话语与对象的关系，对象与对象之间的联系和区别只能在话语构型中来理解。这样，对象与一种抽象的话语构型或者话语布局（dispositif）构成了一种神秘性的对应关系，物-对象是在这种特殊的布局或构型中成为对象的。而后来的鲍德里亚的《物体系》（*Le système des objets*）实际上也正是秉承了福柯这种从话语或象征符号角度来架构物的方式，也就是说，真正的架构不是物的架构，物所形成的体系根本不是物自身的物质性或功能性的体系，而是一种符号性的体系，即福柯意义上的话语体系。鲍德里亚说："我们

---

① Michel Foucault, *Dits et écrits I*. 1954-1975, Paris: Gallimard, 2001, p. 731.
② Michel Foucault, *Dits et écrits I*. 1954-1975, Paris: Gallimard, 2001, p. 739.

所有的实践对象都关系到一个或多个结构元素，但与此同时，它们不断摆脱技术的架构，走向它们的第二重意义，摆脱技术体系，走向文化体系。它们在日常生活中的体系在很大程度上就是一个'抽象'体系。"① 鲍德里亚在这里批评了吉尔贝·西蒙东仅仅将对象看成是技术对象，而不是文化和符号的对象，从而为他重新从文化结构上来建立"对象体系"（即物体系）奠定了基础。与此同时，他也与福柯一样认为，物只有在话语和符号构成的体系中才能成为具有某种意义和内涵的对象，物与物之间的关系只有还原为话语和符号之间的意指关系（signification）才能成为一个对象的物体系。

从福柯和鲍德里亚对物或对象体系的描述中我们可以得出如下几个结论：

（1）对象并不是一种稳固的实在。它的实存，依赖于一个体系。更准确地说，对象的实存实际上是相对于某个实存模式（le mode d'existence）的存在。也正是因为如此，福柯才强调对象的实存是"可变的"和"相对的"。

（2）福柯和鲍德里亚所依赖的实存模式是话语或符号的实存模式，这一点在福柯的《词与物》和《知识考古学》以及鲍德里亚的《物体系》和《符号政治经济学批判》中表现得尤为明显。但是问题在于，对象和一种作为看不见的框架基底的话语或符号体系的关系究竟如何？这种符号体系是一种客观存在，还是一种依附性的增殖？显然，无论对福柯还是鲍德里亚，或是其他坚持从符号结构主义来理解对象的法国思想家来说，对象与语义符号和话语结构被神秘化了。在传统的自然和社会、物理属性和社会功能的二分之外，福柯和鲍德里亚都额外增加了一个新的领域，即符号和话语的领域，这个领域被结构主义认为是凌驾于自然和社会二分之上的，并具有支配性的价值。鲍德里亚

---

① Jean Baudrillard, *Le système des objets*, Paris: Gallimard, 1968, p. 14.

说:"基于这样一种抽象以及这样一种整体性的趋于体系化的趋势,这样一种分析是可能的,这种分析反过来也是对生产的社会逻辑分析,在符号的普遍交换的基础上进行的"①。也正是因为如此,鲍德里亚坚持认为在物的使用价值和交换价值之外,还存在一个符号价值。在鲍德里亚这里,传统的以抽象的交换价值为核心的政治经济学已经没落,取而代之的是以符号交换为核心的符号政治经济学。"在符号的肯定性价值作用之下,产生了功能性的,带有恐怖主义色彩的意义操控,由此,意指关系在某种意义上类似于物化观念。其中存在着要素的对象化,这种对象化的表现方式是将符号体系扩张到社会层面与政治层面对意义的操纵之中。所有压抑性的和还原性的权力体系的策略都已经在符号的内在逻辑中显现,同样也在交换价值的路基中以及政治经济学的逻辑中显现。"②

因此,在福柯和鲍德里亚那里,对象就是符号建构的对象,所有的对象物最终都需要被还原为一种符号的结构体系,并且,在这种符号体系之外,对象无法获得任何其他的意义。这种被符号或话语建构的对象,事实上已经脱离了自然与社会的二元论,变成了三元关系;而这种用来消弭自然和社会的分离的符号体系,恰恰被建构为一种同时与自然和社会分裂的第三体系,成为一种神秘化的权力。

或许,这正是塞尔和拉图尔等人对福柯不满的原因所在。尽管塞尔和拉图尔也坚持认为对象必须在一个关系的网络中构成,但是,从一个外在于对象,以及与对象发生关系的主体之外的话语体系来建构,似乎并不能解释全部的问题。对于塞尔来说,即便没有福柯意义上的话语体系,或者鲍德里亚意义上的符号体系发生作用,对象仍然会将

---

① [法]让·鲍德里亚:《符号政治经济学批判》,夏莹译,南京大学出版社2015年版,第97页。
② [法]让·鲍德里亚:《符号政治经济学批判》,夏莹译,南京大学出版社2015年版,第219页。

自己建构为一个有效的体系；这种方式更多不是语义性或话语性的，而是体验性的。在《万物本原》(Genèse)中，塞尔说：

> 我体验过这些对象而不是看到这些对象。我认为，我是听到这些对象，而不是看到，触摸到，也不是想象到这些对象。我听到这些声音，却不能把它们截然分开，也猜不出这些声音从何而来。听觉的归并能力胜过了分析能力，耳朵也会有失误的时候。当然，我用耳朵、颞骨、锥部、鼓膜和耳廓来听，但是也用我的全身和我的全部皮肉来听。我们沉浸在声音之中，就和在空气和阳光中完全一样，我们不由自主地被卷进声音的旋涡之中。①

一个"旋涡"，一个声音、触感，乃至身体与万物结合在一起的旋涡。在2017年的新书《火与故事》(The Fire and the Tale)中，阿甘本对此评价道："我们不能将主体和对象思考为一个实体，而是要看成在生成之中的一个旋涡，它们唯一具有的就是它们自己的存在，在旋涡中，它拥有了自己的形象、姿态和运动"②。在旋涡当中，所有的对象生成为一个具体化的形象，并在其中具有了某种特殊的关系，但是，正如阿甘本所强调的那样，这种形象并不是稳定的，一旦存在着另外的旋涡，这种形象也会随之而改变。我们再次面对了福柯所强调的对象的"可变性"和"相对性"，不过，在福柯那里，对象是相对于具体的话语体系而变化，在塞尔这里，对象是相对于一个身体性或者体验性互动的旋涡而发生变化。

在这个互动性的旋涡的基础上，塞尔界定了他的独特的拟-对象概念。在《寄生》(Parasite)中，塞尔以白鼬为例，说明了这种体验式的旋涡网络关系：

---

① [法] 米歇尔·塞尔：《万物本原》，蒲北溟译，三联书店1996年版，第9页。
② Giorgio Agamben, The Fire and the Tale, Lorenzo Chiesa trans., Stanford: Stanford University Press, 2017, p. 61.

白鼬味道很大，闻起来像臭鼬，而臭鼬多为杂交。那么，白鼬有一定的位置。我们回到其属性上。白鼬喜欢吸兔子的血，它会跟随兔子跑到兔子洞穴里，它会压在兔子身上，噬咬兔子的鼻子或脖子，吮吸兔子的血。我们可以驯化白鼬，这样白鼬不再是野生品种。我们拿驯化的白鼬来捕猎，就像使用秃鹰和鹰隼一样，我们寄生于它们。我们给白鼬戴上嘴套之后，让白鼬进入兔子洞穴，吓傻的兔子们会四处逃窜，然后兔子就会落入设好的陷阱。再说一遍，这是网络中的一次漂亮的演化。①

在这里，被驯化的白鼬已经不是在自然界中自由自在吸食兔子血的白鼬，而是变成了一种与人的共生结构，驯化的白鼬，成为人类捕捉兔子的工具，而白鼬也形成了与人类的依存关系。这样，这种被驯化的白鼬，在人类的驯化和成为人类捕捉兔子工具的行为网络当中，成为一个拟-对象。塞尔说："拟-对象并不是对象，因为它不是主体，因为它在这个世界上，所以他是一个拟-对象，因为它标示或指示出一个主体，没有拟-对象，主体就不成为主体。"② 简言之，白鼬、兔子、捕猎者成为这个行动网络中的旋涡，驯化的白鼬是在这个旋涡中成为一个拟-对象。我们同样可以说，货币也是这个意义上的拟-对象，因为购买的主体在没有作为拟-对象的货币时，便无法完成购买的行为，因而也无法将自己建构为一个行动的主体。所以，货币是在整个商品交换活动中，而不是在抽象的符号和话语中被建构为拟-对象的；它的拟对象存在模式依赖于商品交换，各个人与物之间的行为关系，而货币被建构为各个行动者和物之间的中介通道。然而，商品经济下的货币也已经远远超越了作为人与人、物与物之间的中介的地位。在后来

---

① Michel Serres, *Parasite*, Lawrence R. Schehr trans., Baltimore: The Johns Hopkins University Press, 1982, p. 225.
② Michel Serres, *Parasite*, Lawrence R. Schehr trans. Baltimore: The Johns Hopkins University Press, 1982, p. 225.

的拉图尔看来，货币的存在模式已经从简单的中介物（intermediary）变成了一个转化器（translator），也就是说，一切人与物，都必须经过这个特殊的拟-对象的转化器来转化为商品交换中的价值，这也是马克思在《资本论》中提到的货币成为一般等价物的过程。一般等价物即作为转化器的拟-对象，它成为另一种掌控整个自然和社会对称性结构的控制器或算子（operator）。

塞尔的分析已经让之后的行动者网络理论露出了雏形。20世纪80年代，巴黎高科矿业学院的两位学者拉图尔和米歇尔·卡隆（Michel Callon）以及来访的英国学者约翰·洛（John Law）基于科学家们在实验室里面的集体工作方式，提出了ANT理论。其中最典型的例子就是巴斯德在实验室里发现了细菌。实验室工作实际上是一个共同作用的结果：这不仅仅是巴斯德本人的发现，实验室里的科学家相互交流彼此的发现，实验室里的模式的更替，以及巴斯德发现细菌之后同行以及专业学术机构可以很快地认可和接受巴斯德的发现，使得巴斯特发现细菌的事件成为一个行动者网络。拉图尔说："将它们联系起来需要工作和运动。这些东西并不是在逻辑上关联在一起的。换句话说，它们并不是按照一种特殊方式展开的。巴斯德可能会在任何时间停止工作，让自己忙碌一些他交给别人去做的基础性工作。他或许也会在某一刻'退缩'——事实上他已经迟疑了。他或许不会选择狂犬病作为他的第一个病例，他或许会认为约瑟夫·梅斯特的案例不足以建立一个研究所。……然而他做了这些事情，成为一种运动，也正是这些东西定义了他自己——巴斯德。"① 巴斯德，他所选择的实验室的同行，那些对巴斯德的研究提出质疑的人，以及作为巴斯德的第一个病例的那位叫作约瑟夫·梅斯特的孩子，甚至最终作为发现成果的细菌，还

---

① Bruno Latour, *The Pasteurization of France*, Alan Sheridan & John Law trans., Cambridge, Massachussetts: Harvard University Press, 1988, p.70.

有最终制造出来的细菌的疫苗,并且成功接种的那些病人,都构成了这个偶然而不确定的行动者网络的整体。因此,拉图尔这样描述他的行动者网络:"于是,一个行动者网络就是由出乎其间的中介节点组成的巨大的星状网络所带来的行动。它由诸多关系所组成:首先是依附关系,其次才是行动者。"① 那么,最终为巴斯德带来巨大荣耀的细菌,实际上是这个行动者网络的拟-对象,也就是说,如果没有这个行动者网络,不仅仅是巴斯德不可能发现细菌,甚至我们也无法看见、无法理解甚至根本无法想象细菌的存在。细菌,作为一个拟-对象,依附于巴斯德的行动者网络,而拟-对象就是一种在这个网络当中形成的自然和文化的杂合物。

## 三、走向数字对象理论

尽管塞尔和拉图尔的拟-对象概念有助于推进我们对数字对象的理解,即数字对象依赖于一个产生于数字技术时代的行动者网络,在这个网络中衍生出某些拟-对象,而对数字时代物质实在和精神主体的理解,都需要通过这些转化器转化为一种被各个中介节点所把握的对象。但是,进一步的问题是,行动者网络中是否存在着一种差别关系?在某些地方,有人曾用德勒兹的块茎(rhizome)来比喻拉图尔的行动者网络理论,将其改造为行动元-块茎(actant-rhizome)理论,拉图尔表示这个说法他是可以接受的。也就是说,塞尔和拉图尔的拟-对象和行动者网络理论关心的实际上是非常细微的彼此独立的行动元,而所谓的整体无非是在偶然情况下这些行动元可以在某种关联下聚集为一个

---

① Bruno Latour, *Reassembling the Social: An Introduction to Actor-Network-Theory*, Oxford: Oxford University Press, 2005, p. 217.

关系网络，拟-对象就是在这个以行动元为基准的网络中形成的。问题在于，我们是否可以思考一种先于这些行动元而存在的整体概念？

在这个意义上，后来作为思辨实在论（speculative realism）的代表之一的格拉厄姆·哈曼曾经对拉图尔的行动者网络理论提出了批评：

> 拉图尔完全没有单一整个世界的概念，在这个世界中，个体不过是世界衍生出来的碎片（有可能他的血浆理论是一个例外，因为他似乎将血浆看成是一个无形式的总体）。事实上，他的那些特殊的行动者彼此是完全割裂的。这就是为什么他的两个对象如果要发现联系，就必须要一个中介——我们从来不会从巴门尼德那里听说需要这么一个中介。①

或许也正是行动者网络理论引起了太多争议，在2013年的《实存的各种模式研究》（An Inquiry into Modes of Existence）中，拉图尔似乎没有继续用行动者网络来作为他的唯一思考模式；对于行动者产生的争议，拉图尔保留了最简洁的方式来重新思考世界的实存模式。拉图尔说：“从现在起，研究实体的第一种模式需要另一种实体的实存，我们记作NET，即网络。在整个研究中，为了避免发明新词，我决定保留传统维度上的一些习惯用的名词——如法律、宗教、科学等；然而，一旦我想要给出这些词的准确含义时，我就会使用三个字母的写法。”② 新的NET的模式，就是拉图尔用来打开其他12种实存模式的"钥匙"。不过，在哈曼看来，尽管拉图尔极力想摆脱人们将他的行动者网络理论批判为新的单子论的状况，但是在《实存的各种模式研究》中他实际上仍然回到物与物的关系，仍然丧失了对非关系的实在性的把握。正如哈曼所说：“尽管拉图尔提出的新的模式计划十分重要，它

---

① Graham Harman, *Prince of Networks: Bruno Latour and Metaphysics*, Melbourne: re. press, 2009, p.157.
② Bruno Latour, *An Inquiry into Modes of Existence: An Anthropology of the Moderns*, Catherine Porter trans. Cambrige, Massachussetts: Harvard University Press, 2013, p.35.

仍然被用来思考整个世界，而对世界的思考需要一种外在于任何网络的非关系性深度。"① 换言之，拉图尔的失误在于，他首先将彼此分离的行动者或行动元看成预先给定的东西，整体的网络是他们经过中介物链接的结果。相反，对于哈曼这样的思辨实在论者来说，一个世界并不是预先给定的彼此分离的世界，这个世界首先表现为一种无法辨识、无法分割的无分差（indifferent）的世界，对象或个体并不是先天地从其中析离出来的，它从其中的分离，或者某个对象与其他对象的分离需要一定的前提条件，而拉图尔显然将这些前提条件当成了自然而然的给定。

法国哲学家阿兰·巴迪欧（Alain Badiou）重新从形而上学上阐释了对象在世界上的发生。在2006年出版的《世界的逻辑》（*Logiques des mondes*）中，他从集合论的角度论述了对象是如何在世界上发生的。在巴迪欧看来，对象是一种特殊的集合，它并不是预先给定的孤立的存在物，相反，对象从世界中的分离，需要一种函数或指标，巴迪欧称之为超验的实存函数 Id，Id 规定了某种属性；在世界中符合该属性的元素都被汇聚为一个内在整体，而这个整体就是巴迪欧意义上的"对象"。巴迪欧的"对象"的定义是："已知一个世界，我们所谓的世界的对象，是由一个多和这个多的超验指数构成的配对。"② 在巴迪欧的对象概念中，需要一个界定属性的函数 Id，这个函数与实在中的某些元素组合成的集合对应，让这个集合变成从世界中分离出来的对象。在本体论上，这有点类似于集合论数学中的分离公理，但是，从根本上来说，在巴迪欧看来，对象的形成依赖于那个可以决定其是否可以实存的函数 Id，这是一个配对关系，也就是实在世界中的某个符合函数的集合 A 与函数 Id 的对应，写作（A, Id），成为一个对象。这

---

① Graham Harman, *Immaterialism*, Cambridge: Polity, 2016, p. 22.
② Alain Badiou, *Logiques des mondes*, Paris: Seuil, 2006, p. 233.

个对象不再是拉图尔意义上的拟对象，而是巴迪欧意义上的真原子（atome réel），这个真原子构成了巴迪欧所谓的"唯物主义假设"（postulate du materialisme），由于实在的集合 A 与超验的函数 Id 的对应，所有能够确立起来的对象都是"真原子"，从而确定了所有对象的实在性。

不过，巴迪欧关于对象的考察，实际上没有真正面对技术所产生的生产性变化，在这个方面，巴迪欧成为费尔巴哈的现代映射。尽管巴迪欧的超验函数确保了一种预先给定的行动个体的状况，并用函数的模式让对象从一个未分化的世界中析离出来，但是这种析离是一种类似于静态直观的析离。对于突然出现的事物，巴迪欧完全诉诸一个不能预测也不能及时得到认知的事件，而在事件之后，由于新的超验函数被确立起来，使得新的对象（A', Id'）得以确立。而这个新对象与之前的对象是断裂的关系，但新对象仍然符合巴迪欧意义上的唯物主义假设，是一个真原子。问题仍然存在：如果没有巴迪欧意义上的断裂性事件，我们是否就无法去生成一个新的对象，甚至是一个非"真原子"的对象？实际上，在 2006 年《世界的逻辑》出版之后所引起的最大争议，正是这个唯物主义假设和作为真原子的对象，也就是说，一旦对象都是真原子，我们面对的世界就是一个近乎静态的世界，这个世界只能迟钝地等待着难得一见的事件的降临。

面对数字技术和信息网络带来的变革，思考数字技术的对象更适宜的资源恰恰是之前被鲍德里亚嘲讽过的西蒙东。相对于鲍德里亚南方外省农民式的对技术的反讽，即将一切技术尤其是符号技术看成进一步奴役人的工具，西蒙东对科学技术则充满着狂热的憧憬。在 1958 年出版的《技术对象的实存模式》（*Du mode d'existence des objets techniques*）中，与拉图尔直接将对象看成一种既定的关系下的拟-对象不同，西蒙东更愿意将技术对象视为从抽象技术对象变成具体技术对象的过程，在这个过程中，最为关键的问题是技术对象从一个关联环境（le milieu associé）个体化或具体化变为一个对象的过程：

> 在一个集合中，技术对象的个体化（individualisation）原则就是在一个关联环境中发生周期性因果律（causalié récurrente）的原则。所有技术对象都有周期性的因果律，它们彼此分离，又彼此连接，从而保持独立于关联环境。①

如何来理解西蒙东的这段文字？首先，技术对象既不是一开始就给定的，也不是某个主体将其创造出来的。在西蒙东那里，主体也不是一个具有优先性的概念。相反，技术对象是在关联环境中生成的（devenir），这个观念直接影响到后来德勒兹的思考。所谓生成，并不是任意的，在西蒙东那里，技术对象实际上具有一定的内在规定性，即周期性的因果律；这决定了技术对象不同于自然对象，"它拥有内在的严密性，是一个封闭的因果体系，并周而复始地在其封闭的内部循环，此外，它整合了自然世界的一部分，将其作为其发生的功能条件，因此这个部分也参与到其因果关系当中"②。我们可以将西蒙东的技术对象的特征概括为如下几点：

1. 技术对象并不是预先给予的存在。在这一点上，西蒙东与让-吕克·马里翁（Jean-Luc Marion）的给予现象学保持了距离。简言之，技术对象就是此时此地在世界中发生的。

2. 技术对象的发生需要一定的前提条件，即西蒙东所谓的"关联环境"。关联环境是让技术对象发生的外部环境，并在技术对象发生之后为自然世界提供一个动态的平衡，也就是说，我们可以通过关联环境来把握和理解技术对象。在这个意义上，关联环境很类似于福柯和鲍德里亚所说的话语构型和符号体系，但是，与他们不同的是，关联环境不一定是语义性或符号性的，它可能就是技术对象与外部关联环

---

① Gilbert Simondon, *Du mode d'existence des objets techniques*, Lonrai: Aubier, 2012, p.78.
② Gilbert Simondon, *Du mode d'existence des objets techniques*, Lonrai: Aubier, 2012, p.56.

境之间的直接触发（affect）关系。

3. 技术对象的生成关键在于个体化或者具体化。即技术对象必须具有一个内在的周期性循环的因果关系体系，也就是说，个体化代表着技术对象具有了不同于自然世界其他部分的独特的逻辑体系，即技术对象不仅仅具有一个与众不同的外观，也具有自身的内在运行因果关系结构。正如西蒙东以三极管为例说明，三极管的出现并不是二极管的延续，而是颠覆了之前"电极之间不可逆性"这个外部前提，"从而可以让电荷穿过真空"。这样，三极管的出现所基于的内在逻辑恰恰是"颠覆电极之间的不可逆性"，从而让它本身区别于二极管以及其他半导体元件。在这个意义上我们可以说，三极管并非隶属于二极管，它是一个独立于关联环境，具有自己独立的循环性因果关系的对象，于是，作为技术对象的三极管个体化了，这就是技术对象的具体化和发生。

相对于拉图尔的莱布尼茨主义，西蒙东的技术对象的发生学更类似于斯宾诺莎。实际上，十分崇拜斯宾诺莎的生物学家雅各布·冯·尤克斯考尔（Jakob von Uexküll）假定：动物与人、动物与动物之间区分之前，存在着一个无法用认识和言语来表述的源世界（Umwelt），在这个源世界中，没有任何先定的可以贯穿这个源世界的逻辑。在尤克斯考尔那里，所有对象都是"自在的封闭统一体，它们是从环境（Umgebung）中作为样本的一系列元素和'标记'中选择出来的，而研究者看到一个动物也就是从构成环境的语义中找出其承载者"[1]。尤克斯考尔对生物环境中的动物对象的出现的表述，直接影响到西蒙东的思考，西蒙东在他后来的"人与动物"的讲座中就强调，对于人与动物的关系不应强调人与动物的相似性，而是人跨过了某道门槛，形成了属于自己的"心理学因果状态"，从而"人的个体化不再遵循其他

---

[1] Giorgio Agamben, *The Open: Man and Animal*, Kevin Attell trans, Stanford: Stanford University Press, 2004, p. 26.

所有东西的规律，而是实现了突然的飞跃"①。在这个过程中，人实现了自己的个体化，从而可以在源世界或关联环境中，将自己生成为具有独特逻辑的对象，也同时将与之相区别的动物对象化。

所以，我们可以认为，西蒙东的技术对象实存理论，实际上可以用来帮助我们思考数字时代的特殊的技术对象。首先，数字对象的存在依赖于一系列的关联环境，这决定了数字对象是以电子技术以及高密度集成电路技术为关联环境的。然而，当我们今天可以使用支付宝、微信、QQ 等数字时代的产品，甚至当淘宝、京东、亚马逊等网络对我们的购买行为进行数据运算，成为一个大数据资料库的时候，我们会发现，数字对象已经确定了属于自己的关联环境。法国思想家贝尔纳·斯蒂格勒也认为，在今天的数字技术背景下，的确产生了一种不同于以往、不同于传统哲学所设定的对象样态：

> 从现代对象思想的角度来看（古典时代的实体观念），数字对象是有问题的：这个对象既不是经验的对象，也不是康德意义上直观的对象……数字对象是由给定的数据组成的，但这个给定不能从让-吕克·马里翁的意义上来理解，因为他重新将给定作为一个现象学概念。数字对象是由数据、元数据、数据形式、"本体论"，以及其他形式组成的，这些东西都经历了一个语法化的过程，这样形成了一个编制各种关系以及各种对象的数字环境。②

按照西蒙东的设定，独特的数字关联环境的出现，已经为我们在今天讨论数字对象提供了必要条件。正如许煜在他的《论数码物的存在》中所列举的：IBM 在 20 世纪 60 年代创造了 GML 语言，为网络信息技术提供了一个必要的程序性基底；1991 年，标准的超文本标记语

---

① Gilbert Simondon, *Two Lessons on Animal and Man*, Minneapolis: Univocal, 2011, p. 26.
② Yuk Hui, *On the Existence of Digital Objects*, Forword by Bernard Stiegler, Minneapolis: University of Minnesota Press, 2016, p. xi.

言 HTML 确立，在这个新兴的标记语言之下，我们面对的不仅仅是一种语言的创新，也是全面的算法和网络协议的更新，这个关联环境，可以让诸多符合其因果关联的对象从中生成出来。于是，当我们谈论某个网站页面，如亚马逊或淘宝的时候，这些对象实际上都是依附于 HTML 的数字对象。正如许煜所说："HTML 从一种文本表达变成了某种拟软件（pseudo software）形式……我们注意到，在数字对象之内，形式概念已经成为计算的技术趋势，而如今它亦成为普遍化的标准。形式是抽象的蓝图，而标准则是具体的对象。"①

我们站在一个面对数字对象的门槛上，西蒙东、拉图尔、斯蒂格勒、哈曼、许煜或许正在打开这个潘多拉的盒子，这是一个序曲，因为数字对象的出现，意味着我们从实体（Substance）或真实（Real）角度来认识对象的路径出现了问题，为了解决这个问题，我们必须将基于数字技术的数字对象纳入考察。我们还必须注意的是，对数字对象甚至不能简单从鲍德里亚的虚拟和拟真对象来考察，这里并不具有真实和虚拟的二元论，因为虚拟对象即便是信息与计算机技术制造的结果，但在内在周期性因果逻辑上并没有触动之前的关联环境，在这个意义上，虚拟对象仍然是一个旧范畴。对真正的数字对象的问题，我们今天所面对的第三方支付、大数据计算，乃至将我们每个人的实存数据化和计算化，需要从拉图尔的拟-对象和西蒙东的技术对象来重新考察，也就是说，我们需要同时从行动者网络中的拟-对象和关联环境下的周期性因果关系角度思考数字对象的确立，而这条道路只是刚刚为我们开启了一道缝隙，它的降临势必会为我们带来关于对象理论的革命。

---

① Yuk Hui, *On the Existence of Digital Objects*, Forword by Bernard Stiegler, Minneapolis: University of Minnesota Press, 2016, p 67.

第五章

# 虚体

它不是现实的,而是潜在的-真实的,它不具有强制性的或不变的规则,只有非强制性的规则,后者伴随着流变自身而不断发生变化,正如在一种游戏之中,每一步都改变着规则。由此产生出的抽象的机器和表述的配置之间的互补性,二者呈现于彼此之中。

——德勒兹、加塔利:《千高原》

当我们今天的工作变成了日复一日地在电脑面前堆砌一堆符号、文字和图表的时候，当我们交流方式变成了微信、QQ、微博等社交工具的时候，当我们的娱乐方式变成了在地铁或公交车上刷网游、电视剧或朋友圈的时候，当我们只用轻轻点击支付宝和微信支付就能完成一次交易的时候，我们实际上已经不再怀疑我们早已身处在一个全新的时代之中，我们面临的世界也以完全不同的面貌出现在我们面前。是的，我们今天的社会生活是一个高度数字化的生活，全球资本主义也因此进入到一个全新的阶段——数字资本主义。不过，当数字资本主义成为今天世界最基本的生产和消费的形态的时候，我们更需要从哲学的角度来分析其中的奥秘。

# 一、影：从身体到虚体

2018 年，张艺谋的新片《影》有一个十分特别的设定。在一个相对架空的历史背景下，影片给我们讲述了一个关于"影"的故事。这里所指的影不是真正的影子，他是一个在前台成为替身的人。在影片中，作为影子的境州，或是因为相貌相似之故，被作为沛国大都督的子虞选中，成为他在各种场合下的替身。子虞之所以需要这个替身，一方面是为了安全，防止敌人的暗算，但另一方面，也是更重要的原因在于，在与杨苍的战斗中，子虞的本体受了重伤，而暗地里准备自立为王的他不甘心就此退出舞台，于是让境州作为自己的影子出现在沛国的宫廷之中。然而，在影片中，影子境州不甘心被主人子虞的身份所吞噬，不希望做一个被动的受着主人操纵的机器，成为子虞的提线木偶，因为影子也有自己的人格、自己的灵魂。影子境州以自己顽强的意志，尝试着将自己的人格和灵魂附在这个主人的身份之上。也就是说，在主人操纵着影子的同时，影子也在生产着主人。因影子的人格和灵魂占据了主人的位置，即便主人子虞真身再次出现，也不被下属所信任，因为主人不具有影子所具有的人格和灵魂。这是一种影子与主人的辩证法：在权力关系上，虽然是主人支配着局面，影子无条件地从属于主人，但是一旦影子用自身的行为和性格掏空了主人的身份，那么影子也就在主人的名义下，成了主人，于是影子从内在扼杀了主人，主人却成了附属物。实际上，黑泽明在1980年导演的影片《影武者》也讲述了类似的故事，不过，黑泽明的故事是，作为主人的武田信玄意外死亡，使得影武者不得不光明正大地占据主人的身份，并以主人的名义来行事。在这个意义上，影武者已经不再是影武者，他已经成为"真正的"主人，因为当影武者以武田信玄的名义发号施令，甚至直接斥责真正的武田信玄的公子武田胜赖时，他都是作为主人来使其行为具有效力的。与黑泽明的故事不同的是，在张艺谋的电影中，主人子虞并没有死，而作为影子的境州正在逐渐掏空子虞的存在，取而代之。在影片的最后，我们看到了影子境州杀死了主人子虞的真身，并站立在群臣面前。

　　《影》只是一种隐喻，实际上，我们今天何尝不是如此。在今天的数字资本主义时代里，使用着电脑、网络和智能手机的我们每一个人都面对着自己的影子，一个由数字和算法构成的影子。这就是我们在智能网络中存在的身份，就像电影《头号玩家》中，代替韦德·沃兹出现在绿洲世界里的帕西法尔一样。韦德·沃兹和帕西法尔的关系，并不纯粹是一个真实的肉身与一个虚拟的身份之间的关系，两者生活在完全不同的世界里，帕西法尔只是在韦德的身份上形成的一个映射。倘若真是如此，韦德·沃兹和帕西法尔的关系就只能算类似于皮格马利翁与其迷恋的自身所刻雕像的关系。显然，问题没有这么简单。对这个问题的回答，我们应该回溯到法国存在主义那里，从我们的肉身关系来理解我们与世界的关系。梅洛-庞蒂在《知觉现象学》中十分明确地指出：

> 身体就是我们拥有一个世界的一般方式。有时候，身体的姿态仅限于去保存生命，并相对应地给出我们周遭的生物性世界。有时候，身体展现出最初的姿态，并从身体的本来面貌变成了象征性的意义，通过身体出现了意指关系的新的内核：这就是像舞蹈一样的新运动习惯的情形。最后，有时候，意指关系指向了自然身体所不能触及的东西。那么我们就必须要发明一种工具，身体就要围绕着自己来展现出一个文化世界。①

梅洛-庞蒂的意思很清楚，我们与世界的关系是通过我们的身体建构出来的。我们的意义本身的基础就是身体。身体通过自己的运动创造了意指关系，所谓的象征性的意义，都是在身体的运动中实现的。在这个意义上，我们的世界，也就是身体的活动所缔造出来的世界。即便对于我们身体所不能触及的地方，我们也可以发明工具来帮助触及。这样，围绕着我们的身体，围绕着我们用身体创造出来的工具，我们围绕着自己"展现出一个文化世界"。的确，在梅洛-庞蒂这一代存在主义思想家那里，我们在世界上的存在的意义，正是由身体构筑起来的，而我们作为人类生存的意义似乎也正是在身体的基础上呈现的。正如米歇尔·亨利所指出的："对身体现象的研究毫无疑问对于理解人类实在十分重要，但这离不开现象学本体论的理解，而现象学建立在对主体性的分析基础上，处理这个问题意味着现象学本体论必然要提出的一般性问题：因为身体，在其原初本质上，就属于生存的范围，而这就是主体性本身的范围。"② 在这个意义上，20世纪法国存在主义实际上就是身体的存在主义，在这些存在主义思想家看来，不仅仅我们与世界的关系，包括我们自己的主体性本身，都依赖于身体的构建，而我们正是通过身体的行为和运动缔造了主观和客观世界，我

---

① Merleau-Ponty, *Phénoménologie de la perception*, Paris: Gallimard, 2003, p. 171.
② Michel Henry, *Philosophy and Phenomenology of the Body*, Trans. Girard Etzkorn, Martinus NijHoff‑The Hague, 1975, pp. 7‑8.

们的生命的意义也在身体的展现过程中逐渐呈现出来。

然而，在今天，一切都发生了变化。的确，在 20 世纪五六十年代的法国，我们与世界的关系的确是身体性的。那时候，萨特用自己的身体在花神咖啡馆里等待着皮耶尔；而 1968 年的学生，也正是用自己的身体抵抗着资本主义的权力和暴政。波伏娃、伊利格雷（Irigaray）、西苏（Cixous）等人正是以女性的身体抵抗着父权制的侵袭，而德勒兹和加塔利也用肉身的生命流动体现着块茎式的游牧精神。问题是，我们今天还是这样吗？在存在主义那里，我与你的意义，就是在街头或咖啡馆里的身体性邂逅。然而，今天这种邂逅已经让位于在智能平台上的交互运动。想象一下吧，见面时没有太多话语的一对恋人，相反会对在微信上互发的表情莞尔一笑。人们完全不认识住在隔壁的室友，即便他的身体天天出现在我们眼前，相反，我们对一个在网游中并肩作战的队友相契相知，即便他的身体与我间隔千里之外。在数字时代的背景下，我们似乎可以问：我们与世界、我们与他人的关系是否仍然是通过身体构建起来的？当然，在今天，梅洛-庞蒂式的身体式的世界和意义的构建并没有消失，甚至仍然还是构成我们世界的一个十分重要的部分。但是问题在于，通过身体来构成我们与世界的关系，构成意指关系和世界的意义，构成我们与他人的交往，已经不是唯一的途径，因为我们多了一种构成关系的途径：虚体。

虚体是相对于身体而提出的概念。在一定程度上，虚体并不代表着对身体的直接模仿。实际上，虚体的存在是通过计算机算法生产出来的数据包。在面向对象的编程（object-oriented programming）中，每一个对象实际上通过符号语言创立了一个包含状态、行为、标识的集合。这样，在赛博空间或互联网中存在的个体，并不是身体，而是这样由数据和算法组成集合的对象；我们不是以身体参与到网络空间当中，我们只有通过一个数字化的中介才能作为这个空间的存在物在其中存在，而通过这样的算法形成的数据包就是虚体。虚体带来的问题在于，我们并不是直接参与到网络的活动和交往空间中。无论是微信、支付宝甚至我们常用的美团、滴滴、优酷等，都需要我们首先将自己还原成一个数据化的身份，才能登录到对应的 App 软件或空间当中；如果不创建一个虚体化的身份，我们便无法在赛博空间中产生任何行为和关系。

实际上，在早期的互联网的使用中，如在电子邮件中，作为身体的主体仍然占据着支配性地位，因为电子邮件严格对应着现实中的一个主体，这个主体仍然以他的身体为主要途径与世界形成关系。电子邮件的数字化身份，始终是作为肉身化的主体的影子而存在的，它作为主体的替身呈现在早期的互联网中。然而，如果将这个结论简单套用在今天的智能手机或电脑上的 App 或软件之上，或许会出现偏差。因为今天的数字化身份已经具有了自己的生成能力，随着大数据和机器学习技术的演进，一个虚体，或者作为一个数字化的对象，在身体性主体不在线的时候，仍然具有强大的存在能力，因为它们作为一个数字化的算法仍然在网络空间中发挥着作用。影子，一个数字化的影子，正在锻造出属于它们自己的性格。在赛博空间中，虚体具有了在身体性主体之外的存在，也生产着不属于身体性自我的意义和世界。虽然这个虚体（影子）还不具有弑杀身体性主体的能力，但是，由于虚体的存在，身体性主体正在逐渐成为与虚体共存的身份。我们不能再谈论一个纯粹的身体性的自我，因为我们的存在、我们的名字同时包含了两个灵魂：身体与虚体。数字化时代的生存，就是身体与虚体的合体，也是影子与主人的共生。

## 二、被编码的物和数字辩证法

马克思在其博士论文中曾慷慨激昂地写道："当意志从阿门塞斯的

阴影王国里走出来,转而面对着那世界的,并没有意志而呈现着的现实时,一个本身的自由的理论的精神,将会变成实践的力量。"① 马克思看到了属于那个时代的声音,这种声音不仅仅是黑格尔哲学带来的时代精神(Zeitgeist),更重要的是,随着蒸汽机和珍妮走锭精纺机的广泛应用,随着工业革命和拿破仑铁骑踏遍大半个欧洲,它们所带来的变化是翻天覆地的。旧世界的藩篱被走出阿门赛斯阴影王国的力量所打破,整个世界的面貌随之焕然一新。当然,我们今天也可以看到从阿门赛斯阴影王国中走出的新的力量,它们也在改变着整个世界的意义,甚至在改造着作为主体的我们。

我们首先需要理解的是,对于从身体到虚体的变化,并不能简单看成是一种简单的替代关系。实际上,身体与虚体是否具有严格的对应关系,这并不重要,正如在法国结构主义那里,能指和所指之间是否具有严格的对应关系也并不重要一样。对于索绪尔来说,能指和所指之间的符号关系是滑动的,相对于这个关系,更重要的关系是能指和能指构成的结构性关系。这个能指构成的结构,成为结构主义哲学最重要的基础。罗兰·巴特将这种能指的结构性关系称为神话学。不过,对于这种由能指构成的结构性关系,我们不能抽象地理解为一种脱离了具体物或身体的结构,相反,符号,恰恰是在与具体物的关系中构成的。在《1857—1858年经济学手稿》中,马克思曾经谈到具体产品变成商品再成为价值符号的辩证法:

> 任何时候,在计算,记账等等时,我们都把商品转化为价值符号,把商品当作单纯交换价值固定下来,而把商品的物质和商品的一切自然属性抽象掉。在纸上,在头脑中,这种形态变化是通过单纯的抽象进行的;但是,在实际的交换中,必须有一种实

---

① 马克思:《马克思博士论文 黑格尔辩证法和哲学一般的批判》,贺麟译,上海人民出版社2012年版,第77页。

际的**中介**，一种手段，来实现这种抽象。①

对于马克思这里所谈到的抽象的交换价值，我们实际上就可以理解为一种在交换中形成的社会关系的价值符号。这种价值符号，在最初的时候依赖于具体的产品和物，但是随着商品交换活动的扩大和发展，具体的物和产品从交换活动中被抽象掉，只剩下一个价值符号。那么，在扩大的商品交换过程中，与其说是具体的商品和商品在发生关系，不如说是这种被抽象出来的价值符号在发生关系。也即，一旦这种作为符号的交换价值形成，并在"实际的交换中"具象化在货币之上时，所体现出来的就不再是物与物、产品与产品之间的关系，而是一种纯粹的交换价值之间的关系。

鲍德里亚在他的《符号政治经济学批判》中也表明，"只有当物自发地成为差异性的符号，并由此使其体系化，我们才能谈论消费，以及消费的物"②。鲍德里亚将这种逻辑向前更推进了一步，因为马克思强调的作为计算和记账的符号，仅仅是在商品交换中形成的量的关系，即作为符号的交换价值，但是，正如鲍德里亚所强调的那样，在具体的交换行为中，商品与商品、物与物的关系并不纯粹表现为数量上的等价交换关系，还存在着一种符号的象征交换关系。也就是说，从具体的商品或物那里抽象而来的不仅仅是一个代表商品交换价值的量的符号，而且也在商品之中形成了某种象征。这种象征是按照一种符号化体系来完成交换的，在具体的交换行为中，恰恰是这种抽象出来并脱离了具体商品而存在的象征化符号，构成了一个独特的体系。在鲍德里亚这里，物或产品在交换中，其具体的使用价值或物理属性从抽象的差异性符号中消失了，这里所体现出来的体系，恰恰是作为象征交换的符号化体系。这个符号化体系一旦形成，它会反作用于具体的

① 《马克思恩格斯全集》第30卷，中文第二版，人民出版社1995年版，第91页。
② [法]让·鲍德里亚：《符号政治经济学批判》，夏莹译，南京大学出版社2009年版，第47页。

物，让具体的物在消费社会的交换中成为消费品，这是一种抽象成为统治的形态。换句话说，一旦形成了一个庞大的象征交换的符号体系，那么，所有的物，包括人在内，都必须转化为一定的符号和象征，才能在这个符号体系中取得其对应的象征或符号价值，才能成为市场上的消费品，成为我们消费空间中所架构出来的商品。

这样，我们可以将马克思和鲍德里亚的逻辑归纳为四个步骤：

（1）具体的物和产品成为交换的商品。交换是偶然发生的，在这个阶段，作为交换的象征或符号并没有被固定下来，仍然作为具体物的附属属性而存在，或者说，作为具体物的影子而存在。

（2）随着交换的经常性发生，产生了更一般意义上的交换价值或符号价值，在这个阶段，可以用通用的符号来计算与记录产品和物；这样的符号不再纯粹是具体物的附属属性，而是一种与具体物并存的社会属性的印记。这一阶段是影子与物体并存的阶段。

（3）这种在交换中形成的属性的印记或符号，与具体物相分离，从而符号和符号之间发生交换关系，这样，具体物被淹没在抽象的象征交换之中。与此同时，由于与具体物分离，使得符号可以形成属于自身的符号体系，交换逐渐成为按照这种符号体系来进行的交换。这是影子的僭越，影子与影子形成了影的体系，真实的物消退到幕后（如同在电影《影》中被杨苍击败受伤的、被迫隐退的子虞一样）。

（4）这种形成的符号体系反过来作用于具体物，使得原来具有相对自主性的物或产品，必须要通过某种算法还原为该符号体系下的某个值，才能被消费，才能被交换，甚至可以说，才能被人们所看见。影子的体系开始凌驾于主人之上，主人反而需要换算为其符号体系才能被言说、被交换、被消费甚至被看见。我们可以在这个阶段来重新界定物或商品：物不再是纯粹的自然物（这种自然物在象征交换体系中根本也不存在），所有的物都是被符号体系编码的物，也就是说，在马克思的抽象的价值交换之中，或者在鲍德里亚的符号体系之下所呈现的物,都是被编码的物。被编码的物,是现代社会的物(甚至包括人)的最基本的存在方式。

如果我们将这套体系延伸到身体和虚体的关系上会发生什么?显然,在一开始虚体并不是脱离身体的存在,但是随着智能界面和网络空间的发展,虚体和虚体之间越来越产生出一种独特的关系,在这个关系中,虚体与身体的关系变得越来越孱弱。与之相反,在网络空间中,比与具体身体的关系更密切的恰恰是虚体与虚体的关系。因为我们可以将虚体视为一个数据包,那么,一个虚体与另一个虚体的关系实际上就是一个数据包与另一个数据包发生的数据交换关系。这样的数据交换关系显然不再以真实的肉身作为基础,它所依赖的环境就是数字和编码构成的赛博空间以及其中构成的数据流。这种数据流反过来凌驾于真实的身体之上,给身体编码,更准确地说,数字技术可以实现对我们的视觉上的图像、听觉上的声音,甚至触觉上的感觉进行编码,这样,传统意义上的身体的领域逐渐被数字编码所穿透。我们看到了与马克思和鲍德里亚对应的四个步骤:

(1)身体与数字空间偶然接触,如在电子邮件的使用中,数字化的身份严重依赖于身体,不足以形成虚体。

(2)随着网络的广泛使用,数字化身份不再是偶然的接触,如QQ、微信、Facebook等社交软件的出现,导致数字化身份长期在线,它们即便在主人身体不在线的时候,仍然有可能保持对其他数据流的反应(如离线的自动回复)。在这个阶段,数字化虚体初步形成,开始具有了独立于身体的生存状态,但仍然与身体保持着具体关系。

(3)虚体开始与身体发生分离。当然,这种分离并不是独立发生的,并不是某个个体的身体与其虚体的分离,而是因为虚体和虚体的交换形成了看不见的网络,这个网络更类似于今天的大数据网络,也就是数据之间的交换和计算形成的关系。这种数据交换和计算的网络已经从具体的身体关系中分离出来,成为史无前例的新的社会关系,在一定意义上，这也是人类社会发展新的生存根基，即通过数据交换而不是通过具体的身体接触来建立的，虚体与虚体、虚体与世界之间的关系。

（4）分离出来的虚体网络，或大数据网络，一旦走出阿门塞斯的阴影王国，就一定会作用于身体，也就是说，身体不仅被编码，而且身体与身体之间的交流也必须通过虚体数据交流的中介。换句话说，在原来由梅洛-庞蒂等人设定的左手摸右手的身体关系，或者情侣之间的身体关系之间，切入了一个数字化的虚体中介，身体必须通过某种算法变成虚体，再与网络空间中的其他虚体发生关系，于是，"身体-身体′"（B-B′）关系变成"身体→虚体-虚体′→身体′"（B→V-V′→B′）关系。

这是一种新的数字辩证法。作为数字化身份的虚体成为身体与身体的中介。其实，问题还不仅限于此，因为虚体仅仅是网络的一个对象，即一个数据包。这个虚体与其他数据包发生的数据交换关系，实际上并不局限于真实世界中的身体与身体的关系；作为数据的虚体，实际上在网络中可以与任何可以被数据化的对象发生关系，这些对象甚至包括其他生命体和非生命体。这就是为什么思辨实在论思想家格拉厄姆·哈曼提出 OOO（Object-Oriented-Ontology）哲学体系——我们可以将其翻译为"面向对象的本体论"——的原因。正如哈曼所强调的，该词借用于计算机上的 OOP 体系，即面向对象的编程，实际上，哈曼看到的就是任何能够经过一定算法而在网络世界中进行数据交往的对象都能构成平等的对象，人或主体的优先地位在 OOO 体系中不复存在。正如哈曼所说：OOO 体系意味着"所有对象都得到平等的关注，无论这些对象是人，还是非人，或者自然对象、文化对象，真实对象或者虚拟对象"[1]。

---

[1] Graham Harman, *Object-Oriented-Ontology: A New Theory of Everything*, London: Penguin Books, 2018, p.9.

这就是数字资本主义时代的基本架构。虽然我们不需要和后现代主义者们一起欢呼"一切坚固的东西都烟消云散了",但是,我们却可以说,"一切坚固的东西在今天都被算法转化为一个对象"。的确,在网络空间的虚体形成的关系中,并不需要虚体与身体形成严格的对应关系;网络世界中特殊的数字对象的存在[①],已经让非实体的数字对象成为可能,这样的对象作为同等的虚体与有着身体对应物的虚体发生交往和互动。算法规则成为虚体与虚体交往的最大的规则,一切事物都成为算法和大数据结构下的对象。这就是最新形态的异化,我们可以称之为:数字异化。

## 三、被异化的虚体

我们再一次站在了马克思对资本主义批判的门槛上。对于马克思来说,资本主义不仅缔造了现代的工业文明,更是让工业生产及其对应的货币制度成为凌驾于人之上而存在的社会形态。正如马克思在《1844年经济学哲学手稿》中所指出的政治经济学所应该担当的历史使命:我们现在必须"弄清楚人的价值和人的贬值,垄断和竞争等等之间,这全部的异化和货币制度之间的本质联系"[②]。在工业资本主义体制及其货币体制下,人不再是作为一种健全的存在物,相反,他们隶从于雇佣劳动,而这种劳动反过来凌驾于工人之上,成为一种异化劳动,"劳动所生产的对象,即劳动的产品,作为一种异己的存在物,作为不依赖于生产者的力量,同劳动相对立"[③]。在这个意义上,人与劳

---

[①] 许煜已经在这个方面做过十分精彩的分析,参见 Yuk Hui, *On the Existence of Digital Objects*, Minneapolis: University of Minnesota Press, 2016。
[②]《马克思恩格斯选集》第1卷,人民出版社1995年版,第40页。
[③]《马克思恩格斯选集》第1卷,人民出版社1995年版,第41页。

动的关系发生了颠倒，本来应该属于人的活动，变成了奴役人的劳动，马克思称之为"异化劳动"。在异化劳动之下，工人作为生产者，不仅与自己的劳动产品相异化，而且也与整个生产过程相异化，与自己的类本质相异化，最后导致了人与人相异化。

今天的劳动，显然已经不需要每一个人都站在大机器面前，让产品和生产过程成为凌驾于自己之上的工业劳动，但是，今天异化劳动的状况是否得到了改观？对于这个问题，显然无法得出简单的结论。事实上，一些思想家如法国的安德烈·高兹（André Gorz），意大利的安东尼奥·奈格里、保罗·维尔诺、拉扎拉托、费拉里斯（Ferraris），英国的福克斯，都已经开始思考今天的数字化生产环境里的异化问题。如安德烈·高兹就曾指出：

> 工业的数字化逐渐将工作变成了对信息流的持续的管理。工业操作必须不断地"投身于"或"献身于"这种信息流的运转当中，人们必须将自己生产为一个主体，来担当这个角色。各种操作之间的沟通和合作就是今天工作本质的一个总体部分。①

安德烈·高兹提出的问题是，今天的生产已经不再像马克思所处的年代那样，在工业流水线上直接面对物质的产品，我们今天的生产毋宁说是一种非物质生产和非物质劳动。这种劳动并不直接作用于某种具体的产品，而是生产出一个特殊类型的商品——一般智力（general intellect）。在《1857—1858年经济学手稿》中，马克思直接用英文斜体字写下了这个单词，但是直到今天，这个词语才在意大利工人自治主义思想家那里获得更全面的意义。例如维尔诺在《诸众的语法》中指出，马克思的"一般智力"实际上就是一种"没有公共领

---

① André Gorz, *The Immarterial*, trans. Chris Turner, London: Seagull Books, 2010, p.7.

域的公共性"①，它是作为诸众的生产者，通过自己的语言、身份、智力、情感而形成的一种看不见的网络；这个网络成为一种无形的力量，支配着资本主义的生产过程。维尔诺举了意大利的菲亚特汽车工厂的例子：里面各个环节的工人在语言交流、身体姿态甚至一个眼神的传播中形成了一种默契关系，这种默契关系实际上协助所有的工人成为一个整体，让他们完成了汽车的生产工作。问题在于，这个默契关系，完全属于工人自主的生产，不为资本家所有，所以，相对于资本家的生产资料（如机器和原材料），在汽车工厂里更有价值的是工人的这种自治的默契，即一般智力。然而，这种一般智力已经被资本家作为它们理所当然的财产占有了。一旦这种被私人占有的一般智力反过来制约工人，工人在生产过程中势必会感觉到遭遇了一种强大的异己的力量，这种异己的力量不再是马克思笔下的产品和机器，而是一种非物质劳动的产物，即一般智力。一般智力作为工人的产品，反过来凌驾于工人之上，成为工人生产的异己的力量，让工人的劳动再一次沦为异化劳动。

当我们将异化劳动和一般智力的概念应用于今天的数字资本主义时代时，或许可以让其获得更广泛的意义。因为，今天的数字产品，已经不纯粹是菲亚特汽车工厂各个环节的工人们的合作。显然，在今天数字劳动的意义已经逐渐延伸到所有的数字产品的使用者，即当我们每一个人都在使用手机，在电脑上购物或玩游戏时，实际上就是在从事一种数字劳动。特雷博·索尔茨（Trebor Scholz）指出："集中精力在互联网上，我们用来消遣的网瘾和时间消耗，已经成为我们时间的最大问题。坦白说，我们花在 Facebook 上的时间让我们不能爱或感

---

① Paolo Virno, *A Grammar of the Multitude*, trans. Sylvere Lotringer, Los Angeles, CA: Semiotext（e），2007, p.40.

受他人，或者提出进一步摧毁资本主义的计划。"① 这样，互联网已经成为世界上最大的生产车间和工厂，我们每一个人在智能手机和电脑上花费的时间已经是一种数字劳动。这种数字劳动同样是一种生产，它们生产出来的产品就是一种非物质的数据关系，这种数据关系成长为一个庞大的数据网络。从十几年前开始，这种数据网络就在不断地成长，到今天，这种数据网络已经成长为一个无法用简单的数量来衡量的海量级别。我们的每一次网上购物，在搜索引擎中的每一次搜索，在朋友圈里的每一次点赞，都生产出这个网络，这个网络所搜集的数据，通过对应的智能分析，可以动态地重新规划和定义出现在网络中的关系。

可以用这样的关系来重新看待身体与虚体的关系。在身体现象学的分析中，身体和虚体是一种对应关系，然而，数字化生产的最新发展已经拒绝了我们简单地把虚体看成是身体在网络世界中的对应物的观念。简单来说，虚体是一种产品，是我们的数字劳动生产出来的产品。虚体的出现，本身就与一个木匠生产出一张桌子，鞋匠做出一双鞋子，画家画出一幅令人满意的画作，学者写出一篇符合规范的学术论文一样，都是一种生产与被生产的关系。我们用智能手机和网络打造出各种虚体（因为每一个使用手机和电脑的主体，都不止一个网络身份，在微信交友、游戏甚至工作和征婚等方面都会使用不同的虚拟身份），但是这些虚体只是相关数据构成的对象，它们的作用不是镜子，实现我们自己在网络中的镜像，而是大门，通过大门我们进入互联网，开始我们的数字生产。也正是在这个过程中，诞生了数字异化劳动：本来应该属于我们的虚体，却在数字资本主义的环境下，越来越脱离我们，与我们相分离。我们的搜索行为和网购商品的行为，形

---

① Trebor Scholz, *Digital Labor: The Internet as Playground and Factory*, New York: Routledge, 2013, p.10.

成了一种数据痕迹，在累积了上千万次之后，成为可观的大数据，这些大数据反过来会制约我们参与网络活动的行为。在 Facebook 的泄密案中，其中一个很关键的环节就是剑桥分析公司的工作：他们通过 Facebook 的社交软件来采集所有用户的看起来无用的信息，例如每个人的点赞，正如剑桥分析公司所指出的，他们简单地通过 5 个点赞就可以判断一个人的政治倾向，如果有对应的转发和评论，剑桥分析公司就可以判断用什么样的信息来影响用户的判断，于是便会不断地向该用户发送对应的推送。由此可见，一种看起来在用户自主性基础上使用智能手机和网络的情形被反转了：作为我们的产品的世界，作为我们在网上的身份的虚体，反过来支配着身体。当我们耗费大量的时间刷朋友圈、刷抖音的时候，实际上已经让我们的身体成为这个巨大数字网络的附庸，这台机器已经将我们绑缚在它们运行的齿轮之上，让我们花多一些、再多一些时间在数字空间里，像小白鼠一样不断地运转，从事数字劳动。异化！绝对的异化！我们再一次沦为现代资本主义生产的附庸，数字生产凌驾于我们之上，让我们耗费在智能手机和网络上的任何时间都摇身一变，成了数字异化劳动。我们再一次感觉到，数字产品与我们自身的异化，乃至整个大数据的结构关系与我们的异化：虚体成为统治者，身体成为牺牲品，盲目地在网络中耗费着，成为众多数字异化劳动的一部分。在这个意义上，我们再一次失去了我们的类本质，我们不再是自主自律的人，而是不断吞噬着数字垃圾的蛆虫。在那一刻，只有那些掌控着大量数据，能够利用数据来操纵数字资本主义时代的人，才是这个时代的王者，他们控制着大量的虚体，让虚体成为操纵傀儡的看不见的控制线；通过这种数据操纵，那些盲目的数字劳动者日复一日、年复一年地成为让这台庞大数字机器得以运转的奴隶。这是数字异化劳动最深刻的层次：数字控制者（数字资本家）和数字劳动者（普遍网民）的异化，即人与人的异化。

难道我们要再一次陷入绝望，像齐奥朗（Cioran）一样呼喊着"站在绝望之巅"吗？不！这不是答案！数字异化劳动的奥秘恰恰在于：使用网络和智能手机的用户没有意识到他们正从事着数字劳动，并且为数字资本主义积攒着数字时代最宝贵的财富——数据。数字资本家的魔法也就是拥有大量的数据，并以这些数据来控制一切。不过，我们需要注意的是，数据和技术一样，它们并没有立场，它们本身只是一把利器，在资本家手里，它们便是奴役的工具，而在广大的数字用户手里，它们将变成划破迷雾的最锋利的武器。数字共享，或共享的共产主义，才是我们未来的希望。在高度数字化的今天，我们发现我们不是离马克思所冀望的共产主义越来越远，而是越来越近了，因为我们拥有了武器，即共享数据；也正是因为可以被普遍共享的数据存在，才让我们可以看到解放的可能性，让未来的共产主义的曙光再一次浮现出来。

第六章

# 数字异化

我们被技术操纵简单化了。进入数字操纵阶段之后,这一简单化进程变得疯狂起来。

——让·鲍德里亚:《为什么一切尚未消失》

从逻辑上来看,这个发展已经没有另外的终点了,所有加速机器的个体能量和竞争能量,最终都会被献祭给宛如仓鼠滚轮般的社会经济竞争。当然,这已等同于完全丧失了自主性,彻底背离了现代性的承诺。

——哈特穆特·罗萨:《新异化的诞生》

这是一个最好的时代,也是一个最坏的时代。智能技术、大数据、云存储、区块链技术正在日益改变我们的生活,我们周围的生活节奏变得越来越快,这种超级加速度带来的不仅仅是日新月异的技术革新和智能进步,也让我们这些生活于其中的活生生的人产生一种无所适从的眩晕感。当加速度超过了我们的忍受力的时候,我们不仅被绑定在一个不知道开往何方的高速的装置之上,也让我们的心灵承受身体上的冲击和震撼。加速!加速!数字时代正让我们呕吐出我们的灵魂!这种状况,很容易让我们联想起经典马克思主义中的一个词语:异化。在技术尤其是数字技术给我们带来巨大便利——如我们不再需要用现金和信用卡来支付,北京和上海之间的距离被高铁缩减为 4 小时交通圈——的时候,我们的灵魂也被这种技术革命疏离化。这或许正是法兰克福学派第四代人物哈特穆特·罗萨高呼的"新异化的诞生"。我在另一篇文章中也曾提到,今天,卢卡奇关于物化的判断或许已经沦为明日黄花,我们现在所面对的异化是一种全新的异化形式,即数字异化。不过,在我们做出这个断言之前,必须回顾一下思想史上关于物化的论述,也只有在概念史的光谱下,我们才能更清晰地看见,今天数字化技术带来的新异化形式对于我们今天的数字化生存意味着什么。

## 一、对象性活动的分离

对异化或物化问题的探讨,马克思的《1844 年经济学哲学手稿》是一个绕不过去的文本。在笔记本 I 中,马克思对国民经济学进行了无情的挞伐,而他手中的批判的武器,实际上就是异化。在现象学层面,马克思首先给异化概念作出了一个描述性的判断:

> 按照国民经济学的规律,工人在他的对象中的异化表现在:工人生产得越多,他能够消费的越少;他创造的价值越多,他自

己越没有价值、越低贱；工人的产品越完美，工人自己越畸形；工人创造的对象越文明，工人自己越野蛮；劳动越有力量，工人越无力；劳动越机巧，工人越愚蠢，越成为自然界的奴隶。①

对于这段话，显然不能纯粹从文字的字面意思来诠释。我们知道，这个时期的马克思尚未十分深入地研究资本主义内在现象，还不能从国民经济学或政治经济学内部来揭示资本主义的秘密，在这个意义上，1844年前后的马克思观点更多是一种外在的批判，是从一种抽象的观念哲学出发，来鞭笞国民经济学的事实。倘若如此，马克思的异化问题的起点，实际上并不在于他所批判的国民经济学，而在于他在这个阶段所持有的观念哲学。正是从某种观念的设定出发，马克思将国民经济学中所呈现出来的事实作为一种异化或者物化的现象来批判。那么，现在的问题是，马克思在这里所持有的观念是什么？

在这段文字之前，马克思曾说过这样一个问题："工人对自己的劳动的产品的关系就是对一个异己的对象的关系。"② 怎么理解这句话？简单来说，一个工人，在马克思看来，在其劳动过程中，将自己的一部分生命力转化为一个外在的产品，工人付出得越多，所创造出来的、作为其对象出现的产品就越强大。举例来说，一个工匠生产一张木桌，从原木开始，经过开锯、刨花、拼装等流程，制作出来的桌子凝结着这个工匠的生命力。在这个观念下，工匠的生产过程是一个生命力的转移过程，活的生命力从具体的工匠身上，转到了生产的物质对象上；当工匠完成了制作木桌的工作之后，凝视着这张木桌，他所看到的不仅仅是一个毫无生气的死的物质，而是一种将活的生命力凝结在这个产品当中的对象，在这个意义上，工匠的生命力外化了。工匠与这张木桌的关系，就类似于古希腊时期的塞浦路斯国王皮格马利翁对自己

---

① 马克思：《1844年经济学哲学手稿》，人民出版社2014年版，第49页。
② 马克思：《1844年经济学哲学手稿》，人民出版社2014年版，第48页。

所雕刻的象牙少女雕像的凝视，简言之，工匠对于木桌、皮格马利翁对于少女雕像的欲望关系，是一种生命力外化的关系，是自己的生命力的对象化。因此，马克思说："工人在他的产品中的外化，不仅意味着他的劳动成为对象，成为外部的存在，而且意味着他的劳动作为一种与他相异的东西不依赖于他而在他之外存在，并成为同他对立的独立力量，意味着他给予对象的生命是作为敌对的和相异的东西同他相对立。"① 实际上，马克思在这里使用的词，并不是物化（Verdinglichung），而是对象化（Vergegenständlichung）。对象化意味着，一旦这张木桌作为一个产品出现，它就不是一个纯粹的自然物质，而是在人的实践活动中，与人建立了某种关联，人的活动将生命力凝结在这张木桌之中；木桌成为与人相对立的凝结着生命力的物质，是工匠生命的对象化和外化。

也只有在这个意义上，我们才能理解马克思在《关于费尔巴哈的提纲》第一节中提到的"费尔巴哈想要研究跟思想客体确实不同的感性客体，但是它没有把人的活动本身理解为对象性的（gegenständliche）活动"② 的意义。马克思认为，费尔巴哈的唯物主义虽然将德国古典唯心主义哲学的头尾倒置的状况扭转了过来，但是，费尔巴哈所理解的物，或者他所感性直观到的物，是一种与人的实践活动完全无关的物。马克思也因此批评费尔巴哈无法理解他所在的莱茵地区出现的樱桃树不仅仅是一种自然的物质，而且也是由于莱茵地区商业的发展所产生的需求使得人们将樱桃树从其他地区移栽到莱茵地区，即樱桃树的出现本身就是一种对象化的凝结，在那里凝结着人类的历史活动的生命力。在《关于费尔巴哈的提纲》中马克思认为，所出现的物或者说被生产出来的产品，是对象性活动的产物，对象性活动产生的不是自然物，

---

① 马克思：《1844年经济学哲学手稿》，人民出版社2014年版，第48页。
② 《马克思恩格斯选集》第1卷，人民出版社2012年版，第133页。

而是生命的外化和转移,让居于我们内部的生命可以外化为一个能够被直观的对象,即对象化。木桌就是这样的对象化的产物,而工匠之所以观照和凝视出现在他面前的木桌,正是因为木桌不是与他毫无关系的自然事实,也不是他的需要,而是他的生命的外在化凝结即对象化。进一步而言,对象化的物质在工匠的凝视和对产品的使用中,让生命返回自身,工匠的身体和生产出来的物质融合为一个整体,这样,生产的产品和工匠的生产活动构成了一次生命的循环,生命从工匠的生产活动中外在化,创造出对象化的产品,产品中凝结了工匠的活的生命力,成为异于工匠而存在的对象,在工匠的使用和消费活动中,对象作为一种扬弃的力量返回到工匠本身,从而完成了从自我到对象化再到自我的生产循环,而这个生产循环,实际上就隐藏在马克思在这个阶段上的逻辑里。

正如阿尔都塞在《保卫马克思》中强调的那样,这个时期的马克思尚处于黑格尔哲学的襁褓之中,而这种哲学观念背后所隐藏的正是黑格尔哲学的影子。在《精神现象学》中,黑格尔谈道:"对自我意识否定的东西的那个对象就它那一方面说来,在它本身或者对于我们而言同样是返回到它自身,正如就另一方面说来,意识是返回到它自身一样。通过这种返回到自身,对象就成为生命。那被自我意识当做异于自己而存在着的东西,就它之被设定为存在着的而言,也不仅仅具有感性确定性和知觉的形态在它里面,而它也是返回到自身的存在,并且那当下的欲望的对象即是生命。"[①] 在黑格尔这里,从意识到欲望,再回到自我意识,也经历了一个辩证的循环,而黑格尔意义上的自我意识正是在三个构成循环的环节中完成的。从直接的意识,到面向一个外在他物的欲望,再到自我意识,实现的是生命和精神的扬弃运动;也只有通过一个外在的他物,即对象化运动,直接的朴素的意识才能

---

① [德] 黑格尔:《精神现象学》(上),贺麟、王玖兴译,商务印书馆1979年版,第117页。

升华为自我意识。自我意识是自在的意识和对外在他物的欲望的扬弃，也是生命向自身的回归，是精神（Geist）的自我实现。黑格尔哲学对于马克思早期思考的影响是不言而喻的，不过，与黑格尔不同的是，马克思的生命的实现和扬弃，并不是在抽象的自我意识的自我运动中实现的，而外在化也不是意识以认识运动实现的行动外在化，对象化活动并不纯粹表现为对外在他物的欲望。马克思的确在费尔巴哈式的唯物主义基础上变动了黑格尔哲学的根基，即将这种生命的辩证运动从自我意识的循环变成人的实践活动的循环，外化的他物不是自然界的直接存在物，也不是费尔巴哈的感性直观的对象，而是人的实践活动的产物。通过实践活动，人将自己的内在生命力对象化为一个具体的外在物质；在对这个外在物质的使用和欣赏中，凝结在外物中的生命力返回到自身，实现了生命的辩证运动。这样，从黑格尔的自我意识的辩证法，变成马克思的生命实践活动的辩证法。无论在黑格尔那里，还是在马克思那里，这种观念哲学最重要的环节都是外化或对象化，即通过一个外在的他物来实现辩证的扬弃，在黑格尔那里是欲望，而在马克思那里是生产活动实践。

这样，我们可以理解，异化其实并不发生在对象化或外化过程中。因为对象化和外化是自我意识或人类实践活动的升华和辩证发展的必经阶段，没有那个对象化的产物，人实际上无法实现生命运动的回归，也无法达到圆满。纯粹停留在朴素意识阶段的意识，或者完全不通过实践活动来外化自己生命力的人，只能在低层次上徘徊，而无法实现真正的发展；只有通过对象化，即将意识或生命力外化到一个外在的具体对象上，这种循环才能得到实现。

那么，马克思在《1844年经济学哲学手稿》中提到的异化究竟是如何发生的？马克思指向的是资本主义的雇佣劳动。在这里必须说明的是，19世纪40年代时的马克思还没有深入地阅读英国古典政治经济学著作，还无法从劳动价值论的高度来具体审视资本主义的运行模式，也尚未提出建立在剩余价值基础上的剥削问题。在这个阶段，马克思对资本主义和国民经济学的批判只能是哲学上的，甚至带有一定程度的形而上学色彩，因为这种形而上学需要黑格尔的生命辩证法作为基础。

在《1844年经济学哲学手稿》中，马克思实际上明确指出了异化的问题所在："对工人来说，劳动的外在性表现在：这种劳动不是他自己的，而是别人，劳动不属于他，他在劳动中也不属于他自己，而是属于别人的。"① 这个形而上学逻辑的关键在于：原本应该通过对象化产品回归自身的循环运动，在雇佣劳动体制下发生了中断，这是因为工人生产出来的产品并不属于他自己，而是属于资本家，这样，原本应该回归工人的生命力，却流向了资本家，工人的外化的生命力丧失了，原本应该回归的对象化的生命，在雇佣劳动体制下，反而变成了异己的力量，凌驾于工人活动之上。原本应该受到工人实践活动支配的对象化力量，现在反过来变成资本家的力量，成为主宰和奴役工人的力量。在这个意义上，马克思认为工人的劳动变成了异化劳动，而其生产出来的产品也凌驾于他之上，成为异化的产品。这样，工人无法完成生命的辩证循环，工人也离圆满的健全的人的类本质越来越远，工人成为资本主义世界中的蝼蚁，而产品中所凝结的工人的生命力被资本家占有，由此，人与人之间的关系发生了异化，一部分人成为另一部分人的统治者和压迫者。

在这一点上，马克思仍然是十分清晰的，即人的生产实践活动本身不是异化的根源，相反，生产实践是人的类本质实现的必要条件。问题真正的症结在于市民社会（bürgerliche Gesellschaft），这种以私有财产为基础的、具有不平等关系的社会结构，造成了外在化的对象与生命活动主体的分离，让人类的生命循环活动无法完成，也无法最终

---

① 马克思：《1844年经济学哲学手稿》，人民出版社2014年版，第50页。

实现人的类本质；而最终要打破这种异化的状况，只有通过革命化的实践，即摧毁市民社会的体制，才具有可能性。也正因为如此，马克思在《1844年经济学哲学手稿》中指出："共产主义是对私有财产即人的自我异化的积极的扬弃，因而是通过人并且为了人而对人的本质的真正占有，因此，它是人向自身，也就是向社会的即合乎人性的人的复归，这种复归是完全的复归，是自觉实现并在以往发展的全部财富范围内实现的复归。"①

## 二、物的中介

在马克思主义发展过程中，另一个对异化问题作出重要贡献的思想家是卢卡奇。卢卡奇在他的《历史与阶级意识》第三章——该章的标题是"物化和无产阶级意识"——中剖析资本主义的商品之谜时，也谈到了资本主义生产过程中的异化。不过，他所使用的并不是马克思在《1844年经济学哲学手稿》中使用的异化劳动（Entfremdete Arbeit），而是物化（Verdinglichung）。需要了解的是，在撰写《历史与阶级意识》的时候，卢卡奇并未阅读过马克思的《1844年经济学哲学手稿》②，因此，他的物化概念的提出，不可能是对青年马克思思想中的异化劳动概念的诠释和发展。与之相对立，正如卢卡奇自己所强调的那样，他是在马克思的《资本论》中得出了物化的逻辑。在这个

---

① 马克思：《1844年经济学哲学手稿》，人民出版社2014年版，第77—78页。
② 卢卡奇的《历史与阶级意识》中的主要文章基本上完成于1919—1922年，而马克思的《1844年经济学哲学手稿》第一次面世是1927年以俄文版的形式收录在苏联的《马克思恩格斯文库》之中，而这个手稿的德文版第一次发表于1932年，但这两个版本都流传不广。那个时期，《1844年经济学哲学手稿》往往都被认为是一个相对次要的文件，甚至有学者认为手稿不过是为写作《神圣家族》而作的预备。无论如何，在写作《历史与阶级意识》时期的卢卡奇不可能接触到马克思的《1844年经济学哲学手稿》。

阶段上，我们必须要小心翼翼地梳理文本的线索，一旦草率地将马克思的异化概念和卢卡奇的物化理论混为一谈，会让我们失去很多隐蔽的线索。

还是从卢卡奇自己的原文来解读其物化思想：

> 商品结构的本质已被多次强调指出过。它的基础是，人与人之间的关系获得物的性质，并从而获得一种"幽灵般的对象性"，这种对象性以其严格的、仿佛十全十美和合理的自律性掩盖着它的基本本质、即人与人之间关系的所有痕迹。①

这是卢卡奇第一次对"物化"问题的描述。在这个描述中，最重要的评价是"人与人之间的关系获得物的性质"。卢卡奇在这里用了一个词"幽灵般的对象性"（gespenstige Gegenständlichkeit），这里的"对象性"一词，基本上就是马克思在《关于费尔巴哈的提纲》中使用的"对象性的"（gegenständliche）一词的名词化。那么，为什么卢卡奇使用"幽灵般的"这个说法呢？显然，卢卡奇关注的问题与早期马克思关注的问题有一点区别：马克思关注的是作为对象化劳动产品的丧失，由于产品被资本家所占有，由于不平等的社会关系，让对象化劳动无法完成生命的循环，从而沦为异化劳动——一种与自己相疏离（entfremden），无法完成生命的辩证运动的劳动。所以，马克思批判的对象是这种"疏离的"（fremd）对象化产品，一种永远不能回归自身生命的产品，而不是对象化（Vergegenständlichung）。显然，卢卡奇的物化批判的锋芒指向的不是马克思的由于市民社会的雇佣劳动关系而导致的产品的疏离，而是对象化，即被黑格尔和马克思同时视为自我意识和生命运动的不可或缺环节的对象化过程。在卢卡奇看来，人与人的关系一旦表征为物的关系，用物的形式来中介人与人的关系，已经意味着人的生命的丧失；当生命被凝结在外在于我们自身的物之中

---

① [匈] 卢卡奇：《历史与阶级意识》，杜章智等译，商务印书馆1992年版，第143—144页。

的时候，我们已经被物化于一种僵死的"幽灵般的对象性"之中了。于是，我们从卢卡奇的物化中看到了另一幅景象：木匠的那种欣喜地凝视着自己制作的木桌——即对象化的产品——的感受不复存在了；人一旦物化为某种对象，灵魂即为物体冷冰冰的外壳所禁锢，人就不能继续在其中轻盈地游荡，而如同被锁定在马克斯·韦伯意义上的铁笼里，这是理性的囚笼，也是现代资本主义机械化大生产的囚笼，更是科层体制所制造的、看不见的庞大装置的囚笼。

这种将外在于人的物看成羁绊人类灵魂的囚笼的看法，在西方马克思主义那里十分流行。本雅明哀叹，在机械复制时代，原先存留在艺术作品中的灵韵（Aura）已然消失，那种出自艺术家之手、与艺术作品所结成的特殊的审美氛围，在机械复制时代被大量复制品的冷冰冰的界面所冷却。尽管物的外观上并没有发生太大的变化，但我们看到的只是失去灵韵的物的外壳，"把一件东西从它的外壳里撬出来，摧毁它的灵韵，这就是感知的标志所在，它那'视万物皆同'增强到了这般地步，以至它甚至用复制方法从独一无二的物体中去提取相同物"①。而在居伊·德波那里，卢卡奇意义上的物凌驾于人与人之间关系让的暴政已经变成了视觉化景观的暴政。在《景观社会》中，德波以慷慨激昂的口吻写道："景观的这个主要运动，旨在重新抓住存在于人类活动中处于流动状态的所有事物，以便以凝固的状态的方式去拥有这些事物。"② 这种逻辑一直延续到今天的智能手机时代的批判中，例如阿甘本在他的《什么是装置》一文中，进一步将卢卡奇的物的概念和德波的景观概念变成了他的装置概念，他改写了马克思在《资本论》中的那句名言："或许将我们生活于其中的资本主义的极端阶段定义为装置的巨大堆积和增殖的阶段是不错的。很明显，尽管从智人第

---

① [德] 本雅明：《摄影小史，机械复制时代的艺术作品》，王才勇译，江苏人民出版社2006年版，第57页。
② [法] 居伊·德波：《景观社会》，张新木译，南京大学出版社2017年版，第19页。

一次出现,就有很多装置,但我们可以说,只有在今天才是这样一个时代,没有一个个体的生命不是被装置所塑造、感染和控制。"① 无论是物还是景观,抑或装置,实际上都表达着同一个逻辑,即存在着某种外在于人类的巨大的力量,不是我们在操纵着这些物、景观或装置,而是我们变成了它们的仆从。原先马克思的那种针对资本家的反抗,在这种逻辑下翻转为针对物、景观和装置的反抗。在这种逻辑下,他们不仅将批判的矛头指向了物、景观或装置,而且认为未来生活的希望就在于打破这种物的关系的藩篱。用阿甘本的话来说就是,悬置这些装置,让其不再起作用(inoperative),"这时无用性(inoperativity)去除了身体上的魔咒,并使它朝向一种新的可能的公共用途"②,也只有这样,人类的解放才有希望。

不过,我们还需要注意卢卡奇物化思想的另一个侧面,即卢卡奇批判的不仅仅是"幽灵般的对象性",还有一种关系,即掩盖人与人之间关系的"合理的自律性"(rationellen Eigengesetzlichkeit)关系。怎样理解"合理的自律性"?"合理的"即理性的,在这里,我们再一次看到了韦伯对卢卡奇的影响,因为韦伯将现代化运动看成合理化和祛魅化的运动,而在他看来现代世界的一切活动都需要放在"合理性"这个尺度之下来衡量。而"自律性"(Eigengesetzlichkeit)在德文中的本意是事物自身固有的规律性,所有的对象在"自律性"之下表现出一种类似于自然规律的过程。按照卢卡奇的话来说,这是一种"第二自然"(zweiten Natur),也就是说,这种合乎理性规律的"自律性",实际上并不是真正的自然规律,而是在现代资本主义社会下产生的类似于自然规律的东西。张一兵教授曾称之为"似自然性","在资本主义制度下的确内含着某种类似自然规律的特性,在这种制度下,经济

---

① Giorgio Agamben, *What is an Apparatus?* trans. David Kishik & Stefan Pedatella, Stanford: Stanford University Press, 2009, p. 15.
② [意] 阿甘本:《裸体》,黄晓武译,北京大学出版社 2016 年版,第 187 页。

发展呈现为自然界那种盲目力量支配的非主体发展状态"①。而在卢卡奇看来,这种类似于自然规律的"第二自然"成为统治,实际上就是资本主义抽象成为统治的秘密;而这个秘密的核心,就是抽象为关系的物(在资本主义政治经济学背景下,这个物具体表现为商品与货币)成为凌驾于一切社会关系之上的统治。在这个意义上,原先人与自然、人与人之间的直接关系被物的关系中介了,物成为一切关系的准绳,成为可计算化的程序的尺度,从而将多样性的自然世界和人类社会都变成了物的普洛克鲁斯忒斯之床上的祭品。

这样,卢卡奇的物化,并不是指人被具体的物所统治,而是被类似于商品和货币之类的带有衡量尺度的抽象物统治着,而这种抽象物实际上就是资本主义社会的产物。显然,这种抽象物绝不是自然物,甚至不是工匠生产出来的具体产品,而是一个可度量的物;正是这个可度量的物让资本主义社会的商品交换成为可能。于是,卢卡奇十分明确地指出:"商品形式的普遍性在主观方面和客观方面都制约着在商品中对象化的人类劳动的抽象。"②

不过,卢卡奇的问题在于,他并没有像《资本论》中的马克思一样停留于纯粹的政治经济学分析,他将物化的原则推衍到整个社会范围之中,正如他十分明确地指出:"商品关系变为一种具有'幽灵般的对象性'的物,这不会停止在满足需要的各种对象向商品的转化上。它在人的整个意识上都留下了它的印记。"③ 也就是说,在早期马克思那里仅仅只有工人阶级才具有的异化劳动,被卢卡奇无情地推向了整个社会;所有人,包括资本家和统治者在内,都处在这个巨大的物化关系之中。这意味着,卢卡奇在根本上关心的不是资本家对工人阶级的剥削,而是物化关系将所有人都转化为同一种主体,即物化主体。

---

① 张一兵:《马克思历史辩证法的主体向度》,南京大学出版社 2002 年版,第 192 页。
② [匈] 卢卡奇:《历史与阶级意识》,杜章智等译,商务印书馆 1992 年版,第 148 页。
③ [匈] 卢卡奇:《历史与阶级意识》,杜章智等译,商务印书馆 1992 年版,第 164 页。

这种物化主体的本质，就是根据冷冰冰的算计来思考问题，这就是韦伯的价值中立的合理性主体的魔化版。或许这正是法兰克福学派的霍耐特会将卢卡奇的物化概念理解为"疏离的、旁观的行为模式"① 的原因吧，因为霍耐特认为这种冷冰冰的进行合理性算计的人，就是将自己从复杂的人与自然、人与人的直接关系中抽离出来，并让抽象的可度量的物成为中介的状态。这种"合理的自律性"的人的状态，被认为是现代计算理性下的产物，一种被物所中介的人，用张一兵教授的话来说，是一种"物役性"的人。这样，霍耐特认为，打破物化的关键，就是重新将这种冷冰冰的疏离之人，拉回到共同参与的交往关系之中，即回到承认关系之中。对于霍耐特而言，物化是"对承认的遗忘"，"它所指的是一种过程，过程中我们遗忘了，人之认识他人并拥有他人的知识，曾经如何受惠于之前的承认与共感"②。霍耐特对卢卡奇物化理论的曲解，恰恰是回到了一种虚构的先验的承认基础，一种德国观念论式的当代遗产之上；承认理论已经磨平了马克思主义的革命的锥刺，而他们对物化的克服就是纳入一种被预先设定出来却被遗忘了的观念——承认。

## 三、数字异化的兴起

在进入到对数字化时代的异化理论的讨论之前，我们可以先得出几个结论：

1. 马克思的异化理论是基于生命的疏离，即对象化活动与生命本

---

① [德]霍耐特：《物化：承认理论探析》，罗名珍译，华东师范大学出版社2018年版，第25页。
② [德]霍耐特：《物化：承认理论探析》，罗名珍译，华东师范大学出版社2018年版，第88页。

身的疏离。这种疏离关系，是由资本主义不平等的私有财产关系造成的；资产阶级对无产阶级的生命的褫夺，造成了无产阶级的赤贫，让他们无法实现生命的辩证运动。由于早期马克思的异化劳动批判是基于是市民社会中不平等的关系，以及资产阶级对工人的对象化产品的剥夺，我们可以将这种异化批判称为生产关系批判。

2. 卢卡奇的物化批判的核心并不是具体的物，而是成为人与自然以及人与人之间关系的中介的抽象物。在商品社会环境下，这种抽象物最典型的代表就是货币，而商品拜物教和货币拜物教的根基都是这种抽象物成为凌驾于一切人与自然、人与人之间的关系之上的统治性的力量。无论是后来的德波的景观批判还是鲍德里亚的符号批判，以及新近的阿甘本的装置批判，其实都是基于同一个逻辑，即某种抽象物（商品、货币、景观、符号、装置等）成为统治，成为凌驾于一切关系之上的主宰性力量。这样，对于卢卡奇等人来说，主要的问题不是通过阶级斗争推翻某个阶级的霸权和统治，而是反抗这样一个看不见的抽象的建构和机制，让整个巨大的物的机器停止运转；唯有在这个巨大机制不再起作用、失效的那一刻，救赎的弥赛亚才会降临，人类才能返回到那个已经被忘却的曾经的故土。在这个意义上，我们可以将这种批判路径称为生产力批判。

这是两条不同的异化批判路径：前者的革命性需要是改变现有的资本主义生产前提下的社会关系，将不平等的关系改造为平等而具有共同体精神的社会形式，即共产主义社会。而后者将挞伐的对象指向了现代性本身，认为造成当代精神悲剧、灵韵丧失的根源在于现代性机制；这个机制在冷冰冰的计算理性的前提下，将所有人和物都放在一个共同的平台上来衡量，使得以往具有独特性（singularity）的生命和物质丧失了，每一个生命、每一个物体都成为被抽象的物（货币、景观、符号、装置等）所中介的丧失了灵魂的存在。在他们诗性的语言中，人类的灵魂要么成为被桎梏在物的枷锁之下的亡灵，要么成为在现代性尺度之外游荡和徘徊的游魂。而这种异化批判的策略，显然会将锋芒指向现代技术和计量化体系，而他们所认为的解放路径，是从这种机器和技术的藩篱下撤离，回到属于灵魂自己的迦南之地。

这样，对数字资本主义时代的异化批判，实际上也存在着生产关系批判和生产力批判两条不同的路径，我们也可以称之为政治经济学批判和存在论批判。我们可以分别从这两种不同的批判路径，来审视一下我们在数字化时代的生存方式。

我们首先来看看后一种批判，即存在论意义上的异化批判。如果我们将卢卡奇的物化批判逻辑向前推进，我们实际上可以得出一个结论：今天成为我们的社会关系，以及我们与自然之间关系的中介的，不再是那个抽象化的物——商品或货币，而是更为基础的东西，我在另一篇文章①中称之为"一般数据"。简言之，今天的数字资本主义，已经创造了一个完全由一般数据组成的界面，在这个界面中的交换和交流，完全是由数字算法得到的一个对象包来实现的，这个对象包我称之为"虚体"。那么，今天的"一般数据"和"虚体"，是否像卢卡奇所说的那样，已经成为我们人与人之间关系的中介，并成为一种抽象化的统治力量呢？答案是肯定的。在地铁上，当我忘记带自己的智能手机出门，也没有任何可以联网的智能设备的时候，会发现自己处于一个很尴尬的境地。地铁上到处都是人，但是每一个个体的目光都盯着自己手机的屏幕，在那一刻，尽管我周围全是人，但是我感到十分孤独，因为我不能与这些正在享受手机屏幕上的乐趣的个体构成任何有效的社会关系，他们的身体虽然处在地铁之内，但是他们的存在却是在智能手机背后的那个巨大的赛博空间里。换句话说，我与他人在地铁上的肉体的相遇，不构成我们今天在社会中的实质性关联，而

---

① 蓝江：《一般数据、虚体、数字资本——数字资本主义的三重逻辑》，载《哲学研究》2018年第3期。

真正的关系是经过一定的算法形成的数据关系,即我们通过一个算法得出的虚体,进入赛博空间中与那个空间中的其他虚体发生关联。所以,尽管我处在人满为患的具体空间里,但是我是孤独的。这一刻,庞德的那句著名的《在地铁站》的诗歌,或许可以改写为:"人丛中这些幽灵似的面庞,闪烁的手机屏幕上的一串串数据。"

这个例子可以表明,我们之间的交往是需要通过以数据为中介来实现的。在今天,我们不难发现,两个朋友分明就在一个物质空间里,却需要在微信上刷表情来互相交流。与之相反,在大数据时代,更能产生实际效果的交流,是数据上的虚体对虚体的交流,这些交流的结果本身也成为一个庞大的数据网络。所以,与奈格里、维尔诺等人提出的"一般智力"概念相似,一般数据构成了一个无所不在的机制,这个庞大的机制已经将每一个参与智能界面活动的个体都换算成了一串字符,并在云计算中对其进行分类和存储。按照这个逻辑,今天的数字化时代,比卢卡奇时代面临着更深刻的异化。在卢卡奇时代,货币和商品的逻辑还不具有最强大的建构力量,它只能充当一种中介或尺度。而在今天,卢卡奇物化意义上的异化,毫无疑问已经变成数字化的异化,因为数字化的异化不仅意味着我们所有的个体和个体的交往已经完全被一般数据所穿透,是一种被数据中介化的存在,还意味着,除非我们被数据化,否则我们将丧失存在的意义,就如同在地铁上忘了带智能手机的乘客一样。

在存在论意义上,更为深刻的异化在于,这种充当中介的一般数据,不仅构成一个隐形的机制,而且能够进行自我的智能生产。在严格意义上,现代对人工智能的讨论,实际上依赖于对一般数据的大量占有;通过对数据的分类存储和分析,现代机器学习已经可以创造出与真正的人类交往的虚拟智能。比如说,在网上与我讨论哲学问题的对象可能就是一个虚拟的对话机器人,在与我的对话中,它不断通过数据收集,使自己表现得更像人类,甚至更优越于人类。在《王者荣耀》《我的世界》等知名的网络游戏中,人工智能已经作为虚体参与了与真实人的交流;当个体组队对战的时候,人工智能的参战能够起到平衡游戏的效果,让真实的人类玩家体会到娱乐性。这意味着,HBO电视剧《西部世界》中的乐园,早就在我们的网络游戏中实现了。不过,这个问题会进一步引发更深入的思考:一旦游戏交流的对象有人工智能的参与,而且我们无法分辨它们究竟是人类还是人工智能,那么在赛博空间中人与人之间的交往意味着什么?在以往的分析中,至少我们不会对与我们交流的对象的人的属性产生怀疑,我们有足够的条件和理由来对作为主体和对象的人做出分析。但是,在现代初期(如启蒙时期)判断人的一系列条件(如人是理性的动物,人是会言说的动物,人是会使用符号的,等等),会在数据时代崩溃掉。倘若如此,我们作为人类主体,是否还具有对世界,尤其是赛博世界的优先地位?在更为悲观的分析学者看来,实际上,人类虽然还能在赛博空间中娱乐,但实际上已经成为巨大的人工智能机器的傀儡;我们的喜怒哀乐,我们的行为方式,甚至我们对未来的预期,都成为被这个庞大的机器所掌控的对象,就仿佛美剧《疑犯追踪》中那个可以随时调用数据的机器宝宝一样。

在这样的数字化时代下,我们肯定会感觉到我们被异化了。由此,霍耐特的学生哈特穆特·罗萨就提出:"在数字化的全球化时代当中,社会亲近性和物理邻近性之间越来越脱节了。那些与我们有着亲密社会关系的人,不必然在物理距离方面也离我们很近,反之亦然。同样的,社会相关性也与空间邻近性脱节开来。"① 然而,面对这种海量级的一般数据的统治和支配,人们能采用的策略是远离和撤退,就仿佛在斯皮尔伯格的电影《头号玩家》中帕西法尔在寻找第一把钥匙时,

---

① [德] 哈特穆特·罗萨:《新异化的诞生:社会加速批判理论大纲》,郑作彧译,上海译文出版社2018年版,第118页。

通过无限向后倒退到达终点获得钥匙策略一样;最后,当男主角帕西法尔拥有绿洲的控制权之后,也会让绿洲每周停机一天,让人们从虚拟的绿洲回到真实世界,其目的似乎是教育性的,以让人们不要忘却真实世界,仿佛回到真实世界就是解去数字异化之毒的解药。具体到今天的现实,我们是否拥有《头号玩家》中的解药?显然没有,我们不可能对别人说:我要放弃我的微信号,借此来逃脱数字异化的控制。

退出微信,不再使用智能手机,或者拒绝任何形式的数字化,真的是数字化时代超越异化的道路吗?显然不是。当工业文明兴起的时候,马克思给出的方案也不是倒退到前资本主义文明的阶段;在《共产党宣言》中,马克思认为这种乡愁式的眷恋是"反动社会主义",也就是说,马克思并不是站在机器化大工业的对立面,而是肯定了资本主义在生产力发展上的巨大贡献,"资产阶级在它不到一百年的阶级统治中所创造的生产力,比过去一切世代创造的全部生产力还要多,还要大"①。所以,法国加速主义思想家雅克·伽马特(Jacques Camatte)认为马克思最大的贡献是从生产方式的角度来超越资本主义:"前提是要理解马克思的说法,即资本主义生产方式只是一个过渡性的生产方式。这一点没有任何矛盾。我们可以理解如下:资本主义生产方式不是永恒的——这是马克思反抗资产阶级意识形态最富战斗力的口号。这也是他主要观点的内涵。其中也包含了另一个论断:资本主义生产方式是革命性的,可以过渡到另一个社会阶段,一个人类不再受必然性(物质生活的生产领域)支配的阶段,那时,异化将不复存在。"②

所以,在马克思看来,真正的问题不在于技术。即便在今天,一般数据和数字化的中介,并不一定成为异化的根源,而最基本的根源,仍

---

① [德]马克思、恩格斯:《共产党宣言》,人民出版社2014年版,第32页。
② Jacues Camette, "Decline of the Capitalist Mode of Production or Decline of Humanity?" in Robin Mackey & Armen Avanessian eds., #Accelerate: The Accelerationist Reader, London: Urbanomic Media LTD., 2014, p.135.

然需要从政治经济学批判（即生产关系批判）中来寻找。也就是说，一般数据，比如我们在百度上的搜索记录，在淘宝上的购买记录，甚至游戏中的数据，实际上都是我们这些最普通的用户生产出来的；这些平常在我们看来似乎无用的东西，实际上在经过上千万次数据采集之后，会变成非常有用的东西，那么这些数据实际上是我们普通用户数字劳动的结果，但是，这些数据却被某些机构垄断了，成为他们在数字资本主义时代牟利的工具。由于这种数据垄断，以至于这些数据与它们的生产者之间产生了疏离关系；在这个意义上，我们回到马克思的《1844 年经济学哲学手稿》来看，则是数据与具体的生产者割裂了，形成了异化。而异化的原因在于，这些数据被视为垄断性的私有财产，马克思的"异化劳动和私有财产"的经典问题再一次在数字时代浮现出来。

当然，我们的目的并不是要对我们产生的数据进行收费，要求那些大的数据平台给我们报酬，即使这样情况也不会好转，收费只会造成数据平台对这些数据占有的合法化，会强化这种垄断。实际上，单一的数据是无用的，只有巨大的数据的集合才具有价值，这些数据可以用来攻克很多人类发展上的科技难题，人工智能、物流技术，甚至生物医学都在一定程度上依赖于这些数据。我们应该看到，一种攻克癌症的药物的出现，不仅仅是生物医学和药学的科研人员的劳动结果，也是诸多病人提供数据的结果。在这个意义上，数据产生的进展和产品需要返回到构成数据共同体的集体本身，才能完成黑格尔在《精神现象学》中提到的生命的辩证循环运动；这些数据本身就属于全人类的财富，任何团体和个人对这些数据的占有，势必都是对这种生命循环的破坏，会造成异化。这样，我们似乎看到了一条真正克服异化的道路——一般数据的共享，让数据成为构筑未来人类共同体的根基，而不是拒绝数据，拒绝数字化。因此，对数字资本主义时代的结论是，我们需要进行的是政治经济学批判，改造不平等的生产关系，而不是进行存在论批判，将数字技术和数据拒之门外。

# 第七章

# 数字身体

> 对他者欲望的欲望,去获得他者欲望的欲望。这样,我们在这里看到,在主体本身最核心的地方,主体的构成依赖于他者,这种依赖不仅仅是客观的,也是主观的。主体的身份对他者的依赖,不仅仅是从其来源,或可能性,或社会关系等上来说的,而且在最深刻的层次上,也是从欲望上来说的。在他们自己欲望的中介下,在某种意义上,他们已经与他者相联系了。
>
> ——阿兰·巴迪欧:《何为真正生活》

当我们出现在一个荒岛上，周围只有很简单的材料，我们怎样用这样的材料为自己修建一个可以栖身的居所？我们又如何掌握好新的技术，来抵御各种动物和僵尸、骷髅的进攻？我们如何依靠采集果实、种植作物、捕猎甚至烹饪来维持一个虚拟界面上的生命？对于这些命题，那些曾经玩过《我的世界》或《明日之后》的游戏玩家十分熟悉，他们不仅可以回答这些问题，而且可以轻车熟路地在那个由数字代码构成的世界，每日每夜用自己的行为来实践这些活动。换言之，这些游戏及其活动已经成为21世纪新生的一代人的日常生活，不仅是那些天天刷着《王者荣耀》《明日之后》《荒野行动》的玩家在用游戏的方式建构着自己的日常经验，就算那些在地铁和闲暇时刷着《开心消消乐》《斗地主》《跳一跳》的白领，也在用游戏的方式阐释着自己的生活。是的，这是游戏的一代。正如20世纪五六十年代的人往往用阅读书本的方式来理解金庸先生的武侠小说，而七八十年代的人用看电视的方式来理解金庸先生笔下的令狐冲的放荡不羁、郭靖的侠之大者，以及韦小宝的古怪精灵，而今天的九〇后以及21世纪的新世代早就在用电脑游戏或其他游戏的方式直接参与进金庸先生的武侠世界之中。所以习惯于阅读小说和看电视的一代人，很难理解今天的世代看到EDG战队在2021年斩获了英雄联盟S级系列赛事总决赛的冠军时，他们发自内心的喜悦。所以，对于今天的学者来说，不应简单地将游戏这一现象视为洪水猛兽，将其当作荼毒青少年的电子鸦片，而是需要理解游戏本身与今天的年轻一代之间的生存关系。我们需要的是一个哲学或存在论上的反思，从游戏式生存的内部来寻找到其独特的运行逻辑。

## 一、从身体现象学到数码现象学

在思想史上，对于游戏问题思考最深入的思想家无疑是荷兰人约翰·赫伊津哈（Johan Huizinga）。他在其名著《游戏的人》（*Homo Ludens*）中，将游戏独立为一个单独的世界，从而让自身与日常生活的节奏分离开来："我们发现游戏处处表现出一种明显确定的行动品质，从而有别于'平常'生活……在素有的活动中，这一品质判然有别，它赋予我们称之为'游戏'的生活形式以特有的东西。"① 游戏，在赫伊津哈那里，是人类的一项不可或缺的活动。赫伊津哈将人类的活动分为三种：一是思考的人（homo sapiens），这样的人是一种理性和思维的存在物；而生产的人（homo faber）从事着日复一日的生产性活动，并不断地再生产出人类的文明世界。不过，对于赫伊津哈来说，所有的人类的伟大创造，都是游戏的人（homo ludens）的活动的结果。游戏产生了人类的文化，并将之升华为人类的精神状态；也就是说，当人类与其他自然世界的事物相区别的时候，也意味着人类在游戏状况下（sub specie ludi）实现了对世界的超越和构建。这样，我们可以按照赫伊津哈的逻辑得出结论：人类世界的文明，乃至一切意义，都与从事游戏形式的人的活动有关；这意味着，文明或意义是游戏的人的创造，所有的意义归根结底应该还原为游戏的活动。正如赫伊津哈所说："我们必须归结起来，文明在其最初阶段是一场游戏。但是它并不像婴儿脱离母胎一样从游戏中分离，它作为游戏在游戏中升起，并永远不离开游戏的母胎。"② 不过，赫伊津哈的游戏问题是一个泛化的游戏概念，当我们用这个概念来思考今天的电子游戏的时候，尽管它们具有相似的地方，如电子游戏亦保持为一个独立于日常生活的世界，但是这种游戏的行为是否仍然具有赫伊津哈所赋予游戏的审美和精神上的意义？正如今天的游戏文化研究学者米格尔·斯卡特

---

① ［荷兰］约翰·赫伊津哈：《游戏的人》，多人译，中国美术学院出版社1996年版，第4—5页。
② ［荷兰］约翰·赫伊津哈：《游戏的人》，多人译，中国美术学院出版社1996年版，第193页。

(Miguel Sicart)所评价的:"赫伊津哈的观念,对于文化人类学的影响只能算是一般,不过,他的思想仍然能够启迪我们如何去理解游戏,尽管他的《游戏的人》一书已经相当过时了。"① 的确,今天的电子游戏,不能用席勒式的崇高来理解,也无法上升到赫伊津哈的精神创造的维度,今天的电子游戏,就是一种普通的日常生活,就是我们在闲暇时,甚至忙里偷闲时打开电脑上的应用程序或手机上的 App 的活动,所以,从精神创造的层面来拔高游戏的地位,或者如赫伊津哈将游戏的人放在优先于思考的人和生产的人的地位,显然是不恰当的。

梅洛-庞蒂是另一个思考游戏问题的理论家。梅洛-庞蒂并不像赫伊津哈那样希望在一种游戏的精神升华中来理解游戏与我们周遭的文明世界的意义,他认为我们并不是依赖于某种先天观念来实现在世界上的存在的,恰恰相反,是我们的身体构造出我们在世界上的意义和空间构成。在《知觉现象学》(Phénoménologie de la perception)中,梅洛-庞蒂十分明确地指出了身体对我们在世界上的空间和意义的建构性作用:

> 身体是我们拥有一个世界的一般方式,有时,身体仅局限于保存生命所必需的行为,反过来说,它在我们周围规定了一个生物世界,有时,身体利用这些最初的行为,经过行为的本义到达行为的转义,并通过行为来表示新的意义的核心,这就是诸如舞蹈运动习惯的情况。最后,被指向的意义可能不是通过身体的自然手段联系起来的,所以,应该制作一件工具,在工具的周围投射一个文化世界。②

梅洛-庞蒂的主张十分明确,我们的生存与世界的联系的最关键之处就是我们的身体,我们是通过我们的身体行为在世界上找到可以栖

---

① Miguel Sicart, *Play Matters*, Cambridge, MA: MIT Press Books, 2014, p.104.
② [法]莫里斯·梅洛-庞蒂:《知觉现象学》,姜志辉译,商务印书馆2001年版,第194页。

居的空间的。从最开始的人类开始,人们用身体制造了衣服和最简单的工具,这些工具构成了所谓的文化世界,所以,所谓的文化,并不是一开始就与赫伊津哈所说的那种抽象的游戏活动有关。游戏活动最根本的界面是身体,古时候的游戏,无论是相扑还是投壶,甚至是蹴鞠和马球,最根本的都是一种身体性的活动,这样,在身体的延伸与对自然空间的抵抗和克服中,创造了属于身体,同时也属于人的存在的空间和意义。这个世界是一种身体性的筑造,身体是我们在游戏中存在的最根本的点。这样,梅洛-庞蒂将身体范畴上升到存在论的高度。他说道:"存在着作为一堆相互作用的化学化合物的身体,存在着作为有神明之物和它的生物环境的辩证的身体,存在着作为社会主体与他的群体的辩证的身体,并且,甚至我们的全部习惯对于每一瞬间的自我来说都是一种摸不着的身体。"[1] 这意味着,世界是相对于我们的身体展开的,或者反过来说,我们是通过我们的身体来触及世界的;世界即我们的身体所介入的世界,世界的意义也在我们的身体与外部世界的接触中生成为一个意义和空间的世界。这样,身体不仅仅是我们在世存在的最基本的方式,也是我们去面对这个世界的现象学——身体现象学。我们的身体及其行为,为我们揭示了世界的意义,同时,世界也向我们展现为属于我们身体的世界,这是一种辩证的身体;身体既在做着有机生命的循环运动,也在向我们展现属于文化和精神层面的东西。在电子游戏之前,身体成为我们参与游戏的最终的支撑点,也是我们在现实世界中的存在之锚。

的确,在电子游戏之前,除了身体之外,我们再也找不到另一个支点,让我们的行为来支撑起在世存在的结构。即便是阅读小说,观赏艺术作品,看电视和电影,实际上都没有摆脱这种身体性的构成。

---

[1] [法] 莫里斯·梅洛-庞蒂:《行为的结构》,杨大春、张尧均译,商务印书馆2005年版,第307页。

例如，梅洛-庞蒂断定："电影不向我们提供人的思想，它给我们提供那个人的举止或行为，把在世存在，待人接物的那种特殊的身体方式直接提供给我们，那种方式对我们而言，显见于身体姿态、目光、手势表情，它显而易见界定着我们所认识的每一个人。"① 也就是说，尽管文学、艺术和电影也创造了另一个世界，这个世界相对于日常生活的世界也保持了一定的独立性，但是，我们对这样的世界的把握依然是从当下我们的身体来把握的。例如在看《侏罗纪公园》的时候，霸王龙突然出场，不仅吓坏了电影中的角色，随着斯皮尔伯格导演的灯光、声音和镜头特写，处在屏幕前的我们的身体也切身地体会到面对霸王龙时的恐惧，我们的身体也参与到电影影像的构建中；在这个意义上，我们对电影的感触（affect）依然是身体性的，同时，依照这种感触建构起来的电影的意义也是在身体的行为下生成的。

不过，在电子游戏时代，这个问题或许会发生一点变化。比如，在早期的任天堂游戏机上的《超级马里奥》（*Super Mario Bros.*）中，游戏角色所以通过从左向右移动来踩死怪物，也可以从宝箱里顶出一个蘑菇吃掉，变得更大、更有力量。在表面上，这个角色接受着我们通过游戏手柄的操纵，但是，对于曾经玩过类似的任天堂游戏的玩家来说，操纵这个角色不像我们看电影那样单纯，这个角色总是在以某种方式抵抗着我们的操纵，虽然在总体上这个叫马里奥的角色能够按照我们的意志完成关卡，但是，当我们在游戏中蹦蹦跳跳、躲避危险的时候，这个角色往往不那么顺从地接受我们的操纵。例如，当你在快速指挥马里奥奔跑跃过一个十分宽阔的壕沟的时候，可能差那么一点点就会掉入壕沟之中；而在你信心十足地躲过一个按规律运动的火把时，马里奥的身子正好被火把剩余的火苗烧着了——GAME OVER！正如格雷格·科斯蒂克杨（Greg Costikyan）所说："总而言之，在《超

---

① 《梅洛-庞蒂文集：第4卷 意义与无意义》，张颖译，商务印书馆2018年版，第77页。

级马里奥》中,你们的表现充满了不确定性——你是否能熟练掌握游戏中的手眼协调能力,来战胜各种难关。你们或许最终在'通关'游戏之前会失败很多次。熟练、过关,以及你们不稳定的技能展现出的不确定性,以及你们没有确定的能力时时刻刻集中精力玩游戏,这就是游戏产生吸引力的核心。"[1] 这里并不是说,在电子游戏中的世界意义的构建不再依赖于身体,恰恰相反,梅洛-庞蒂的身体经验和身体现象学在这里仍然是起作用的。但是,关键在于,与阅读小说和看电影的经验不同,这里不止一个身体在建构着意义,电子游戏中的一个作为代码和算法的身体,时时刻刻在抵抗着我们自身身体的操纵。身体从单数的大写身体,突然分裂了,我们在电子游戏中感受到另一个身体的存在——那个马里奥,作为一种独特性的身体经验,在一定程度上抵御着我们那个曾经被视为唯一的身体存在。此外,更值得注意的是,游戏不是唯一的,我们往往在不同的游戏世界里穿梭,而在每一个世界里的身体都有着不同的属性、不同的行为,也建构着不同的空间和意义。例如在育碧推出的《刺客信条》(*Assassin Creed*)系列中,角色的行为面对的是一个尚未敞开的地图,而游戏玩家的每一次探索所打开的世界是不同的,从而每一次构筑的身体经验也不同。在最新的版本中,游戏玩家可以骑马驰骋在伯罗奔尼撒半岛之间,可以在雅典、斯巴达、科林斯、温泉关间直接来回穿梭,也可以驾驶着三桅帆船游弋在地中海之中。我们的经验在这样的世界中被拓展、被架构,我们不再是在邻近世界里理解我和周遭世界的关系的身体,而是一个可以在游戏经验里被拓展和延伸的身体经验。这种身体经验,毋宁说是一种数字式的虚体经验,这种代码算法在一个彼此独立的数字算法空间重构着身体,也重构着意义。于是,我们的身体分裂了,那个被梅洛-庞蒂作为存在之锚的身体被分裂为多个身体,成为我们在游戏世

---

[1] Greg Costikyan, *Uncertainty in Games*, Cambridge, MA: MIT Press Books, 2013, p. 20.

界中理解和把握世界的多元性存在。或许，我们可以说，这已经不是梅洛-庞蒂或米歇尔·亨利意义上的身体现象学，而是一种全新的现象学。由于游戏世界中的身体是由数码和算法构成的，我们可以给出一个新的名称：数码现象学。当然，在电子游戏充溢着互联网的今天，说梅洛-庞蒂的身体现象学已经过时了，的确为时尚早，但是，我们的确面对着一种不同的现象学——数码现象学，而数码现象学在游戏世界里构筑起来的新的经验，必然会挑战那个唯一身体的现象学和存在论的权威性。正如在斯皮尔伯格导演的电影《头号玩家》中，给人留下深刻记忆的究竟是那个在现实世界中的韦德，还是他在绿洲世界中的数码身份或虚体：帕西法尔？当帕西法尔在赛车游戏中拿到绿洲的第一把钥匙的时候，在排行榜上出现的是他的数码身份——帕西法尔，韦德是隐匿的，不为人所知。一个数码世界的英雄和现实中租住在贫民窟里的无业青年究竟存在着什么样的关系？这需要我们走得更深一些，看看这二者之间的辩证关系。

## 二、被颠倒的提线木偶

德勒兹在他的《两种疯狂体制》（*Deux régimes de fous*）的开头，谈到了克莱斯特（Kleist）笔下的提线木偶傀儡师：与其他的木偶不同，提线木偶的操纵并不是按照真正的人体运动的方式来实现的，"傀儡师并不是按照人物将要呈现的动作来操纵木偶。他是用一根垂线来操纵木偶的，或者说他替换了木偶的重心，更准确地说，他让木偶变得轻巧"①。实际上，整个木偶与傀儡师之间的关系是由三种不同的线条构成的。第一条是最显著的表象的线，即木偶向我们呈现出来的运

---

① Gilles Deleuze, *Deux régimes de fous*, Paris: Minuit, 2003, p. 11.

动：木偶在傀儡师的操纵下，做出与真人相差无几的动作，如走路、坐立、跳跃，甚至彼此间的对战，这条线索向我们展现出来的是木偶剧叙事需要向我们说明的故事，所以，人物的安排和行动都依从于这个线索。一个熟练的傀儡师，可以惟妙惟肖地展现出一个木偶的灵活运动；在傀儡师的技艺下，这个木偶仿佛具有了活的灵魂，似乎与那个在幕后的人没有关系，他似乎在自己演出着整个故事。但我们知道，事实并非如此，无论台前的提线木偶多么灵活，模仿得多么像人，最重要的控制权在幕后的那个傀儡师手上，但是傀儡师与木偶之间不是直接联系的，而是通过一系列真实的，但并不需要被台前的观众看到的线，这些线构成了傀儡师掌控木偶的直接手段。有趣的是，在这个运动中，最真实的线恰恰是不需要被看到的，如同武侠电影中的吊威亚一般，我们虽然都知道演员在空中的飞翔是由实际的钢丝造成的，但是这个钢丝是观众会有意或者无意地选择忽略的，也唯有忽略了演员背后的钢丝，我们才能看到电影中的神乎其技的武侠的存在。同样，在提线木偶中，提线是实然的存在，也是观众在观看木偶剧中选择忽略的东西，即便那根线在台前若隐若现，但是，观看木偶剧的观众似乎都看不到它的存在。这样，一个有趣的辩证法在提线木偶剧中出现了：一个虚假的运动，即木偶的运动，被观众当成真实的运动；而一个真实的运动，即提线运动，被观众有意或无意地忽略了。这个辩证法是让提线木偶剧得以成立的前提，如果我们需要连贯地欣赏一部木偶剧，这种颠倒的辩证法是需要的，因为若我们不想做一个专业的提线木偶傀儡师，我们就不需要了解真实的提线运动，那个虚假的运动支撑着整个叙事和意义的展开。

除了这两种线条之外，德勒兹还提出了第三种线条。按照德勒兹的说法，这是一根真正的无形之线。相对于提线运动，这个线根本没有物理上的存在，但是它却支配着整个提线木偶剧的架构，换句话说，这是让提线木偶剧成为提线木偶剧的东西，即提线木偶剧本身具有的规则和架构。这个架构体系不是直接敞开的，无论对于台前的观众还是幕后的傀儡师，这根线都没有直接呈现出来，它只有在木偶剧的演出构成中，以某种失误或不确定的方式显现出来，它将木偶剧的行为限定在一定的范围内，并依照一个隐形的线索支配着木偶的运动。

如果我们将这三条线索套用在游戏上会如何呢？以早期的任天堂游戏《超级马里奥》为例。在电视画面上显现出来的是那个穿着工装裤的水管工的运动，他不停地在卷轴式画面上顶宝箱、踩乌龟、钻水管、跃壕沟，最终在每一关卡的背后跳过一个高台，降下城堡的旗帜，登上城堡。在游戏过程中，无论怎么操作，马里奥的动作都是连贯的。但是，对于电视面前的玩家来说，却不是如此。马里奥的运动是他们通过游戏机的手柄来实现的，他的活动与代表运动方向的十字键、代表加速的 B 键，以及代表跳跃的 A 键有关，这些通过电线连接传导的运动，实际上是真实的运动，类似于提线木偶中的提线运动，玩家掌控着画面中的游戏角色的运动。在一些更复杂的早期游戏，如《街头霸王》《侍魂》《拳皇》等对战类游戏中，如操纵穿着白色战衣的 Ryu，玩家在操纵杆上划出 ↓ ↘ → 加上攻击键就能使出远程攻击的波动拳，→ ↓ ↘ 加上攻击键就是升龙拳，这些动作在街机屏幕上显现为一系列的制敌招数。对于有着长期经验的街机玩家来说，这些特殊的招数，只有在经过反复练习之后，才能在对战时使用。由此，游戏画面中流畅而华丽的攻击，与操纵者熟练应用操纵杆和手柄密切相关。在今天更为复杂的手机游戏和电脑游戏中，这种特殊的控制技艺的设定并没有过时。如在《刺客信条》中，玩家可以通过键盘来操纵人物在悬崖峭壁上攀爬，靠近敌人之后，用刺杀键便可以悄无声息地将敌人刺杀。这些就是第二根线，即玩家相对于游戏角色的提线运动。

那么，什么是第三根线？第三根线与游戏设定的框架有关，比如说，我们为什么玩游戏？我们究竟从游戏的娱乐中获得了什么？在一般的游戏设定中，游戏的目的就是为了打倒最终的大 Boss，如在 Chair 公司的《无尽之剑》三部曲游戏里，都有最终击败大 Boss 的设定。但是，对于这些游戏，大 Boss 的失败是否意味着游戏的结束？如在《无尽之剑 3》中，两位主角可以成功地打倒被称为锁匠的 Boss，游戏的叙事情节也在此结束，但是，游戏还有其他的设定，如女主角在一个之前不起眼的地方战胜一个比 Boss 更厉害的角色莱斯后会获得最强装备——太阳剑，而寻找这把太阳剑、战胜莱斯成为游戏玩家更大的乐趣。还有诸如《神庙逃亡》这种根本没有最终结束的终点的游戏，实际上，如何获得更多的宝石装备或者更高的分数成为支撑玩家继续玩下去的动力。

这里或许发生了一个有趣的反转，可以借用科耶夫版的主奴辩证法来进行思考。在黑格尔那里，主奴辩证法被用来作为证明自我意识的一个例证：主人作为自为存在，"通过独立存在间接地使自身与奴隶相关联，因为正是这种关联，奴隶才成为奴隶"①。黑格尔的原意是说，主人是通过奴隶的中介与物或对象发生关系，最终达到欲望的满足，而奴隶代替主人行使了面对对象的能力，实现了主体的自为存在。不过，在科耶夫那里，这种关系发生了一种微妙的转换。科耶夫说："主人之所以是主人，仅仅在于他的欲望不针对一个物体，而是针对另一个欲望，因为有一种被承认的欲望。另一方面，在成为主人后，作为主人，他必须寻求得到承认，只有他把另一个人当作奴隶，他才能被承认是主人……因此，主人走错了路。在使之成为主人的斗争之后，他并没有成为在进行这种斗争时他所希望成为的人，被另一个人承认的一个人。所以，如果人只能通过承认才能得到满足，那么以主人身份行事的人永远不可能成为这样的人。"② 我们可以简要地分析一下科

---

① [德] 黑格尔：《精神现象学》（上），贺麟、王玖兴译，商务印书馆 1979 年版，第 128 页。
② [法] 科耶夫：《黑格尔导读》，姜志辉译，译林出版社 2005 年版，第 20—21 页。

耶夫的论证：（1）最初的主人和奴隶的构成，是主人通过奴隶指向物的，主人对对象或物的欲望的满足必须通过奴隶的中介，在这个时候，主人的欲望是物，是对象，奴隶只是满足这个欲望的中介。（2）奴隶成为中介的前提条件时，奴隶必须承认主人为主人，也就是说，一旦奴隶不承认主人为主人，主人的欲望就无法满足，从而主人存在着不被承认的危险。（3）主人的欲望发生了改变，即他的欲望不再指向对象或物，而是指向奴隶的承认；为了得到奴隶的承认，主人必须成为奴隶的欲望，即奴隶欲望承认主人，这就是对欲望的欲望。简言之，主人需要成为奴隶（或他者）的欲望，才能成为对欲望的欲望。巴迪欧曾有一个很精彩的评价："对他者欲望的欲望，去获得他者欲望的欲望。这样，我们在这里看到，在主体本身最核心的地方，主体的构成依赖于他者，这种依赖不仅仅是客观的，也是主观的。主体的身份对他者的依赖，不仅仅是从其来源，或可能性，或社会关系等上来说的，而且在最深刻的层次上，也是从欲望上来说的。在他们自己欲望的中介下，在某种意义上，他们已经与他者相联系了。"① 巴迪欧的解释，将主奴辩证法的关系更加推进了一步，主人或者主体的欲望在于得到奴隶或他者的承认，而获得承认的条件是成为奴隶和他者的欲望，这样，他们才能具有对欲望的欲望。

在视频游戏或电子游戏中，游戏玩家和游戏角色构成了一种新型的主奴辩证法。我们仍然可以依照科耶夫的逻辑来推进：（1）玩家与角色的关系是，玩家通过游戏角色指向设定的游戏目的，角色成为玩家达成通关游戏的中介；（2）游戏角色认同玩家的控制，即玩家在一定程度上保持了对角色的绝对掌控，这是实现游戏通关目的的前提条件；（3）游戏角色能否通过，实际上不仅仅取决于玩家的控制，而是取决于在游戏世界中角色的欲望，如更高的得分奖励，更好的武器装

---

① Alain Badiou, *Je vous sais si nombreux*, Paris: Fayard, 2017, p.22.

备，更多的魔法和武功秘籍。如果游戏角色得不到经验上的升级，得不到更强大的武器和装备，用不了更好的招式，事实上游戏基本上没有进行下去的可能。这样，玩家和角色的辩证关系就如同主奴辩证法一般颠倒了：为了达到通关目的，玩家必须对游戏角色进行养成，如在《传奇》《暗黑破坏神》之类的游戏中，玩家必须强迫自己进行枯燥无聊的刷怪升级、刷装备等，并将其置于游戏的主线，而打倒最终的大 Boss 反而成为游戏中的次要目的。由此，角色的欲望成为玩家的欲望，游戏角色获得了相对于玩家之外的独立的生命力，他们的这种生命力在于更好地接受玩家的控制，这是一种对欲望的欲望。游戏角色本身的欲望成为玩家的欲望，如在《无尽之剑》中，太阳剑的获得成为比通关更重要的目的。在一些在线游戏中，为了得到一些特定的装备或秘籍，就必须刷固定时间的活动或副本。如《明日之后》每天会公布一个固定时间的"感染者入侵"活动，而玩家会牺牲掉正常作息时间来完成这个活动。在这个辩证关系中，我们看到的是玩家支配游戏角色的反面：为了配合游戏角色的经验增值和收集武器装备的欲望，玩家变成一个反向的提线木偶，他们必须按照游戏世界中的角色来重新营造自己的生活。如长期玩某一个游戏的玩家，会特定留出某个时间段来完成副本、排位赛或活动。这很容易让人联想起当年的《开心农场》游戏玩家定闹钟半夜 3 点起床到其他家"偷菜"的状况。玩家和角色的关系被颠倒了，不是游戏角色依照玩家的生活节奏在运行，而是玩家适应着角色在游戏世界中的生命角色。这就是德勒兹式的第三条线：一条反向的提线木偶，木偶支配着傀儡师，而游戏角色支配着玩家。我们仿佛看到了另一个生命的存在，一个仅仅在赛博空间或游戏世界里的生命存在，这个生命存在正在将它的看不见的操纵线附着在电脑屏幕或手机屏幕背后的玩家身上，让玩家变成它们的傀儡。

## 三、拟-生命与游戏的身体

或许,我们可以用一个全新的概念,来界定玩家-角色辩证法之中的角色的状况。正如在《超级马里奥》中那个水管工不太听从使唤一样,我们在游戏中感觉到的是一个游戏角色正在抵抗着我——操作游戏的主体——的存在,它仿佛具有属于它自己的生命力。我们不能简单地视这种生命力为一种真实的有机生命。但是因为这些类似于《头号玩家》中的帕西法尔一样的角色拥有类似于有机生命的生命,我们可以称之为"拟-生命"(quasi-life)。

实际上,在电子游戏流行之前,已经有思想家关注了一种类似于"拟-生命"的范畴。如鲍德里亚就曾经说过:"在我看来,客体几乎在燃烧,或至少它想拥有自己的生命,它可以抛弃使用的被动性而谋求自主性,或许甚至谋求一种对过度控制它的主体进行复仇的能力。客体一直被视为一个惰性而沉默的世界,按照我们的意志去行事,基于我们创造了它这一事实。但是对我们来说,那个世界想要倾吐其使用性以外的东西。"① 鲍德里亚的本意,是希望通过对客体体系(物体系)的探索,来打破主体相对于客体的霸权,但是在这个研究中,他产生了一个副产品,即具有生命力的,并谋求着反噬主体的"拟-生命"。正如鲍德里亚对大岛渚的影片《感官世界》的分析一样:"主要的波折就是从快感到逻辑,男人主导游戏的初始时的逻辑,向挑战和死亡的逻辑的过渡,即女人冲动下的逻辑——女人成了游戏的主人,而在初始时她仅仅是游戏的对象。"② 那个作为游戏对象的阿部定,在游戏中被激活,具有了生命,这个生命反噬掉了在游戏之初作为主人的石田吉藏。

---

① [法] 鲍德里亚:《密码》,戴阿宝译,河南大学出版社 2019 年版,第 6 页。
② [法] 鲍德里亚:《论诱惑》,张新木译,南京大学出版社 2011 年版,第 70 页。

一个看似没有生命的东西，在游戏的过程中获得了拟-生命的存在。什么是"拟-生命"？虽然在整个思想史上，对生命的认识都与自然的有机体有关，但是，我们也会赋予其他事物带有生命的概念。如在《西部世界》中的智能机器人完全具有人的外形，如在第一季里温顺如小白兔一般的智能机器人德罗丽斯能进行一定程度的思考和反应，在这个意义上，这些机器人往往也会被认为是具有"生命"的。这样的生命概念，实际上与是否是自然有机体无关。用大卫德·塔里佐（Davide Tarizzo）的话来说："这代表着一种绝对价值，即生命的价值，意志的价值，在于自律（autonomy）。"[1] 塔里佐的界定是非常有意思的，因为他判断是否具有生命的标准，不再依赖于特定的生物组织的结构，而是取决于是否能够自律。自律的意义不仅仅是具有自主的意识或道德自律，更重要的是，它也意味着一种物理层次上的生命自动化。法国技术哲学家吉尔贝·西蒙东使用技术物（technical object）的概念来描述这种特殊的、类似于具有生命的对象。西蒙东说："机器能组成一个紧密的装置，通过协调器（coordinator）来彼此进行交流。两台机器直接进行交流（就像一台主振动器和另一台脉冲同步振动器之间的交流一样），人在其中只是一个存在物，他管理着一些不确定的因素，为的是让机器之间能够更好地交流。"[2]

于是，我们可以看出"拟-生命"具有如下特性：

（1）拟-生命当然并非真正的生命，在生理上，拟-生命与真正的生命保持着严格的区别。它是一种拟-状态（quasi-state），但同时不以真正生命为蓝本。

（2）这就意味着，拟-生命有着自己的规则。用塔里佐的话来说，

---

[1] Davide Tarizzo, *Life: A Modern Invention*, Cambridge, MA: MIT Press Books, 2017, p. 193.
[2] Gilbert Simondon, *On the Mode of Existence of Technical Objects*, trans. Cecile Malaspina & John Rogove, Minneapolis MN: Univocal Publishing, 2017, p. 18.

拟-生命具有属于自己的规则体系和自律性。这样，作为拟-生命的状态，拥有着相对于他者的独立性，从而在一定程度上抵抗着他者的操纵。

（3）事实上，在定义上，拟-生命还缺少十分重要的一环，即拟-生命不能脱离其特殊的环境而存在，这意味着我们不能把拟-生命看成独立的个体。拟-生命依赖于一个相对封闭的环境，同时依赖于一种操作。

具体在游戏之中，拟-生命的存在与游戏的环境密切相关。回到梅洛-庞蒂对于身体行为的设定：我们的生存或生命是在行为中让世界向我们敞开，也就是说，只有在行为中，世界才向我们呈现为一个世界。换言之，在游戏中，玩家只有通过游戏行为才能打开角色在游戏世界中的"拟-生命"。与梅洛-庞蒂唯一不同的是，拟-生命在游戏世界的敞开，最主要的并不依赖于游戏玩家的身体，甚至不完全依赖于玩家的手柄、键盘或触屏的操作，而是依赖于角色在游戏世界中的身体，甚至是复数的身体来完成（如一些游戏会选择让玩家操纵多个角色进行游戏）。当游戏角色在世界里探索并打开世界的时候（因为在许多游戏设定中，角色尚未触及的地方都是黑色的未敞开的区域，只有玩家的足迹经历了某个处所时，这个地方的地图或景观才向玩家敞开）游戏才能继续下去。例如，《刺客信条3》的刺客海尔森进入一家剧院，暗杀一位在剧场三楼宝箱里的目标，直接过去有被发现的危险，这就迫使玩家操纵海尔森在剧场周围发现暗门和攀爬的道路，并穿过后台，从一个密道走向刺杀目标。在行动之前，这条隐秘的道路并不向玩家揭示出来，只有在玩家一步步的探寻过程中，它才向玩家呈现为一条可能的道路，角色海尔森也在探索道路和向对象刺下最后一刀时被激活为一个活生生的生命，在玩家按下最后的"刺杀键"（电脑版默认是F键）时，海尔森代替玩家感受到一个使命的完成。正如里埃勒·莱博维茨（Liel Leibovitz）所说："当玩家按下了正确的按键，角色执行了正确的行动，让其完全感受到了其结果，这就是他自己劳动的果实：

'是我,'玩家会嘟哝道,'我让它发生了。'"①

由此,游戏中的拟-生命的展开,与在游戏世界中的探索密切相关。游戏的目的不仅仅是对游戏角色的拟-生命进行养成,而是要去创造属于这个拟-生命的生态。海德格尔曾说,我们在此世中的存在,就是在世界中筑造出供我们栖居的处所,海德格尔称之为周围世界(Umwelt);这个周围世界不同于一般世界,即那个客观存在的世界。事实上,我们的生存和行为向我们敞开的是一个周围世界,"日常此在的最切近的世界就是周围世界。……我们通过周围世界内最切近地照面的存在者作存在论的尝试一步步寻找周围世界的世界性质"②。周围世界的德文词 Umwelt,最开始是由生物学家雅各布·冯·尤克斯考尔③提出来的,他认为每一种生物在世界中的行为和感受是不同的,他们所触及或者所揭示的世界也是不同的。比如蜱虫只对哺乳动物的丁酸有反映,于是蜱虫的周围世界就是依靠丁酸的气味构造起来的。对于具体的人来说,世界向我们敞开的意义,也正是我们在世界上的栖居和行为所筑造出来的意义,世界向我们揭示为一个周围世界。

同样,游戏中的拟-生命也不是孤立的存在物,而是相对于它的世界筑造了一个可以让角色栖居的周围世界。利安·米切尔(Liam Mitchell)说:"视频游戏所涉及的操作就是为了打开地图,来掌控一个数字世界,这种操作行为表明了一个态度,即它指向了打开一个一般世界的地图,并掌握一般世界(world in general)。"④ 这样,我们在玩游戏的时候,不仅仅是为了玩游戏,打倒最终的 Boss 通关,更重要的

---

① Liel Leibovitz, *God in the Machine: Video Games as Spiritual Pursuit*, West Conshohocken, PA: Templeton Press, 2013, p. 15.
② [德] 马丁·海德格尔:《存在与时间》,陈嘉映译,商务印书馆2016年版,第98页。
③ 对于雅各布·冯·尤克斯考尔的 Umwelt 概念的考察,我已经在另一篇文章中给出了比较详细的解释,参见蓝江《环境世界、虚体和神圣人——数字时代的怪物学纲要》,载《探索与争鸣》2018年第3期。
④ Liam Mitchell, *Ludopolitics: Videogames against Control*, Hampshire: Zero books, 2018, p. 16.

是，我们在游戏世界里培育着数字化的拟-生命，而围绕着这个拟-生命，通过我们的行为（如刷怪、分配经验值、增长技能、寻找装备，等等）来为拟-生命创造一个供它在游戏世界中得以栖居的周围世界。这是一种游戏的生态学。游戏的生态学表明，游戏中的拟-生命需要通过玩家的操纵行为来实现自己的欲望，在各种活动的中介下，让游戏中的世界向游戏角色敞开；一个供角色得以栖居的世界，也就是拟-生命的游戏生态学。

不过，对于游戏生态学来说，或者如利安·米切尔所警告的那样，游戏的拟-生命或者游戏生态学的最终目的或许不仅仅是在游戏世界中创造一个供他们栖居的周围世界，而是要打开一般世界的地图，去掌控一般世界。正如海德格尔区分了周围世界和一般世界，一般世界实际上已经跨越了纯粹赛博世界和游戏世界的界面，从而指向了屏幕前的玩家，也就是说，拟-生命和游戏生态学不仅将游戏的数字世界整合为一个世界，而且也整合了玩家所在的世界。在 Netflix（网飞）的游戏电影《黑镜：潘达斯奈基》中，那个设计电子游戏《潘达斯奈基》的设计师史蒂芬一开始以为自己控制着自己设计的角色，但是他越来越发现自己反而被一种不知名的力量控制了，他甚至不由自主地将咖啡倒在电脑上，他在房间里大喊大叫，究竟是谁在控制他。的确，"潘达斯奈基"虽然是一个游戏的名字，也是一个幽灵，它虽然以数字的方式存在，但它又像爬出屏幕的贞子，不断吞噬着设计师兼玩家史蒂芬。一个看似平行的世界，在潘达斯奈基的魔咒下，让史蒂芬的世界变成了潘达斯奈基的附庸。虽然《黑镜：潘达斯奈基》的隐喻过于灰暗，但日常生活中的游戏何尝不是如此呢？如 2016 年在苹果和安卓系统中大热的游戏《神奇宝贝 Go》（Pokémon Go）[1] 需要不断地捕捉被

---

[1]《神奇宝贝 Go》是日本任天堂游戏公司、神奇宝贝公司和美国谷歌公司共同开发的手游，《神奇宝贝 Go》是中国台湾地区的译法，在中国香港则被译为《宠物小精灵 Go》。这个游戏并没有在中国大陆发行。

称为"神奇宝贝"的精灵,并对之进行养成。这个游戏让不少日本和欧美国家的青少年为之如痴如醉,以至于今天玩《神奇宝贝 Go》的玩家被称为"神奇宝贝一代"。游戏的巨大影响力让一些理论家发现:"对神奇宝贝的欲望至少潜在地让我们面对了一个颠倒的状况,即物理对象和生理欲望并不先于技术下的欲望存在。由于看到了这一点,谷歌不可能宣布给出玩家想要的东西,恰恰相反,游戏揭示了存在着一种力量在强迫改变我们的人际关系,不仅改变了我们与神奇宝贝的关系,也改变了我们与食物、饮料和爱侣的关系,甚至改变了我们的主体性。"①

于是,我们看到的不仅仅是被倒置的提线木偶的关系,而是由游戏角色的拟-生命构成的游戏生态学的关系,即我们依照这一游戏中的拟-生命重新构造出一个世界,这个世界不仅仅是与现实世界分离的游戏世界或虚拟世界,而更重要的是依照着游戏中的拟-生命统一起来的一般世界。由于游戏世界的存在,我们架构世界的经验也发生了变化,也就是说,我们一旦在拟-生命架构的周围世界中建立了新的认识框架,如在《神奇宝贝 Go》中建立了捕捉和养成神奇宝贝的框架,这个认知框架就不仅仅只停留在游戏世界中,它会反过来作用于我们与现实世界的关系,如今天的很多游戏玩家更喜欢从经验值和升级的角度来理解世界,这正是游戏世界对现实世界的反噬。在不断数字化的今天我们看到,我们在现实世界中所熟悉的一切,已经被游戏世界的框架还原为一系列游戏式的构造,于是,不是我们的游戏越来越像世界,而是世界变得越来越像游戏。新的世代将生活在数字游戏架构的生活世界里,这才是属于他们的世界,一个需要在游戏式的征服和挑战下被重新分配的世界。

---

① Alfie Bown, *The Playstation Dreamworld*, Cambridge: Polity Press, 2018, pp. 25-26.

第八章

# 数字生命政治学

> 国家的口号是和谐稳定，国家的美德是热爱劳动。在这个国家主义的美丽新世界里，人类只有身体上的意义，身体之外的思想、感情、意志都被彻底铲除。毫无疑问，这是一个完美的公司化的国家，却是人类的地狱。
>
> ——赫胥黎：《美丽新世界》

赫胥黎的《美丽新世界》和扎米亚京的《我们》、奥威尔的《1984》并称为 20 世纪三大反乌托邦小说，其中，《美丽新世界》代表着一种最彻底的对立：以国家理由为名的治理技术和人类的异轨存在（思想、感情、意志）之间的对立。在赫胥黎的小说中，通过自动化技术和一种高度身体性愉悦的娱乐，让人们彻底地从自我身体层面被封杀了任何偏离的可能性，即他们永远都是巨大的国家机制下的身体存在物。公司化的国家利用巴甫洛夫的条件反射理论和催眠、睡眠疗法，并同时利用一种"无副作用"（仅仅是无身体上的副作用）的"苏摩"麻痹，让人们沉浸在一种标准化生产出来的身体快感当中，甚至这个未来世界直接用生物胚胎技术（在小说中叫作"波卡诺夫斯基流程"）生产着未来的标准化的身体，一个可以按照国家治理流程而生产出来的身体，"标准化的男人和女人，标准化的群体。一座小型工厂的员工可能就是同一个波卡诺夫斯基流程处理的卵子的产物"[①]。显然，任何畸形和变态在孕育过程中就会被波卡诺夫斯基流程加以剔除，剩下的都是与这个未来的美丽新世界和谐共处的标准化的身体。因此，这个公司化国家创造的社会，就是一个"共同的、统一的、安定的、和谐的"美丽新世界。

尽管这部 1931 年创作的小说出版于纳粹上台的前夜，但后来在二战中和战后皆被西方文化赋予了反纳粹、反极权主义的色彩。但是，人们往往忘记了，这部小说的主旨实际上是一种身心二元论，即通过将身体的娱乐极度放大，让人们内在地忘却精神。这是因为，对于国家治理来说，身体具有可控性，是可以预期的，并可以在一种治理技术下加以管理和控制，从而缔造出一个稳定而和谐的国家状态；相反，人们的思想和情感是不可控的，因此需要内在地消除，从而将一切不可控、不稳定的因素扼杀在摇篮当中。实际上，如果深入理解这部小

---

[①] [英] 赫胥黎：《美丽新世界》，陈超译，上海译文出版社 2017 年版，第 7 页。

说，它指向的并不纯粹是一个极权的领袖，而是一种现代化的治理技术；这种治理技术，在赫胥黎那里更近似于资本主义下的福特制生产体制，即将工人的身体捆绑在生产线上，他们的身体是生产中可控和可管理的单位，而他们的身体完成的只是生产流水线上的一个环节而已。可以发现，赫胥黎的《美丽新世界》在精神内涵上更接近于福柯从国家理由出发（raisons d'État）的生命政治的治理技术，即从对身体的控制，实现整个社会和国家的稳定和谐。

然而，尽管赫胥黎的小说已经出版了近一个世纪，但他在小说中的那种振聋发聩的呼声仍然回荡在今天的世界里。在今天这个高度数字化和智能化的环境下，我们看到赫胥黎所反讽的未来无精神的生活、一种沉溺于身体性娱乐的生活状态，正在一步步地变成现实。当我们在地铁、公交上随时拿出一部智能手机刷着抖音和朋友圈时，我们是否意识到，赫胥黎的预言正在今天的社会中变成活生生的现实。相对于赫胥黎的时代，甚至相对于福柯的时代，今天的数字技术和智能技术所缔造的社会现实，并不是让人类具有了更强大的自主能力，相反，我们一步步沦为赫胥黎笔下那个无精神的僵尸，成为治理技术最理想的对象。这种现实，亟待今天的人文学者从反思和批判的层面，来重新思考数字技术和智能技术为我们的社会和生存方式带来的新的变化，也需要我们创立一种后人学，来面对数字生命政治带来的冲击。

# 一、人口统计学与生命档案化

2017年，全国公安系统正在进行着一项工作：采集各地流动人口的各种数据信息并录入系统，这些数据包括人脸、指纹、血型，甚至一些有条件的地方还录入了DNA信息。在录入流动人口信息的过程中，公安系统背后的算法还从事着另外一项更为重要的工作：即时地将刚刚录入的流动人口的数据信息与曾经的未结案的重大刑事案件的遗留信息进行比对。这个时候，山西省晋城市沁水县的辖区派出所在进行录入工作的时候，突然信息出现了报警，提示刚刚录入的一则信息与十年前发生的四川省江油市的一起重大未侦破的刑事案件的相关证据比对成功。2008年11月16日，江油市公安局接到报警——在其管辖的长庚村的路边发现一具无名女尸，而当时留下的犯罪嫌疑人的相关线索，仅仅是留在死者身体上的液体分泌物，除此之外，别无其他证据。对于2008年的江油市公安局来说，由于没有普遍可以比对的DNA数据库，无法有效地查找到犯罪嫌疑人，这宗案件最终成为悬案。然而，恰恰是2017年开始的普遍化的人口数据信息库的建立，让这宗曾经被视为不可能侦破的案件发生了巨大转机。山西沁水县刚刚录入的一个外来打工人员屈某的DNA信息，与江油"11·16"案件中的液体分泌物的DNA比对上了，而且户籍信息显示，屈某也正是在差不多十年前抵达沁水县的，自然屈某成了江油"11·16"案件的重大犯罪嫌疑人。

这个案子有趣的地方，并不在于巧合，并不是因为山西沁水县警方"偶然"录入的一个信息，从中比对出了十年前江油案的嫌疑人。实际上，从2016年开始的流动人口数据信息的录入，为数十起悬案的侦破提供了重要依据。其中，著名的甘肃省白银市连环杀人案的侦破，也与数据信息的录入和比对有关系，而白银案最重大的突破口恰恰是通过对犯罪现场遗留的生物检材的染色体Y-DNA的检验，与白银市当地的血缘关系结构进行比对，最终发现了犯罪嫌疑人与当地的高氏家族有关；在对高氏家族成员进行数据提取和比对时，发现在白银市工业学校开小卖部的高承勇有重大嫌疑，在随后的侦破中，警方突破了高承勇的心理防线，让他对十余起连环杀人案供认不讳。显然，在江油案和白银案中，至关重要的因素，并不是人的因素（并不是今天的刑警比以往更为精明，也不是嫌犯的主观失误），而是生物型数据的录入和比对，让隐藏的罪犯在新的技术面前无所遁形。

而这种新技术并没有人们想象得那么神秘，它的意义仅仅在于，所有的人都可以变成网络中的数据，并可以在一定的算法框架下进行比对和运算，最终从中析取出所需要的结果。因此，江油案和白银案的侦破，并不是人的主观意志的胜利，而是普遍的生命档案化的胜利。也就是说，唯有当我们每一个人的生命活动的痕迹和轨迹，都转化为看不见的数字网络和算法系统的数据和档案的时候，我们才能从众多隐藏的痕迹中找到所需要的对象，而屈某和高承勇不过是这些数据运算的结果而已。

从这个意义上，我们可以更为深刻理解福柯为什么在1976年的法兰西学院的讲座中，特别谈到人口统计学对于现代治理技术的意义。在"必须保卫社会""安全、领土与人口""生命政治的诞生"等系列讲座中，福柯提到了一个新的概念：生命政治（bio-politique）。而正如福柯所说，生命政治的基础就是人变为人口。为什么是人口？福柯的解释是，权力的新技术"要建立调节机制，在这个包括偶然领域的总体人口中，将能够确立一种平衡，保持一个平均值，建立某种生理平均常数，保证补偿；简单说，围绕内在于人口的偶然，建立保障机制，并优化生活状态"①。福柯的意思是说，18世纪西欧的民族国家引入人口概念时，就不是从抽象的个人角度来思考什么是良善生活的问题，在这个意义上，现代治理技术或生命政治学的出发点根本不同于传统的政治哲学（政治哲学往往会追问，对于个体或共同体来说，什么是更值得过的生活），而是对于一个国家来说，怎样行动才能规避不确定的风险，或者说怎样才能将具有不确定性的因素降到最低。这样，对于现代国家来说，人口就是一个适宜于治理的概念。福柯说："人口，这是多种要素构成的整体，在这个整体里面，人们都可

---

① [法]福柯：《必须保卫社会》，钱翰译，上海人民出版社1999年版，第252页。

以发现和辨认一些稳定的和有规律的东西，甚至在各种意外中也可以发现，在这个整体中，人们可以标定普遍的欲望，它恒常地制造出所有人的利益，关于这个整体，人们可以标定它所依赖的一些变量，这些变量可以使整体发生变化。"① 于是，我们可以这样来理解，在福柯看来，人口是一个特定地对应于18世纪新权力技术的概念，它不同于之前带有具体身份的臣民，也不是现代自由主义意义上的人民或抽象的人的概念；它纯粹对应于治理，甚至我们不能将人口看成所有人的总和。

在这里，我们需要理解的是，在一个共同体之内，人们作为纯粹的生命体（vivant）和作为人口（population）并不完全是一回事。在传统的政治哲学中，政治哲人们关注的是个体或共同体的生命应然与实然，实际上忽略了治理技术在共同体与人之间的中介作用。也就是说，对于传统政治哲学来说，治理技术是一个可有可无的东西。相反，福柯关注的问题恰恰是治理技术在其中起到的关键性作用。比如说，从公众、百姓、臣民等传统概念变成人口，并不是一蹴而就的，人口实际上是一种被称为人口统计学的技术的结果。在人口统计官员的登记中，每个个体，无论生活在城市还是农村，无论是高贵还是低贱，都被转化为一个数据或者一个档案，这就是"生命档案化"；通过人口统计和建档，个体不再是传统共同体下的自然的个体，而是被治理的人口，一个在巨大的档案系统中被建档的档案数据。

人口档案的数据功能并不仅仅是一个忠实的记录，也应将其看成人们日常生活的衍生物。例如，在法国大革命时期，1791年9月3日国民议会通过了一个决定，即要求"合法地无差别地登记所有的居民，包括他们的出生日期、婚姻状况、死亡也必须出具证明，这些可以让

---

① [法]福柯：《安全、领土与人口》，钱翰、陈晓径译，上海人民出版社2010年版，第60页。

公职人员来建立档案"①。在格拉尔·努瓦耶尔（Gérard Noiriel）看来，国民议会决定的关键在于，通过这些档案信息可以清晰地辨认哪些人是共和国的公民，哪些人是流民。共和国的公民，可以享有政治权利，且可以得到安全的保障，相反，被定义为流民的人，则可能被视为不安定的因素，且被强制性地遣送回外省或原籍。这是一个十分值得关注的现象，即人口统计和生命档案化，绝对不是简单地客观记录每个人的实际地位和状况，它同时承担着在另一个层面上的规制功能，即只有特定的符合相应因素的个体，才是共和国治理对应的人口，相反，不符合相应因素的数据和档案则被作为不安定因素在治理中加以防范和消除。通过这样的方式，人口统计中的个体形成了一个新的集合，一个适宜于国家治理的对象的集合，只有在这个集合下，才是规范的人口。

随着档案技术的进一步复杂化，人口统计作为一种治理技术已经不能满足新的需要。如在刑事侦查中，警察需要的不仅仅是简单的性别、国籍、年龄、血型等基本档案信息，还需要一些更加复杂的信息。譬如，警方不仅仅需要在案件发生后去追踪可能的嫌犯，也需要判断哪些人是更容易犯罪的类型，因此人格心理学的介入提出了"心理档案"的问题。一些心理学家，如路易斯·戈尔德（Louis Gold）在1962年就曾提出："一般认为，一个纵火犯的行为就是异常行为，他的推理是变态的和扭曲的，这样变态和扭曲的行为根植于人格当中，并与他的性紊乱有着密切关系。"② 因此，戈尔德认为需要对人们的行为和人格类型进行建档，以便警察能够在主观动机之外，通过档案辨识出谁是可能的"嫌犯"。"心理档案"和"人格档案"的出现，并不在于治疗某个具有异常的人格或心理的个体，而是从一个共同体或国家的治

---

① Gérard Noiriel, "The Identification of the Citizen: The Birth of Republican Civil Status in France", in Jane Caplan, John Torpey eds., *Documenting Individual Identity*, Princeton: Princeton University Press, 2001, p. 28.
② Louis Gold, "The Psychiatric Profile of Firesetter", *Jounral of Forensic Sciences*, 1962: 7, p. 416.

理角度考量的。如许多大型公司的人力资源管理部门在新员工加入之前，除安排身体检查之外，还需要进行心理测量，这些测量的结果会被纳入公司的人事档案；对于可能存在心理或人格缺陷的个体，人力资源管理部门会提前进行干预，甚至给予解聘。这种干预和解聘的理由，并不在于该员工已经从事了某种危害公司利益的行为，而是该员工的人格或心理类型可能是造成不确定危害的潜在因素。人力资源管理工作的职责就是将这种不确定因素降到最低，避免给公司造成巨大的损害。

从这个意义上说，福柯从人口统计学引出的生命政治学问题，其最核心的技术就是生命的档案化和数据化的问题。一方面，唯有当所有的生命被还原为统计学和档案学的数据和档案时，他才是可以治理的对象（不可治理的对象会遭到监禁和流放，甚至被消灭）。在这个意义上，一旦生命被档案化，即个体生命的数据和档案被录入、运算、比对、分析等，则意味着生命已经进入到生命政治的治理装置之中，这些数据成为治理层面维系社会安全和运作的基本方式。同时，也让每一个参与到共同体和国家活动中的个体都必须按照这种可治理的方式来重新生产自身，或者说，通过建构的档案和数据，将我们生产为适宜的治理对象。这样，那种在人们头脑里设想的纯粹的自然而自主的人，在现代档案和数据治理技术之下则变得十分可疑，因为从我们出生一开始，我们已经被一个无形的档案和数据治理装置所中介。正如美国芝加哥大学社会学家科林·库普曼（Colin Koopman）所强调的那样："我们从出生到死亡，都处在诸多档案盒里的大量的卡片纸的无微不至的关照之下。我们一出生就被它的形式所中介：一张独一无二的出生证证明了一个新生命的诞生，而最后那张死亡证将宣告我们生命的结束。"[①]

---

[①] Colin Koopman, *How We Became Our Data: A Genealogy of the Informational Person*, Chicago: The University of Chicago Press, 2019, p. 6.

库普曼所说的档案盒里的卡片纸，今天已经被电脑数据库里的大量的数字档案所取代，这并不是说我们已经从纸质档案的治理装置下解放出来，相反，我们面对着更为复杂的档案建构，我们自己的生命实际上已经与这个数字化档案身份息息相关。今天，面部识别、DNA甚至我们基本的行动数据，都已经成为档案数据的内容。也正是因为如此，警察才能从这些新的档案中辨别出悬案的嫌疑人。而这种比对和辨别技术，恰恰建立在普世的档案化的基础上。当我们的数据（不仅是我们的姓名、出生年月、性别、籍贯等通常意义上的档案信息，也包括我们的行为习惯、指纹、面部识别、DNA 等信息）毫无遗漏地被登录到巨大的数据平台上时，将会开辟出一个新的治理技术的模式。这是一个不同于福柯在《规训与惩罚》中谈到的惩罚和规训技术的治理模式，也不同于他在《安全、领土与人口》中所说的安全模式，根据它的基本特征，我们可以称之为数字时代的治理模式，即算法治理（algorithmic governmentality）。而普遍的生命档案化和数据化正是走向数字政治的第一步。

## 二、算无遗策：算法治理和潜在性的消失

将具体生命还原成数据和档案，除了其基本的记录和存储功能之外，还有一个更重要的功能。它会形成一种肯定性的权力，在可数字化和不可数字化、可计算和不可计算的存在物之间做出区分，从而建立可计算的物相对于不可计算的物的权力。实际上，早在福柯那里，他已经十分明确地指出了话语权力在构建新的治理技术上的特殊作用。为了理解这种特殊作用，我们可以回到福柯在《话语的秩序》(*L'ordre du discours*)中提出的一个概念：话语构型（formation discursive）。在福柯看来，话语构型并不像一些结构主义语言学者所认为的那样，仅仅只是一种意

指（signification）的符号指涉关系，相反，话语构型并不是独立于物的世界的平行秩序，而是一种可以作用于物的存在的装置，换句话说，话语构型具有一种肯定性的权力。福柯说："分析的谱系学涉及实际的话语构型：它力图在话语构型的肯定性的权力中来把握它，我的意思是说，这并不是一种否定性的权力，而是与物的层面相对立的权力，即借助这种权力来判断命题是真还是假。"① 福柯的这句话十分简单，但里面囊括了福柯对于话语的肯定性权力的主要判断。我们可以将福柯的话语构型理解为如下几点：（1）话语构型是在物的关系之外的另一种独立的秩序。它并不是对物的关系的简单临摹和再现，而是形成了独特的链接（articulation）的结构关系。这就是为什么福柯说，话语秩序或话语构型是一种与物的层面相对立的权力的原因。（2）这种链接的结构关系一旦形成，便具有了肯定性权力，它可以按照自己的话语秩序来生产物与物、物与符号、物与存在之间的关系。也正是在这个意义上，福柯强调话语构型并不是对物的存在的否定，它的权力架构并不是否定物，而是以它自己的链接的结构关系来重新架构物与物、物与符号、物与世界之间的关系。（3）话语构型的肯定性权力作用的最直接的结果，就是形成了对各种命题的判断，决定了什么是正确、什么是错误。正确和错误并不是物本身的存在状态，而是符合话语构型的关系被指定为可说的、可思考的关系，因为我们可以在话语构型的基础上来做出正确与错误的判断。

这样，在福柯的认识论当中，物的秩序本身就是话语的秩序，话语通过一定的话语构型，将物转化为可说的话语，并在话语中链接起来，使其成为可以判断真假的命题。而其中最重要的操作，就是将复杂多样的世界万物还原为可以被话语和知识所把握的命题。比如说，当我们说一棵"松树"的时候，一个物通过"松树"这个名称进入话

---

① Michel Foucault, *L'ordre du discours*, Paris: Gallimard, 2014, p. 73.

语当中，并成为话语构型的元素。然后，我们再借助于语法学和句法学，将松树的名称链接到一定的句型当中，成为可以被我们判断的命题。这样，我们所能够言说和思考的物，实际上已经被话语及其构型所中介了，我们所能谈及的"物"早已是在话语构型下生产出的产品，这种被话语再现或中介的"物"与话语结构形成了严格的对称关系，这实际上就是话语构型链接的结果。福柯在《词与物》中强调："链接理论说明了词语模式和它所再现的物的模式如何能毫无裂隙地链接在一起。"① 由此可见，真正决定存在与话语、物与词之间关系的，就是话语构型，它决定了什么样的存在能够被我们言说，即可说性；只有进入到可以言说的层面，被话语再现的物才能在命题和语言的层面上呈现出来，成为我们思考和谈论的对象。

倘若福柯指出的物的秩序和话语秩序之间的对称关系是一种幻象的话，那么，在数字化时代里，物的秩序与数据秩序之间也不是真正意义上的对称关系。正是因为在建立档案和收集数据的时候，已经将不可数据化和可数据化的物，不可档案化和可档案化的经验与行为加以区分，才形成了档案或数据与现实世界中的物和经验之间的对应关系。那么，与福柯的话语秩序一样，在这种档案化和数字化的背后，还存在着一种数据结构，而这种数据结构的算法规则决定了什么样的物和存在可以被存储和运算，而什么样的物则永远地被排斥在数据结构之外。正如在福柯的话语构型中，只有那些能够被语法化和句法化的话语才能被言说、判断和思考一样，在数据结构中，只有符合算法的数据，才能被数据结构所采集（mining）和精炼（refining），才能被运算（operating），得出结果（resulting）。

值得注意的是，福柯的话语构型与今天的数字化自动算法时代的数据结构，并不是一回事。这是因为，福柯的话语构型，从根本上是

---

① Michel Foucault, *Les mots et les choses*, Paris: Gallimard, 1966, p. 347.

为了让掌握着话语，并生存于话语之中的人可以理解和把握被话语再现出来的对象；在根本上，话语构型是向人的存在敞开的，它的存在就是为了让人可以面对这个无法被人类直接把握的世界，通过话语将世界万物还原为被话语再现出来的物的秩序，人由此便具有了理解世界的可能性。但是，今天的数据结构，根本不是面向人而展开的。正如马泰因·范奥特洛（Martijn van Otterlo）所指出的："计算机，尤其是互联网上的计算机，以电子数据的形式产生和储存了大量的数据，而这些数据的数量和定位相对于人来说是无意义的。"① 范奥特洛的说法的要害在于，在计算机和自动计算时代，数据收集和提炼根本不是面向人而展开，相反，数据的运算保持着自身的独立性，它们不被赋予任何意义，也不需要我们去理解，它只在物和生命存在的背后以不可见的方式运行着。

因此，这意味着，数据收集和自动算法在物的秩序和面向人的语法化的话语秩序之外，形成了一种全新的秩序，我们可以称之为算法秩序（order of algorithms）。如果说，福柯意义上的话语秩序架构了物的秩序，那么，在今天的自动算法机制下，很可能产生了一种全新的情况，即算法秩序重新架构了物的秩序和话语秩序。福柯意义上的词与物的二元对应关系，变成了"词-物-数据"三元对应关系，而数据收集和提炼背后的算法，可以在我们完全意识不到的情况下进行着自动计算，并得出相应的结果。这些经过算法运算之后的结果也不是直接向我们呈现出来的，同样，它需要一种特殊程序的转译，才能被我们理解。德里达将这个过程称之为文字化（grammatisation），也就是说，在智能手机和电脑屏幕前的我们所能看到的信息和数据，全部是被文字处理过的结果。这势必意味着，算法程式及其背后的数据结构，

---

① Martijn van Otterlo, "A Machine Learning View on Profiling", in Mireille Hildebrandt, Katja de Vries eds., *Privacy, Due Process and the Computational Turn*, London: Routledge, 2013, p. 43.

161

并不是向我们完全展开的；我们所能触及的数据，都是被算法决定了可以文字化的数据，这样，算法判断了哪些数据和运算结果可以让我们把握，而哪些数据收集和运算只能在后台运作，无须被我们理解和掌控。

算法秩序的出现，让我们处于一个完全不同于福柯的时代。福柯提出了三种不同的治理技术：惩罚机制、规训机制和安全机制。惩罚对应的是主权权力，所捍卫的是主权的无上权威，从而消灭所有可能威胁到主权权力的力量；而规训旨在建立一种规范的机制，通过作用于身体的规训，缔造出符合现代治理体制的理性的规范主体，这种主体显然与自由主义的启蒙理想是一致的；而在新自由主义体制下，安全机制将规训变成对生命的生产。但是，今天面临的情况是，这种对生命的生产，已经完全变成了数字化和算法化的程序。当我们以为是我们自己在电脑面前挑选淘宝上的商品的时候，实际上早就被算法盯上，因为电脑屏幕上显示出来的商品，实际上是后台算法程序根据我们之前无数的浏览和购物记录，精准地界定这个"主体"是一个拥有什么样的行为模式的人，从而显示出所有符合这种"主体"偏好的商品，于是，我们在网络上看似自主购物的过程，实际上早已被算法掌控。这就是齐泽克所说的："人们没有意识到，他们也是一种'物'，他们的言说和行为不断地被记录和转换：他们的身体活动、金融交易、健康、饮食习惯、购买和销售，他们读什么，听什么，看什么，都被收集了起来，这样数字网络比人们自己更熟悉自己"。[1]

当然，今天的算法治理，并不是工业革命时代所采用的僵硬的机械化的模式，而是采用了更为灵活和智能的方式。这种智能的算法治理并不会像规训机制一样，强制性地对身体进行规训，让身体行为符

---

[1] Slavoj Zizek, *The Relevance of the Communist Manifesto*, Cambridge, UK: Polity Press, 2019, p. 6.

合某种固定的规范。恰恰相反，算法智能表现得更为灵活。例如环境智能（ambient intelligence）可以通过算法得知行为人的习惯和偏好，这种智能可以用于照料病人和老人。如令病人更惬意的智能床和医疗设备，可以根据病人习惯性的姿势改变床的状况，提供更合适的床的温度，一旦病人有翻滚掉下床的危险，智能床能够第一时间给予处置，这样会比护士处理危机状况更及时。也就是说，环境智能将一切可以计算的因素，已经在算法中全部考察了一遍，这种智能运算可以将各种可能发生的状况都提前进行预演性计算，一旦发生了特殊状况，环境智能能够根据潜在的运算结果及时地提供对策。另一种算法治理的案例是自动驾驶和导航，自动驾驶并不是简单地按照固定的线路和交通指示完成程序性的运行，而是能够根据周遭环境的变化，将各种复杂的情况全部提前运算，从而在发生每一种特殊情况时都有相应的应对措施。例如汽车导航，从起点到终点，一般来说，算法会自动给出最佳的路线（避免了交通拥堵和过多的时耗），但是，对于开车的司机来说，并不会百分百地按照算法给定的路线来前进，一旦出现司机偏离原定道路的情况，算法会立即给出全新的替代线路，也就是说，在我们做出偏离行为之前，算法已经决定了偏离之后的处理方案，最终我们的偏离也处于算法的控制下。

算无遗策，这是我们今天面对算法治理的状况。算法治理并不强求我们必须按照固定的模式来行动，但是，我们任何的行为偏离，都不会真正摆脱算法预计的全部结果。这样，马克思曾经迷恋的伊壁鸠鲁原子偏斜论实际上在算法治理时代遭到了终结，同时终结的还有德勒兹的潜在（virtuel）和实在（actuel）的区分。对于德勒兹来说："潜在并不对立于真实，而是对立于实在。潜在之所以是潜在，正是因为它是完全真实的。"① 德勒兹之所以强调潜在概念，就是希望告诉我们

---

① Gilles Deleuze, *Différence et repetition*, Paris: PUF, 1968, p.269.

业已实现的实在并不是唯一的可能性，实在只是真实的众多潜在可能性之一，一定的实在并不能完全涵括所有的可能性，因此，潜在正是德勒兹走出条理化空间，逃逸既定疆域以实现游牧的基础。但是，在算法治理时代，算法尝试着用穷尽的方式，将各种因素计算得出全部可能性，而任何偏移和异常，都已经在算法的考量之内，并对这些异常冲击可能产生的结果进行最优化的计算。我们表面上看起来不起眼的一次行为活动，实际上已经被后台看不见的算法程序演算过无数遍；我们任何的选择都是符合算法的选择，最终，我们看似自主的行为全部在算法治理的彀中。

这是伊壁鸠鲁的原子偏斜消逝的时代，也是潜在层面被压缩到最低限度的时代。所以，安特瓦内特·鲁夫罗伊（Antoinette Rouvroy）带着十分悲怆的口吻写道："当下，算法治理将偶然性和风险最小化了，这已经拒绝了绝大多数其他政治的可能性。"① 算法治理将一切可能的因素都变成了算法上可以控制的元素，并将各种可预知的风险降到了最低，从而最大程度地保障了共同体和国家的"安全"与"稳定"。相反，对于行为人来说，由于潜在性的剥除，意味着政治变成了一种循环反复的游戏，这样，数字政治下的算法治理不仅仅将活生生的生命变成了档案和数据，也变成了受算法掌控和支配的行动者（agents）；那种康德意义上的自律主体（autonomous subject）已经逐渐在数据化和算法化的自动计算中萎缩了，就连民主投票也变成了可以被算法计算的游戏②。面对这种状况，我们不禁要问：在算法治理之后，还有人类自主的地盘吗？

---

① Antoinette Rouvroy, "Technology, Virtuality and Utopia: Governmentality in an Age of Autonomic Computing", in Mireille Hildebrandt, Antoinette Rouvroy eds., *Law, Human Agency and Autonomic Computing: The Philosophy of Law Meets the Philosophy of Technology*, London: Routledge, 2011, p.136.
② 对于民主投票与算法治理的关系，我已经在另一篇文章中做了相应的分析，可以参见蓝江《数字时代西方代议民主制危机》，载《红旗文稿》2019 年第 2 期。

## 三、新神圣人：算法裂隙中的流众

与福柯的生命政治中对应的人口概念一样，被统计的人口是最适宜于治理的人口，因为一旦被统计，意味着生命被档案化，我们不再是作为一个活生生的生命，而是作为一个被身份、信息、图像等固定在治理机制之内的数据。同样，当今天的数据变成计算机和互联网上的数字和字节的时候，我们生活中的一切痕迹都可以转化为数据被存储、被提炼、被分析、被运算。不过，与福柯时代唯一不同的是，之前的生命档案化和数据化，更多面对的是异常案例，如精神病院中对病人的建档，监狱里对囚犯的档案化和编号，还有临床医学医生用病历对病人的症状和病理进行记录和归档，等等。也就是说，最初的档案和相关运作，与福柯意义上的"不正常的人"（les anomaux）密切相关，就连前文中提到的江油案和白银案，警方也只是在那些有前科的罪犯和嫌疑人之中进行指纹和生物检材的比对。显然，福柯时代的档案管理和数据信息在绝大多数时候与治安和稳定的生命政治相关，这种档案化的目的更多是对特殊目标的监控，以让这些"不正常的人"可以内在地规范自己的行为，从而通过作用于他们身体的规训和监控，让他们生产出一个规范的个体，以达到维持社会总体安定的目的。

然而，今天的档案化和数据化以及背后的算法治理，已经不再是对特殊的、不正常的人的规训和监控。安德雷斯·伯纳德（Andreas Bernard）就十分明确地指出："收集数据的技术，长期以来，只用于警察侦缉或科学研究用来辨别可疑的对象，而如今这种技术已经被用在所有人身上；当他们使用智能手机或社会媒体的时候，他们已经被收集了数据。生物信息的细节描述、GPS定位，以及安装在身体上的测试设备不再是用来追踪可疑嫌犯的工具，现在这些东西被用来娱乐，交流传播，赚钱，找对象。"① 的确，当今天的数据化和档案化不再停留在特殊的、不正常的对象上时，这意味着福柯意义上的规训机制（即对不正常人的监控和治理）已经让位于普遍性的算法机制。在算法机制下，不再对正常和不正常的人做出区别，算法机制的最终目的并不是对不正常的人进行身体性的矫正，以维持社会的治理；算法治理不再追求规范化的一，即所有的个体都能符合被人口统计的规范性要求；相反，算法治理对个体的关注更像是被高度解析的模式，即个体所有的信息事无巨细地被完全呈现在算法面前。正如克里斯多夫·库克里克（Christoph Kucklick）所说："数字化意味着我们将用新的方式测量自己以及我们的社会。我们的身体、我们的社会关系、自然界，以及政治和经济……一切都将以比之前更加精细、精确、透彻的方式被获取、分析和评价。我们正在经历的，是一场新型的'解析-解体'。"②

比如说，当我们进入一个相亲网站，我们注册填写的所有资料作为基本数据在后台被存储和运算，通过一定的算法规则，在我浏览的网页上，出现的是按照网站后台认为最可能配对成功的算法规则匹配过的结果，无论我怎么挑选，这些信息总是在网站的最显眼位置，并诱导我进行浏览。此外，相亲网站还可以根据我浏览过的痕迹，判断出我个人在择偶上的倾向，这种倾向可能我自己都难以用言辞说清楚，但是，经过这些浏览痕迹的比对，运算的结果成为网页上最显眼位置的异性，而这往往就是我所希冀的目标。此外，这些网站也充分考虑人与人之间择偶的社会关系和社会资本的问题，一些在我们的日常生活中潜在而未言明的法则（如门当户对）也作为算法出现在结果中。最终，我自以为是依赖于我自己的自主性挑选出来的伴侣，实际上都

---

① Andreas Bernard, *The Triumph of Profiling: The Self in Digital Culture*, Cambridge: Polity, 2019, p.3.
② [德] 克里斯多夫·库克里克：《微粒社会：数字化时代的社会模式》，黄昆、夏柯译，中信出版集团 2018 年版，第 VI-VII 页。

在看不见的算法规则的掌控中,无论我怎么变化我的浏览和条件设定,最终算法会以最便捷的方式将两个人联系起来,而这种联系还被电脑屏幕前的我视为我自己的自由意志的展现。在这个意义上,作为被高度数据化和解析的我,早已不是启蒙时代的那个信心十足的主体,而是一个按照既定的行为模式完成配对的行动者(agent);在拉图尔的社会行动网络中,实际上这种行为者仅仅是这个网络中的一个行动元(actant)而已。启蒙时代曾经许诺的让人类成为理性自律且拥有自由意志的主体,在今天已经变成了另一番景象:算法治理按照社会行动网络中最有效、最便捷、最稳定的原则安排了最佳的行动图绘(profiling),同时它需要做的是让使用智能手机和社会媒体的我们相信这一切都是我们自己的决定。

正如福柯强调的那样,在理性启蒙的时代,也生产出了属于那个时代的疯癫;同样,在亚当·斯密那里,对大西洋自由贸易的推崇,也滋生了加勒比海上横行的海盗以及丑恶的大西洋奴隶贸易。任何新的格局和体制的建立,必然会生产出与之相对应的残余物。那么,被视为算无遗策的算法治理是否存在着裂隙,能让我们像德勒兹所说的那样,实现解域化的逃逸?尽管鲁夫罗伊强调在算法时代已经没有了潜在性,算法已经将权力监控的能量灌注到社会生活的每一个毛细血管中,我们只能如同滚筒中的仓鼠一样不断徒劳地奔跑。

这是一种新神圣人(Homo Sacer),一种专属于算法治理时代的神圣人。神圣人的概念,最初来自罗马法。在1995年的《神圣人:至高权力与赤裸生命》一书中,阿甘本以这个概念作为分析生命政治的起点。因为阿甘本通过对罗马法的分析,发现在国家至高权力的统治之下,拥有一种对生命的裁量权。一种生命被纳入治理装置之中,这就是我们被档案化和数据化的治理技术所管制的生命。另一种生命则被排斥了,成了飘浮不定(precarious)的生命,在进行人口统计和建立数据档案的时候,它们作为不可数据化和不可计算的元素没有被纳入治理机制当中。也就是说，世界上的生命，相对于算法治理的机制，总存在着一定的剩余物，这些剩余物构成了不定的成分，他们并不是治理机制，尤其是建立在国家基础上的治理机制的适宜对象，在这个意义上他们构成了算法治理时代的赤裸生命或新神圣人。阿甘本强调说："原初政治元素不是简单的自然生命，而是暴露在死亡面前的生命（赤裸生命或神圣生命）。"① 因此，如果在今天需要对算法治理进行政治性反思，我们就必须思考，什么是今天的新神圣人。

实际上，今天的新神圣人我们可以称之为流众（precariat），这代表着那些没有办法也没有资格在这个世界上栖居下来的群体。"流众"一词是漂泊不定（precarious）和无产阶级（proletariat）这两个词合并而来的新词。英国经济学家盖伊·史坦丁（Guy Standing）最早在他的《流众：新的危险阶级》（*Precariat：The New Dangerous Class*）中使用了这个概念。按照史坦丁的定义，流众"缺乏劳动安全以及社会性收入的安全，同时也缺乏基于工作的认同。他们的职位没有生涯性发展性，也没有传承社会记忆。他们没有一种处于职业社群的感觉，这种感觉源于稳定不变的做事方法、职业伦理、行为规范、同业之间的互相合作"②。由此可见，流众与马克思意义上的无产阶级不一样。无产阶级拥有固定的工作岗位和身份认同，也能够形成特定的职业操守；在一定程度上，无产阶级完全是在固定的生产岗位上遭受资本主义的剥削而陷入赤贫。流众不一样，他们没有稳定的工作，也没有确定的身份，随处栖息，也没有任何的忠诚和认同，他们如同流水一般，在世界上肆意流动着，为了谋生而不得不到处流浪。与无产阶级不同的是，他们连被直接剥削的资格都没有，他们甚至不能被传统的工会组织

---

① [意] 吉奥乔·阿甘本：《神圣人：至高权力与赤裸生命》，吴冠军译，中央编译出版社2016年版，第124页。
② [英] 盖伊·史坦丁：《不稳定无产阶级》，刘维人译，台北：脸谱出版社2019年版，第50页。此译著中将 precariat 翻译为"不稳定无产阶级"，这个译名太过冗长，也不是特别贴切，在本书中统一改译为"流众"。

起来，以形成对抗资本家的有组织的力量，成为西方左翼政治的中流砥柱。然而，当今天世界上主要的资本主义国家的底层阶级，逐渐从具有固定身份的无产阶级变成随意流动的流众的时候，则意味着传统左派的基础已经被撼动，因为那些曾经具有固定身份和认同的被剥削者——工人阶级已经变成流众，成为传统左翼政党和工会无法组织的力量。

从数字时代的生命政治角度来看，流众也意味着不可被数据化和档案化的群体。工人阶级在应聘的时候，他们被登记归入工厂人事部门的档案中，他们每一个月的出勤情况、工作表现、绩效成为资方克扣他们工资的基础，也就是说，资产阶级尽管在生产着剥夺着工人阶级的剩余价值，但同时也在工厂中通过档案记录和数据化实现对工人的生命政治治理。但是流众不同，流众的临时性工作并不需要向老板提交充分的档案材料，在一些地方甚至不需要流众提供必要的身份证件。如在欧洲，大量的北非和中东的难民和偷渡者充斥着低端劳动力市场，对于这些偷渡而来的异乡人来说，他们的身份并不是必要的东西，老板以及政府都不会为他们建立充分的档案，他们的流动对于治理者而言是无关紧要的东西；他们的基本信息甚至没有被数据化，他们没有护照、没有身份证、没有家庭信息、没有国籍，他们唯一具有的就是他们在这里的赤裸裸的生命。

流众构成了算法治理的一个裂隙，一个可能从中涌现出新的政治可能性的力量。在法国马克思主义思想家阿兰·巴迪欧看来，这种流众，即游牧的无产阶级正是建立新的共产主义的希望："因此我主张：政治在于那些走向新共产主义的知识分子们与游牧无产阶级团结起来，并试图尽可能在新的政治运动中将他们组织起来。共产主义国际不是来自不同国家的代表组成的费劲心力的组织，而是直接与这些人民的全球状况相关联的组织。"① 尽管巴迪欧主张的知识分子与流众或游牧

---

① Alain Badiou, *Éloge de la politique*, Paris: Flammarion, 2017, pp. 76-77.

无产阶级的结合，仍然带有一种乌托邦式色彩，因为流众并不能像传统的工人阶级那样被组织起来，但是，流众的确成为数字时代的算法治理的一个不确定的因素。正如史坦丁指出的，今天的民粹主义的兴起恰恰与流众的出现密切相关，因为流众的存在让那些右翼白人民粹主义感到不安，他们意识到那些没有身份、没有认同、无法被纳入固定的档案和算法框架的流众的确就是他们的威胁，这也是为什么英国脱欧、美国总统特朗普主张建立美国与墨西哥边界上的隔离墙能得到一呼百应的原因。这种右翼民粹主义崛起的根源就在于流众的扩大化，为了保护他们固定的生活模式不受到流众的侵害，他们宁可支持立场上相对保守的政党。而左派，包括巴迪欧、齐泽克等人在内的激进左派，虽然已经看到了流众的潜能，但是他们仍然没有找到恰当的路径将他们组织起来，以对抗资本主义日益严密的算法治理和生命政治的控制。

算法治理和流众也呼唤着人文科学领域中的后人学的出场。因为作为正常人的我们，在今天已经被高度地数据化和档案化，并沦为了算法治理的对象；而那些没有被数据化和档案化，没有被算法治理所直接掌控的人，变成了流众，成为不值得剥削的无用阶级。随着数据化和算法治理技术对常规化的人的介入越来越深入，甚至以后会出现基因介入和监控技术，让生命政治治理体系下的个体更加依赖于算法规则和新技术的发展，人在算法治理下得到了重新界定。由此，在常规阶层和流众之间形成了一个巨大的屏障，这个屏障会比矗立在美墨边界上的隔离墙更为高大。这意味着，一边是"天堂"，是赫胥黎的美丽新世界，人们的身体和基因在数字技术和算法技术的支配下得到了重塑，纯粹自然的人消失了，我们都是现代智能技术和生物技术的产品；而在另一边是"地狱"，没有档案化、没有被治理的流众成为新的神圣人，他们甚至丧失了被剥削、被治理的基本资格，如同动物一样在世界上流浪，苟延残喘。如果说，在马克思的时代，资产者和无产者的区分是经济性和政治性的区分,那么,在算法治理的时代,这种区别将变成生物性和物质性的区别。在马克思的《1844年经济学哲学手稿》中提到的"人与人相异化"进一步演化成"被数据中介的数据人"与"流众"的异化,这是算法治理的一道裂隙,也是一道鸿沟,也恰恰是在这里,才能揭示出算法治理的生命政治的奥秘。

或许,对于无处不在和算无遗策的算法治理,还有另外一种超越的可能。即通过技术改造人类的感知能力、行动能力、思维能力等各方面的能力,形成一种超人类(trans-human)或赛博格(cyborg)的可能性。这是一个带有浓厚的科幻色彩的方案。但是,现今人类的选择实在太有限了,流众不可能直接成为抵抗无所不在的算法的有效力量,但未来的智能化的终结者可以。我们不能以来自前数字的血肉之躯来抵抗算无遗策的算法治理,只能用算法抵抗算法,用智能抵抗智能。经过智能技术改造的超人类或赛博格或许可以通过边缘算法抵抗大数据算法治理,用更弥散的微智能抵抗中心化的美丽新世界。但是这种方案迄今为止还停留在科幻的迷雾之中。如何在算法时代里以后人类或超人类的方式去生存?这个问题或许暂时只能交给未来的研究来解决。

第九章

# 数字货币

> 每一张美元都是一个文件,它或明或暗地承担着某种数据。
>
> ——芬·布伦顿:《数字现金》

2019年岁末，一场突如其来的新冠疫情降临神州大地，除了染病被隔离治疗的病患与那些战斗在第一线的医生、护士、警察和社区工作人员等人外，更多的人只能以自我隔离的方式，待在自己的家里。然而，不难发现，在生理性和物理空间隔离的同时，实际上，人们以另一种方式建立起一个庞大的交流网络，人们可以在网络上刷朋友圈、看微博、刷抖音、玩游戏，当然，在隔离期间，一项必不可少的行为就是网上购物，尤其是通过网络来购买各种生活用品。在疫情相对不太严重地区，美团、盒马鲜生等区域性新鲜蔬果的配送业务非常火爆，而像必胜客、麦当劳、肯德基，以及各种品牌餐饮商户都提供了向社区定向配送的业务。在这一切的背后，一个值得深思的问题是：我们真的被彻底隔离了吗？换句话说，在这种情况下，居家隔离带来了一个衍生效应，即之前被日常生活的普通状态所掩盖的数字化经济的潜能一下子被激发出来，支付宝、微信支付等电子支付手段进一步攻城略地，让之前被认为只能由现实的实体门店和服务来完成的经济活动，完全可以通过支付宝和微信支付等手段，转移到智能手机和电脑终端之上。也就是说，我们以这种数字化货币的方式重建了我们的生活方式，一种在作为例外状态的隔离之下的生活方式，这种方式掏空了之前由于数字化货币出现而形成的现实与互联网络并轨的二元机制，并逐渐让后者通过新型的数字化货币逐渐瓦解了前者的内涵。

值得注意的是，这种物理空间隔离，但仍然让我们保持着交往的新生活方式，恰恰是我们近五年来货币支付手段的革命性变革的结果。这种新生的数字化货币不仅重组了人们的生活方式，更重要的是，它还可能促发我们对现代货币所塑造的市民社会的本质的反思，尤其是当比特币、Facebook的虚拟货币Libra逐渐成为一种新货币形态的时候，我们需要思考的是：在这个数字化的时代里，货币的本质究竟是什么？要解释这个问题，显然不能从极度乐观的技术拜物教那里寻找答案，因为那样势必意味着我们需要将人类经济活动的命运彻底交付给一个不可预测的超智能算法来控制；同时，我们也必须与那些绝对拒绝数字化货币，让人类的经济生活继续停留于贵金属本位或国家信托基础上的主权货币的保守派保持距离，因为他们试图用中世纪的长枪来与数字化的比特运算进行决斗。对于数字化货币的理解，我们仍然需要立足于货币本身，从货币在现实生活中的实际运作状态出发来思考数字时代资本论的"货币章"。

# 一、铭文：所有物的记录形式

在《资本论》第一卷中，马克思就十分清醒地意识到，货币的本质并非是凌驾于商品之上的绝对观念，而是一种来自现实商品交换活动的货币商品。马克思说：

> 金能够作为货币与其他商品相对立，只是因为它早就作为商品与它们相对立。与其他一切商品一样，它过去就起等价物的作用：或者是在个别的交换行为中起个别等价物的作用，或者是与其他商品等价物并列起特殊等价物的作用。渐渐地，它就在或大或小的范围内起一般等价物的作用。一旦它在商品世界的价值表现中独占了这个地位，它就成为货币商品。只是从它已经成为货币商品的时候起，第四种形式才同第三种形式区别开来，或者说，一般价值形式才转化为货币形式。①

在这段文字中，马克思十分明确：金银一开始并不具有交换中的特殊地位，它和其他用于交换的商品一样，也是具有交换价值的商品；不过，当它们充当了一般价值形式的等价物之后，它们才变成了一种特殊的商品，即货币商品。而一旦贵重金属，即金银长期作为一种度

---

① 《马克思恩格斯全集》第44卷，中文第二版，人民出版社2001年版，第87页。

量其他商品价值的一般等价物而存在时，它们就变成了马克思所分析的商品价值形式的第四种形式——货币形式。

马克思的确十分精准地指出了货币之所以成为货币的根本所在。不像一些庸俗的资产阶级政治经济学家所认为的那样，贵金属货币天然地具有一种价值，从而将所有的其他物体整合到一个交换的网络之中，更有甚者，将金银所具有的价值视为上帝的恩赐，从而将市民社会中的货币拜物教加以神学化。马克思在《资本论》中认为，货币是一般价值形式的体现，即金银本身也是在普通的交换活动中被挑选出来的特殊商品，它们本身并不具有什么神的恩赐或者天然价值的色彩，它们和其他商品一样都凝聚着人类无差别的劳动的量；金银成为固定的一般价值形式，恰恰是人类社会历史发展的产物，在具体的交换活动中，被人们约定为一种共度性地衡量价值的尺度。正如马克思所说："货币所以具有流通手段的职能，只因为货币是商品的独立出来的价值。因此，货币作为流通手段的运动，实际上只是商品本身的形式的运动。"[①]

值得注意的是，马克思在《资本论》中关于货币的论述，旨在破除资产阶级的庸俗政治经济学的货币拜物教的神话，即将金银所具有的价值加以神秘化的倾向。但是，在谈到金银等贵金属成为一般价值形式之前，还有一个问题需要回答：在衡量我进行交换的商品之前，首先必须要明白我拥有什么，换句话说，唯有在我们知道我们拥有了什么之后，我们才能选择将拥有的东西进行交换，从而获得一般价值形式。那么，在我们选择进行交换之前，我们如何判断我们拥有了什么？

即便是那些对于资本主义社会的货币拜物教和神秘化的货币价值形式持批判态度的学者，似乎对问题也采取了回避的态度。例如人类

---

[①]《马克思恩格斯全集》第44卷，中文第二版，人民出版社2001年版，第138页。

学家马塞尔·莫斯就将位于原始部落中的一种礼物的象征交换,视为资本主义货币交换之外的可能性。莫斯说:"那里的物质生活、道德生活和交换,是以一种无关利害的义务的形式发生、进行的。同时,这种义务又是以神话、想象的形式,或者说是象征和集体的形式表现出来的。"① 显然,莫斯反对的是资本主义下以货币为中心的商品交换模式,但他并不是否定了交换,而是提出在资本主义的等价的商品交换之外,存在着另一种交换形式,这种交换形式就是象征交换。原始社会的以物易物的方式不以现代的经济和公平的法则来进行,也不能以现代的货币交换的方式来理解,这是一种以礼物互赠来完成的象征性的和想象性的关系,它的目标不是维持经济行为,而是维持部落之间或内部的象征性平衡。尽管如此,莫斯的解答仍然回避不了以下问题:即便原始部落的交换是以物易物的象征交换,不以追求现代的商业利益为目的,但是,它们在进行交换之前,也必须要拥有某种东西,才能将它们作为夸富宴的消耗品或者用于象征交换的礼物而存在。也就是说,任何交换的前提是:产生交换行为的双方或多方,必须以拥有某种东西(无论这些东西具有的是象征价值还是交换价值)为基础;如果没有可以进行交换的东西(如礼物或商品),交换就无法进行,也无法结成对应的交换关系。

因此,对于人的交换活动来说,首先要处理的第一个问题就是拥有的问题。在罗马法中,拥有(haberi)是一个法律问题。对此,阿甘本解释道:"物并不是某人的财产,就像海滩上的贝壳或野生动物一样,它们被称为'非物'(res nullius)。第一个捡贝壳或捕捉到野生动物的人成了事实上(ipso facto)的拥有者,他们预设占有行为就裁定了他们的所有权。"② 阿甘本之所以关心这个问题,是因为,在这个过程中,

---

① [法]马塞尔·莫斯:《礼物》,汲喆译,上海人民出版社2002年版,第63页。
② Giorgio Agamben, *The Highest Poverty: Monastic Rules and Form-of-Life*, Stanford: Stanford University Press, 2013, p.137.

发生了从自然存在向拥有的转变。一个海滩上的贝壳，是一个自然存在物，它并不与具体的人和社会发生关系，它也并不会进入到人类社会和文化当中。一旦有人在海滩上捡起了这个贝壳，并塞在自己的衣服口袋里，在阿甘本看来，性质就发生了变化，即一个自然存在物与一个具体的主体产生了关系，这是最基本的人与物之间的关系，即拥有关系；人通过一个行为，将贝壳变成自己的所有物，贝壳不再是纯自然性的存在，它已经成为人类社会的一部分，即它成为某个人拥有的所有物。

不过，这里最关键的问题，并不在于某个人捡起贝壳的行为；这是一个事件，它转瞬即逝，他捡起了贝壳，也随时会忘掉这个事件，仅仅有捡起贝壳的事实不足以充分地支撑该主体拥有贝壳的关系概念。要彻底解决这个问题，需要通过一种特殊的方式，即铭文（inscription）。例如，一个部落的猎人们归来，将他们捕获的猎物做了最基本的计数，比方说结绳计数或者岩画，总而言之，原始的猎人试图通过这种方式传递出一种讯息：他们拥有了一定的猎物。

然而，我们不能将铭文视为一个简单的记述工具，因为从我们的祖先尝试着将他们捕获的猎物和拾得的物品变成一种铭文的时候，事情已经发生了根本性的改变。这个铭文的记述，不在于单纯地描绘出一种既已发生的事实，而是用一种"书写"（écriture）的方式，来确定一个在之前并不存在的拥有关系。这不是语言，也不是真正意义上的文字记述，它们最初的表现形式就是绳结、石块上的刻纹、岩画上的划痕而已，但这些特殊的"书写"已经揭示了人类社会拥有关系的降临，这是一种带着神话色彩的降临，这些特殊的铭文已经将原先的自然物和简单的加工物彻底地带入与人类的关系之中，而这种关系首先就是拥有关系。所以德里达说："在绘画中实现了对事物的复现，事物已经在光彩夺目的现象中出现，而绘画让事物被保护、被关注、被保持，然而，无论它们多么不受人们关注，该事物本身的自在性和真实性已经消失。绘画不是物本身的绘画，首先，这是因为不再存在物本身。"① 这种特殊的"书写"，让事物不能再以它本身的自在性或物自体的方式存在，因为一旦被铭记下来，它就不再是那个纯粹的物，而是进入到人的拥有之中，而最简单的石头刻纹和结绳成了拥有关系的最初的证据。与此同时，这些铭文在一定程度上，将自然的贝壳变成所拥有的贝壳，将自然物变成了所有物，这成了最原始的财产的记录。

当然，原始的铭文技术是十分粗糙的，它们无法传递出准确的所有物的讯息，这些早期的岩画和刻纹，只能以最具体的方式来表示所有物，如一个部落拥有多少头牛、多少只羊、多少谷物、多少陶罐等。这也成为古希腊时期关于财产的定义。在古希腊语中，财产（κτῆμὰ）的词源就是动词"获得"（κτάομαί）。在色诺芬的《经济论》中，"财产似乎就等于一个人全部的所有物"②。而色诺芬也注意到，这种作为具有所有关系的财产，并不是以自然关系而存在的，而是以一定方式被铭记下来的，即一个家庭总是通过"书写"将具有的财产全部列举下来。

显然，这种以枚举全部所有物来表述财产的方式，对于古代人来说是一件相当繁杂的事情。于是，当金银具有一般价值形式，并转变成货币形式之后，用货币的方式来记录财产便成为更为便捷的方式。也就是说，在马克思描述的金银货币成为一般价值形式的同时，也让记述所有物的方式发生了转变；原来的列举全部所有物的方式，在一般价值形式下，转换为一个货币的量，如对于一个家族来说，他们拥有的黄金或者白银的额度便成为财富的象征。这样，金银不仅是从交换领域中诞生的一般价值形式，也是一种记述财富的形式；这种记述财富的形式，最重要的不是是否拥有金银的实物，而是一个经过等价

---

① Jacques Derrida, *De la Grammatologie*, Paris: Les Éditions de Minuit, 1967, p. 412.
② [古希腊] 色诺芬：《经济论 雅典的收入》，张伯健、陆大年译，商务印书馆 2017 年版，第 21 页。

换算过的量。也就是说,一个家庭中拥有的地产、古董、马匹、粮食等统统都转化为金银的量来换算,而这个家庭不一定拥有此等数量的贵金属。在这个过程中,一个关键性的转变出现了,即财产的形式发生了转变:从具体所有物向等价换算的价值形式所有物的变化。一旦金银成为一般价值形式,我们无须再去列举每一项所有物的数量和内容,而是将它们全部转化为一个贵金属的价值量,从而使所有的财产抽象化。

需要注意的是,这个抽象化的过程是双向的:在金银等贵重金属充当一般价值形式的时候,其自然成了一个度量衡,一切具体的财产都需要换成金银的单位;但是,这种换算也造成了另一种结果,作为货币的金银的存在,实际上已经非实体化了,它是作为一种抽象的量在起作用。也就是说,真正在等价交换中起作用的不是金银的实物,而是这个实物背后的价值形式,尽管在这个历史阶段,货币的价值量仍然需要通过具体金银的实物表现出来。实际上,金银等贵重金属在这里分化了,这势必让作为实体等价的金银让位于作为抽象铭文概念的金银。因此马克思说:"金成为观念的货币或价值尺度,是因为一切商品都用金来计量它们的价值,从而使金成为它们的使用形态的想象的对立面。"① 从这个时候开始,一种抽象化的金银的量凌驾于实物的金银之上,作为所有物的财产被铭记为一个抽象的量;也正是从这个时候开始,货币的幽灵化运动开始了②,尽管它尚未彻底摆脱它的金银肉身,但价值的幽灵正在尝试着突破这层最后的藩篱。

---

① 《马克思恩格斯全集》第 44 卷,中文第二版,人民出版社 2001 年版,第 130 页。
② 夏莹教授和黄竞欧博士提出:"货币的资本逻辑本质包含着去实体化的幽灵状态","货币从诞生之日起就处于一种'幽灵化'的状态"中。这个指认是非常准确的。尽管在贵金属货币的形式下,仍然需要金银作为支付手段,但承担支付功能的金银已经丧失了其实体性,而被整合到一种商品交换的等价逻辑之中。参见夏莹、黄竞欧《数字资本时代货币的幽灵化与资本逻辑颠覆的可能性方式》,载《江海学刊》2020 年第 1 期。

## 二、封印的象征：货币装置的组成

尽管马克思在《资本论》中已经将货币揭露为货币商品，其中，金银之所以能充当其他商品交换的中介物，在于金银等贵金属的价值高、易于分割、便于携带等诸多性质，但最为核心的是贵金属货币拥有着与其他商品实物同等的价值。正如明代谢肇淛谈到了以白银为基础货币的优势："夫银钱之所以便者，水火不毁，虫鼠不侵，流转万端，复归本质。盖百货交易，低昂淆乱，必得一至无用者衡于其间，而后流通不息，此圣人操世之大术也。"[1] 在实现了商品的一般价值形式之后，我们可以说，由于 20 匹麻布与 2 盎司黄金等值，那么从价值形式上来看，拥有了 20 匹麻布就等于拥有了 2 盎司黄金。这是一种基于商品等价交换规则的等量换算，基本上在交换活动和记录财富之中都并无太大差异，其中的逻辑是，由于我手中的 20 匹麻布可以在市场上交换到 2 盎司黄金，那么相当于我拥有 2 盎司黄金的财富。于是贵金属的具体数量成为记录所拥有财产的最便捷的方式，而以黄金等贵金属的数量来评价财富的方式成了在商品交换逐渐扩大之后的欧洲和世界其他地方的通用方式。

但是，马克思也注意到了一个非常特殊的情形，即当我们使用贵金属在市场上进行交易时，由于贵金属长期被作为货币使用，在经过成千上万次使用之后，金银货币不可避免地存在着磨损。在《资本论》中，马克思就注意到，"因为金币在流通中受到磨损，有的磨损得多，有的磨损得少。金的名称和金的实体，名义含量和实际含量，开始了它们的分离过程"[2]。打个比方来说，在现实生活中使用的金银货币，

---

[1]（明）谢肇淛：《五杂组》，上海书店出版社 2009 年版，第 249 页。
[2]《马克思恩格斯全集》第 44 卷，中文第二版，人民出版社 2001 年版，第 148 页。

由于每次在交易中重复称重会让商业行为变得十分麻烦，于是，后来逐渐尝试着在银块上标记相对应的银两的重量，如唐代通用的白银货币的形式是铤，"凡是铸成铤状的白银，有时就成为铤银，以与其他形式的白银相区别。……大铤应当是当时的五十两重，即一百八十六点五公分。面被有文字，是铸后刻鎏上去的"①。这种铸造的铤银（宋代之后称为银锭），与其他散金散银一起在市场上被使用，不过，这种铤银是可以直接交付、无须称重的，在交换时被称为一铤，直接取代了需要称重的斤两等单位。在我国后来的货币史上，这种铤银一直沿用到五代十国时期，经过几百年的磨损，其重量或许早就不是当时铸造之初的重量，然而，在交易的时候，遇到这样的铤银，仍然无须称重，因为这种铤银（尤其是官方打造的铤银）即便有残缺，商家仍然会将其作为一铤来交易。也就是说，在交易中，一铤银是否具有足量的五十两之重，并不重要，重要的是铤银作为一个整体已经蕴含了它作为一铤（即五十两）白银的价值。这是铤银区别于一般散银的地方：散银在交易的时候必须称重，而铤银不需要（当然如果整块铤银碎掉，它就不再是铤银，而是碎银，需要称重），即便铤银的重量根本不足五十两。在铤银的案例中，我们可以十分清楚地看到马克思所提出的金银货币"名义含量和实际含量"的分离，不过，在这个分离过程中，是名义含量，而不是实际含量成为这种铸造货币的标准。马克思本人也十分明显地站在前者一边。也正是因为如此，马克思坚决认为："流通过程的自然倾向是要把铸币的金存在转化为金假象，或把铸币转化为它的法定金属含量的象征。"② 显然，马克思关注的就是铸币在交换中产生"金假象"，即法定金属货币的象征含量，这决定了马克思是货币的唯名论者，或许这也是后来阿多诺在一次讲座中认为"马克思是

---

① 彭信威：《中国货币史》，上海人民出版社2007年版，第237页。
②《马克思恩格斯全集》第42卷，中文第二版，人民出版社2016年版，第110页。

一位纯粹的唯名论者"① 的原因吧！

如果货币在现实的流通中走向了唯名论，即以货币的名义含量支配着货币流通和交换，那么，这个名义含量如何得到保障？因为，在唯实论那里，货币的价值是由金银本身的重量来保障的，而铤银和其他铸造货币如何来获得它恒定的价值保障？马克思的《资本论》德文第一版关于"铸币"的部分，相对于后来通用版的《资本论》被删减了很多，其中被删掉的就包括了马克思对铸币的象征价值的分析。在德文第一版中，马克思有这样一段话非常值得细细品味：

> 既然货币流通本身使铸币的实际含量同名义含量分离，使铸币的金属存在同它的职能存在分离，那么在货币流通中就隐藏着一种可能性：可以用其他材料做的记号或用象征来代替金属货币执行铸币的职能。②

从这里可以看出，早在《资本论》德文版第一卷中，马克思已经看到了可以用象征化的材料和形式来体现出货币的一般价值形式，这种象征化的价值并不需要具有与商品等值的价值量。不过，在后来的通用版《资本论》中，马克思为了更加突出对商品的抽象价值形式及其在生产流通中的运作方式的分析，选择略去对货币的象征价值的分析，因为在马克思看来，在从"货币章"走向"资本章"的时候，更重要的是那个抽象的价值形式，而不是象征所代表的价值在实际流通和交换过程中的实现。

实际上，对于贵金属货币的象征化，需要放在人类的货币史上来考察。在古希腊时期，各个城邦都在铸造通用的货币，例如在伯罗奔尼撒战争期间，雅典就铸造了面值为4德拉克马的银币，这些银币被

---

① [德] 阿多诺：《马克思与社会学理论的基本概念》，蓝江译，载《郑州轻工业学院学报》2020年第1期，第85页。
② 《马克思恩格斯全集》第42卷，中文第二版，人民出版社2016年版，第110页。

称为τετράδραχμον。不过，这些银币最关键的并不在于其面值（4 德拉克马），而在于它们被铸造成圆形，银币正反两面都印上了图案，例如现在留存下来的雅典 4 德拉克马银币铸造着雅典城的守护神雅典娜和奥林匹亚主神宙斯的头像。将希腊诸神镌刻在银币的正反面，并不是为了装饰用，按照阿甘本的解释，这种将诸神的头像镌刻在银币正反面的做法，类似于一种誓言，让神灵来见证银币的价值，也就是说，最终保障流通进入市场的 4 德拉克马银币的象征价值的正是这些神灵，是神灵的象征将一种财富的实际价值与象征价值结合起来，并封存在德拉克马的银币当中。

这里有一个非常有意思的问题，诸神是银币的象征与人类的交换行为的见证，也就是说，使用该银币的人，必须保障他拥有 4 德拉克马的财产，且在交换中将这个银币所封存的 4 德拉克马的财产在诸神的见证下转移到交易对象手里。这是一种誓言，也是相对于神的一种信托，这种带有神灵头像的铸币成了象征价值和实际财产之间关联的对应。所以，阿甘本才会说这"界定了词语与事实之间的关系……神之名表达了语言象征的积极力量，我们知道，这恰好是词与物之间的关系"[1]。所以，4 德拉克马银币上所镌刻的诸神的头像（无论是宙斯还是雅典娜，或者如迦太基银币上镌刻的冥后帕耳塞福涅），它们的根本功能既不是装饰，也不是宗教崇拜，而是一种使用神话将事实与象征结合在一起的方式，否则，无法理解在银币上镌刻更为恐怖的神（如冥后帕耳塞福涅）的原因。一方面，它以正面的形象将一定的现实财产（无论这些财产是什么）与抽象的象征价值衔接起来，组成词与物、象征与实物之间的关联；另一方面，这些神灵的头像也具备诅咒的功能，对于那些违背这种关联的个体会实施惩罚，尽管这种惩罚只具有神话性质和象征价值。所以，真正的问题，既不是银币的名义价

---

[1] [意] 阿甘本：《语言的圣礼：誓言考古学》，蓝江译，重庆大学出版社 2016 年版，第 81 页。

值,也不是它的实际价值,而是一种特定的关联,即实在世界中的财富和货币象征符号之间的关联,而实现这种关联性的保障,从最初的古希腊开始,恰恰是这些带有神话色彩的诸神的头像。

在亚历山大大帝统治时期,这种镌刻在货币之上的诸神头像逐渐被另一种象征图案所取代,"钱币上先是有了国王的名字,然后是称号,最后是他自己的肖像"①。实际上,当亚历山大大帝的头像取代诸神的头像出现在金币之上,其直接后果是将原先附着在钱币之上的那种神秘化力量给祛除了。也就是说,通过将一个世俗君主的头像放在钱币之上,说明了诸神的力量相对于事实财产和象征符号之间的关系来说,并不是绝对必要的因素,相反,这种因素完全可以被世俗化的力量所取代,而且,世俗化约束同样也能保障财富与象征之间的有效关联。在后世的一些研究中发现,一些债券和有价证券会被世俗君主签名,并盖上相对应的国王印鉴,从而保障有价证券和货币(包括后世出现的纸币)所具有的实际财产的价值。施拉姆(Schramm)曾经研究过东哥特国王狄奥多里克大帝(Theodric the Great)的签名花押,他认为:"花押并不是简单地表达形象,而是国王通过花押来显现自己的在场。"② 在施拉姆的解释中,世俗君主通过头像和花押的在场,如同之前的 4 德拉克马银币上的诸神的功能,即他们在场见证了铸币(并不具有足值的价值)的实际财产与象征符号的统一,即政治经济学上词与物的统一,而这种统一是如同诸神或世俗权威的在场来实现的。

不过,阿甘本有一个更为精准的表述阐释了这个关系。他将这种在货币上通过象征(诸神或国王的头像,抑或世俗君主的签名和印鉴,以及之后的银行家在自己银行发行的有价证券上的签名和花押)与实

---

① [西班牙] 奥克塔维奥·法雷斯:《西班牙货币史》,宋海译,中国金融出版社 2019 年版,第 19 页。
② Ernst Percy Schramm, *Herrschaftszeichen und Staatssymbolik: Beiträgezuihrer Geschichte vomdrittenbiszumsechzehntenJahrhundert*, Vol. 1, Stuttgart: Anton Hiersemann, 1954, p. 226.

际财富关联在一起的方式比作封印（signature）。也就是说，货币上的签名、花押、头像等象征，实际上是一种封印关系，它将实际的财产以象征的方式封存在货币之上，"象征的意义是纯粹实用的，正如在硬币上镌刻上象征，就可以判定硬币可以用于商业交换"[①]。阿甘本的意思十分明显，正是通过象征，将实际财富的力量封印在作为被象征标识的货币上，从而让货币具有了商业的功能。换句话说，这种词与物、象征与财产之间的封印关系，就是商业活动的根基。在货币上封印了对应的财富的量，也意味着货币具有了表征财富的功能。唯有当货币具有表征财富的功能时，货币才能被用来表达所拥有的财富，才能在商业活动中和市场上进行交换。也唯有当货币被象征性地封印了对应的财富之后，货币才从普通的金银或其他材质（如纸币的纸张），变成了货币装置（apparatus），从而奠定了整个商业活动和交换行为的基础，成为衡量生产、交换、分配、消费的最基本的装置。所以，货币的奥秘就在于将一定的财富的量，通过象征封印在某个媒介上（这个媒介可以是金银，可以是纸张，甚至可以是大数据网络中的一个比特），让不具备财富特征的普通材质，如同被施了魔法一般，瞬间成为具有货币价值的东西。相反，没有被封印的材质，只能是普通材质，它不可能具有超越于它本身价值之外的任何神秘的力量。也只有明白了这个原理，我们才能进一步理解，为什么区块链的存储结构会成为货币的新的形式。

## 三、分散式簿记和数字签名：走向数字货币

法国大革命时期的国民议会通过了一条法案，在没收的教会和贵

---

[①] Giorgio Agamben, *The Signature of All Things: On Method*, trans. Luca D'Isanto & Kevin Attell, New York: Zone Books, 2009, p.51.

族的地产的基础上，以债券的形式发行指券（Assignat），这些指券一开始只是为了让新政府摆脱暂时的财政困难。正如从事法国大革命时期的经济史研究的学者黎贝卡·斯庞（Rebecca L. Spang）指出的那样："在 1789 年 12 月开始首次印刷这些指券的时候，它们并不是'钱'"，事实上，最早的指券"只具有簿记（bookkeeping）功能，也仅仅只在行政人员和有官方背景的银行家手中流通"。① 然而，后来的情况发生了变化，在革命派那里，这些指券被界定为"纯粹价值的象征"、"公意的体现"和"法兰西的救世主"。② 但反讽的是，很快这种指券就丧失了信用。由于革命政府超额滥发，导致了指券迅速贬值，从而这个用来解决财政危机的产品酿成了更大的危机，而指券的贬值也是导致雅各宾派政府迅速倒台的原因。问题在于，指券具有了国民议会的签名，即存在着一种封印关系：最开始的指券的价值来源是对没收的教会与贵族的地产和其他财产的登记证明，这些证明由对应的登记人员进行签名确证。不过，在 1790 年之后，这些指券上的签名不再是人为的书写，而是由印刷机来完成。如果在德里达那里，手写签名代表着一种书写与一个业已消失的在场的直接关系，则书写的签名就成为探寻这个业已消失的在场的痕迹，从而确保了事件与象征的一一对应关系。但是变成了印刷之后，这种词与物之间的对应关系就被打破了，印刷的签名不再具有原先国王的花押和印鉴所具有的封印权力。相反，这种可以随意复制的签名，如同本雅明笔下的丧失灵韵（Aura）的复制艺术品一样，尽管它的躯壳（即那个带有印刷签名的指券纸张）依然存在，但蕴含在躯壳之下被封印的活生生的实在力量却从印刷的签名下消失了。一旦消失，则意味着在不断重复印制的指券

---

① 参见 Rebecca L. Spang, *Stuff and Money in the Time of the French Revolution*, Cambridge MA: Harvard University Press, 2015, p. 70。
② 参见 Rebecca L. Spang, *Stuff and Money in the Time of the French Revolution*, Cambridge MA: Harvard University Press, 2015, p. 58。

中,不再包含词与物、财富与象征的基本关联,作为政治经济学基础的货币装置被打破,经济活动也随着指券的贬值而陷入混乱。唯有当新的拿破仑政府用法郎的象征重新架构了财富和象征之间的封印关系之后,法兰西的商业和货币才得到了喘息的机会。

指券是一个不错的案例,它可以让我们看到,在货币关系中,什么因素是重要的,什么是不重要的。其中最为显著的效果是,充当货币的材料实际上是不重要的,既然纯粹的纸张可以取代纯粹的金银来充当货币,这势必意味着纸张也可以在新技术革命的背景下被其他的材料甚至是数据所取代。我们可以这样来理解,正如在人类历史早期,通过诸神与国王的姓名和头像将真实的财富封印在充当记录财富的媒介、拥有象征的铸币之上一样,纸币是货币发展的一个中介阶段。尽管纸币的发行,在货币史学家们看来,是从金本位(或银本位)货币走向信用货币的一个伟大进步,但真实的情况是,无论是金银铸币(或者其他金属铸币,如中国古代普遍使用的铜板),还是后来以国家信用为基础(实际上也是以国民收入和财产总额为基础)的纸币,都只不过充当了在技术不发达状态下的不得已而为之的权宜的选择而已。我们可以将之前的货币状态概括如下:

(1) 对财富或所有物的记录。在进入到交换之前(无论是商业上的等价交换,还是莫斯和鲍德里亚提出的"象征交换"),必须要拥有一定的财富或所有物;对于这些财富和所有物,需要用一定的技术来簿记,从而确定人或家族相对于所有物的拥有关系。这是经济学上的财产与人之间关系的最初奠定:通过簿记的符号和数字,让人或家族形成了特定的财富所有权,也得出了他们所拥有的财富的量。在这里,最关键的关系是,将自然物或产品还原为一定的可以被簿记的数量和类型,并作为财产书写下来,成为人与其所有物之间的关系的证明。

(2) 在货币具有了一般价值形式之后,真正让货币成为货币的,并不完全在于货币本身具有与交换商品等价的价值,而是在铸币和纸币

187

上出现了象征（诸神与国王的头像、名称和签名）。正如马克思所说，铸币的出现让铸币的名义价值与实际价值发生了分离，同时也形成了一定的关联，这个关联就是通过象征和签名所封印的财产与象征之间的关联。

由此可见，在货币装置中，除了马克思在《资本论》中指出的一般价值形式之外，最重要的关联就是通过铭文所构建起来的人与其所有物之间的关联，以及铸币或纸币中封印的实在的财产与象征之间的关联，这些关联构成了经济活动中最基本的事物与象征之间的布局（dispositif）[①]。在实际的商业和经济交换之中，最重要的关系就是通过货币装置建立起来的财富与象征之间的关系，这种关系在簿记的铭文和货币的象征中被固定下来。

不过，指券的失败说明了铭文和封印仍然不足以建立完全的财富和象征之间的关系。一旦手写的签名变成了印刷的痕迹，其封印功能消失，便导致原先财富与固定签名的一一对应关系，变成了不确定的关系；一项财富，可以与众多高度同质化的签名对应，必然会导致指券的崩溃。由于这种对应关系被指券解构，大革命后期，乃至督政府时期的经济和商业活动陷入混乱之中。

显然，后世的纸币制作都充分考虑到如何实现每一张钞票的唯一性，唯有每一张钞票的唯一性才能重新确定象征与财富的对应关系以及整个经济活动的布局。以美元为例，"美元具有显著的特征：绿色大背景，每一张都按照统一版式制作，钞票背面带有怪异的、苍凉的背景，还有一个未完成的壮观的金字塔，就好像玛格丽特的绘画一样。每张钞票有 12 处标记指向该张钞票的面值，还有每张钞票的编号代表

---

[①] "dispositif" 是福柯的用法。福柯说："借助布局（dispositif）一词，我说的是一种形态，也就是说，在某个历史时刻，这种形态的主要功能在于对事件作出反应。所以布局具有战略功能。"参见 Michel Foucault, *Power/Knowledge: Selected Interviews and Other Writings, 1972-1977*, ed. C. Gordon, New York: Pantheon Books, 1980, p. 194。

着该张钞票的唯一性,与其他同面额的钞票形成了某种关系。我的意思是说,这张钞票非常具体:它是更大规模的有价证券中的一部分,我们知道如何用特殊的方式来解读其潜在的象征"①。芬·布伦顿(Finn Brunton)关于美元论述最关键的是后面的钞票的编号系统,即这个编号系统保证了所有同面额的钞票虽然在外观上完全一致,甚至防伪系统都也完全一致,但是每张钞票都具有唯一性(one-ness),这种唯一性是相对于所有同面额钞票的唯一性,这个后来被称为"冠字号"的编码系统,保证了所有的钞票必然与其他钞票形成差异关系。今天的点钞机的设计,不仅能检验钞票所有的防伪标记,而且可以对钞票的"冠字号"进行检验;如果出现了同样的冠字号,意味着必然存在一张假钞。电影《无双》中设定的制造伪钞的背景都是前数字时代的,即在那个时代,无法检验所有钞票的冠字号是否重复,而周润发所饰演的"画家"只需要解决钞票在外表上的绝对一致(这也是他找到郭富城的原因,因为郭富城是一个没有创造气质,只能进行高度复刻制作的画家,而伪钞的核心就是高度的复刻),一张伪造出来的钞票就可以成为真正的钞票在市场上流通。但是,在大数据时代,一旦每一张钞票的冠字号被登记,伪钞的可能性已经被大大地降低,因为每一张现实中的钞票不是一个单一的存在物,而是与所有其他进入到流通领域的钞票(甚至包括那些被销毁的钞票)构成了一个庞大的数据体系,每一张钞票都对应于单一的信用或财产,而它们对应的信用和财产与其他钞票共同构成了整个货币体系。因此,在数字技术高度发达的今天,钞票不可能被简单地模仿和复制,这种财富与象征的——对应关系在数字化技术面前被重新塑造了。这也是为什么芬·布伦顿惊奇地看到:"每一张美元都是一个文件,它或明或暗地承担着某种

---

① Finn Brunton, *Digital Cash: The Unknown History of the Anarchists, Utopians and Technologists Who Created Cryptocurrency*, Princeton: Princeton University Press, 2019, p. 27.

数据。"①

然而，当纸币发展到不可伪造的时代时，也意味着纸币的穷途末路。电影《无双》中"画师"伪钞集团的没落，也是整个纸币的没落。"画师"代表着伪钞制作的最顶尖级的团队，这个团队显然已经不具有卢佐维茨基导演的电影《伪钞制造者》中犹太人萨利的那种在制作伪钞上的游刃有余。恰恰是"画师"集团将纸钞所有的物质性因素（包括纸张、油墨、雕版印刷、水印等）都天衣无缝地解决之后，面对的是不可克服的"冠字号"的障碍，因为他们制作的伪钞无法进入美联储的编号系统，因为他们的任何一个编号都会与美联储的既定编号系统中的钞票编号发生重复，而这种重复决定了他们生产的只能是伪钞。这样，数字编号系统成了物理或实体防伪系统之上更为根本的架构，在这个意义上，数字编号体系直接将纸币的物质存在掏空了，让其在现实中的实在性变成了一种不必要的存在，这势必成为纸币向电子货币的转折点。

我们可以得出两点结论：（1）货币装置的核心是一种文件，芬·布伦顿十分敏锐地抓住了这一点。在具体的货币储存和交换过程中，这个文件记录了财富，并将一定的财富封印在特定的象征之中（这个象征并不一定需要通过铸币或纸币的形式来体现）。这个记录的铭文解决了拥有关系的问题，而一旦我们可以借助大数据的区块链来储存这一类文件，传统的货币势必丧失这种效力。显然，在一定的历史阶段中，货币装置以铸币和纸币，甚至信用卡上的数额来表示，实际上都是数据结构和技术不够充分、强大和完整的产物；一旦今天的数字技术，尤其是大数据和区块链技术解决了这个问题，传统货币装置被数字货币取代是理所当然之事。而区块链技术本质上就是一个簿记系统，正

---

① Finn Brunton, *Digital Cash：The Unknown History of the Anarchists, Utopians and Technologists Who Created Cryptocurrency*, Princeton: Princeton University Press, 2019, p. 28.

如迈克尔·卡塞（Michael Casey）和保罗·维格纳（Paul Vigna）所指出的："从本质上讲，区块链是一种数字簿记体系，可以在分散的个人计算机上进行网络共享，并允许任何人对它进行更新和维护，但并不会损害其记录的完整性。"[①] 可以说，区块链技术是一种数字铭文体系，它以更加完备的方式实现了簿记，让具体的人及其所有物的关系被纳入一个更为宏大的数字体系中。这种体系是去中心化的，可以随时随地在任意一台计算机和智能终端上进行调用，从而更便捷地实现了铭记。更庞大的数据网络，更分散的去中心化的使用，让区块链等数字技术迅速成为传统铭文的替代方式。

（2）货币不仅仅是一种簿记的文件，更重要的是这种簿记的唯一性得到了保障。在早期的铸币阶段，这种唯一性是通过具有神话性质和权力性质的象征（诸神和国王的头像，权威的签名，防伪标记）来实现的；但是，在数字系统中可以通过加密技术来实现这种唯一性，从而实现一种数字签名（digital signature），其中最典型的就是环签名（ring signature）。"2014年的门罗币（Monero）的区块链，使用了环签名系统的密码本协议，让网络的各个节点可以证明签名的真实性，但各个节点不可能识别签名的密钥。这种签名不是由一个签名，而是由一组签名组成的。"[②] 数字签名和环签名就是数字时代的封印体系，它确保了实际财富与数字代码之间的一一对应关系。

一个属于数字货币的时代正在到来，分散式簿记和数字签名正在成为大数据时代的铭文和封印的方式，我们依赖于数字技术和区块链技术提供的便利性和即时性实现了对人与财产、财产与象征、财产与人类社会的关系的重组。通过区块链与数字簿记和签名体系，大数据

---

[①] Michael J. Casey & Paul Vigna, *The Truth Machine：The Blockchain and the Future of Everything*, New York：St. Martin's Press, 2018, p. 17.

[②] Matthieu Quiniou, *Blockchain：The Advent of Disintermediation*, London：ISTE Ltd. And John Wiley & Sons, Inc, 2019, p. 25.

将按照新的方式来对我们的关系进行重新赋值，从而将我们的一切经济活动都纳入庞大的计算体系中。在这一刻，我们可以深刻地体会到，或许我们面对的并不是货币的幽灵化，而是货币关系从一开始就是不可捉摸的幽灵，在数据技术和区块链技术面前，它逐渐摆脱了不必要的实在的躯壳，用数字化的方式实现了其原初的内核，即所有物或财产与我们的社会存在之间的关系；而这种关系在货币装置出现之前是根本不存在的，通过货币装置，我们实现了与所有物，以及财产与象征符号之间的对应关系。同样，我们可以认为，一旦抛弃传统货币的外壳，我们与财产、财产与象征符号之间的关系将会被重新改写，一种新的社会形态或许即将降临。

第十章

# 数字资本

　　一般智力，或公共智力，如果它不成为共和国，成为一个公共性的领域，成为一个政治共同体，它就会强制性地让人们屈服于它。为了更清晰地说明这一点，我们看看当代的生产。语言和认知习惯的共享就是后福特制劳动过程的构成要素。所有工人都进入到类似于言说-思考一类的生产当中。

——保罗·维尔诺：《诸众的语法》

随着淘宝、京东之类的电子商务形式的逐渐普及，以及微信支付、支付宝的日益扩张，我们已经不再怀疑这是一个数字化的时代。但是，这个时代与之前的时代究竟有着什么样的区别，我们应当如何从哲学上去反思这个时代，仍然是一个悬而未决的问题。我们需要找到一个可以切入数字时代的入口，在这个入口中，来窥得数字资本主义的一斑。

# 一、从产业资本到数字资本

我们如果认为存在着数字资本主义，那么必然存在着一个概念：数字资本。那么究竟什么是数字资本？要澄清这个问题，首先必须理解何谓资本。而对资本的理解，又必须从经典的马克思主义政治经济学对资本的界定来进入。马克思在《1857—1858年经济学手稿》中十分明确地指出，能够被称为资本的东西，绝不是一般意义上的普遍性的存在。在商品经济条件下，尽管货币可以作为一种抽象，架构着商品经济中的一切交易行为，但是马克思十分清楚（这也是马克思不同于一般的庸俗政治经济学的原因），货币本身并不是资本。马克思说："作为资本的货币是超出了作为货币的货币的简单规定的一种货币规定。这可以看作是更高的实现，正如可以说猿发展成为人一样。但是，这里较低级的形式是作为包容较高级的形式的主体出现的。无论如何，作为资本的货币不同于作为货币的货币。这个新的规定必须加以说明。"很明显，马克思在作为资本的货币和作为货币的货币之间的区分，实际上是为他进一步分析资本主义内部的生产关系服务的。作为货币的货币是基础，它的基本原则是等价交换，在流通领域中，虽然也能发生货币的增殖，但这种增殖，在更多时候是一种偶然的关联，相反，从总体上看，流通中买卖的双方，实际上并不具有社会地位上的巨大差别，这种以货币为中介的等价交换关系，体现的是市场中或者市民社会之中平等的公民关系。这也是为什么马克思坚持认为流通领域的资本形式"还绝不会成为生产的基础"的原因。在马克思看来，真正的资本必须被视为一种不平等的社会关系。同样在这部手稿中，马克思慷慨激昂地写道："要害在于：如果说一切资本都是作为手段被用于新生产的对象化劳动，那么，并非所有作为手段被用于新生产的对象化劳动都是资本。资本被理解为物，而没有被理解为关系。"① 显然，在马克思看来，理解资本的关键，并不是资本被抽象为一种具体的物，物并不呈现出资本的本质；资本的本质是一种关系，是一种资本家对雇佣工人的权力关系，也是一种剥削关系。正是资本让资本家具有了凌驾于一切雇佣工人之上的权力，资本让一个平凡的物变成了点石成金的魔法石，也让一个凡人变成了化腐朽为神奇的神灵。

马克思所分析的正是资本主义诞生早期的资本的样态，这样的资本样态恰恰是以货币的方式表现出来的；通过货币和投资，作为资本的货币变成厂房和机器，变成生产资料，也变成了购买工人劳动力的绿色钞票。表面上平等而公平的市场交易，遮蔽的是赤裸裸的不平等的权力关系。正如张一兵教授曾指出的："本质上明明是工人通过劳动养活了资本家，可却颠倒地表现为资本家发给工人工资并养活工人。真相明明是资本家用过去工人创造的死劳动与工人交换，这种交换的实质是资本家获得了可以创造剩余价值的劳动源泉，可是这种不平等在现象上却表现为一种恩慈和博爱。"② 也就是说，资本最为关键的问题，是资本家占据了某种资源，这种资源让其可以在市民社会或市场上具有某种地位和优势。不过，马克思分析的是资本主义发展初期，即在产业资本主义时代的状况：产业资本家占据了作为资本的货币，

---

① 《马克思恩格斯全集》第 30 卷，中文第二版，人民出版社 1995 年版，第 206 页。
② 张一兵：《回到马克思：经济学语境中的哲学话语》，江苏人民出版社 2003 年版，第 678 页。

占据了厂房和机器等生产资料，便拥有了在资本主义社会中攫取利润的工具，同时也获得了凌驾于雇佣工人之上的权力和地位。

然而，在19世纪末期，情况开始发生了变化。在后来希法亭的分析中，出现了一种新的资本形式：

> 银行存款的最大部分属于生产资本家阶级，随着银行制度的发展，他们把自己全部可以支配的货币资本保存在银行里。像我们已经看到的，这种货币资本形成了票据流通的基础。但是，它是这个阶级的自有资本。通过票据贴现，并没有新资本提供给这个阶级本身。它只不过是以一种货币形式（银行的支付约定，有时是现金）的资本代替了另一种货币形式（私人的支付约定）的资本，只是在它恰恰代替被实现的商品资本的限度内，即在从发生上来考察这一货币额的限度内，它才是货币资本。①

我们在这里需要理解的是，在希法亭那里，一种新型的资本（即金融资本）是如何产生的？马克思在《资本论》第二卷中曾分析过资本的流通与周转：在资本的周转过程中，必然或需要产生一定的借贷关系，一部分产业资本家拥有剩余资本，而另一部分产业资本家则在资本周转过程中会发生资金短缺，这样，在资本家与资本家之间产生了偶然性借贷关系。但是，这种偶然性的借贷关系不具有充足的保障，尤其是贷款一方的信用，对偶然性的借贷是至关重要的。在这个基础上，产生了一个第三方组织，即银行。银行汇集了一些产业资本家的闲散资本，然后建立借贷的信托关系。通过这种第三方关系，原先在借方和贷方之间的中介性的第三方，一下子成了一个重要的平台，它将亟须贷款来实现资本周转的产业资本家与有闲散资金的资本家之间的偶然性联系，变成了必然性关系。从此之后，缺少资金的资本家不需要到处打听哪里有闲散资本，而只需要去找银行，从银行资本家那

---

① [奥]希法亭：《金融资本》，福民等译，王辅民校，商务印书馆1994年版，第81—82页。

里直接获得贷款。这样，原来充当借贷双方的第三方平台的银行，一跃成为拥有权力的力量，凌驾于普通的产业资本家之上。希法亭说："产业对银行的依赖，是财产关系的结果。产业资本的一个不断增长的部分不属于使用它的产业资本家了。他们只有通过代表同他们相对立的所有者的银行，才能获得对资本的支配。"① 银行或者说金融资本，将零星分散的产业资本家，在借贷关系这个平台上，利用信托和票据贴现，实现了金融资本相对于产业资本的优势地位。换句话说，金融资本作为一种衍生的货币资本，反而凌驾于产业资本之上，成为真正控制产业资本的力量。在金融资本阶段，银行借助手中的货币资本构筑了一个凌驾于产业资本之上的绝对权力。

然而，在今天我们面对着一个全新的情况，即我们面对着一种新的资本样态——数字资本。为了解释这一点，我们以亚马逊网站为例。如我们在亚马逊网站上购买一本海德格尔的《林中路》，那么其他类似的海德格尔的著作，如《在通向语言的途中》《路标》《面向思的事情》《存在与时间》等，就会在《林中路》购买页面的下方被推送出来，一般来说，这些被推送的书籍或其他商品，我们或多或少会有点兴趣，甚至愿意点开来看看，说不定就是自己真的喜欢的类型。其实，这种情况，在淘宝、天猫、京东、当当、苏宁易购等电子商务平台上也会出现，即顾客在购买一项商品的时候，能够同时得到网站推送的其他相关商品。关键在于，这些推送是怎样得来的？这与我们经常听说的大数据和云计算有关，也就是说，电子商务平台通过收集诸多用户购买的信息，并通过一系列计算得出了这些结果。假如之前某人在购买A商品的时候同时购买了B商品，同时有上千人都做出了类似的选择，这样，之后在电子商务平台上A商品的页面上就会出现B商品的推送信息。这不是广告，而是一种符合购买者心态的数据计算推送。这样

---

① [奥]希法亭：《金融资本》，福民等译，王辅民校，商务印书馆1994年版，第252页。

的推送,当然可以促进卖家的销售,同时也让电子商务平台获利。但有趣的是,不仅电子商务的买家收到了这些云计算的数据,卖家通过相应的渠道也可以获得这样一些数据和信息,但是,与买家获得的信息不同,卖家获得的信息更具有导向性,如今年 20 岁左右的女性喜欢什么款式的裙子,什么颜色在今年更为流行,什么鞋子可以用来搭配这样的款式。卖家获得这样的信息的好处是,可以避免之前生产上的盲目性,能够按照电子商务平台提供的信息来引导自己的生产和进货。古典政治经济学家西斯蒙第曾经谈到:"劳动者是自由的,但是如何维持劳动者的生活,这一点并没有任何保证。他们必须依靠自己的劳动生活,然而消费这一劳动产品的人,他们却看不见,也不认识,他们无法衡量应该作出多大努力,才能得到他所希望的薪酬。"[1] 西斯蒙第谈到的就是产业资本在生产上的盲目性。而这种盲目性,在数字时代被大大地降低了。中小产业资本接受了数据平台提供的引导,从而及时调整自己的生产方向,而各大平台无疑通过这种数据的占有,获得了凌驾于这些产业资本之上的权力,让这些零星的卖家和厂商依附于它们,这种电子商务平台由此能够操纵买家和产业资本。

其实,金融资本在数字时代也面临着同样的问题。银行业在金融资本化之后的一个重大业务是投资,而这种投资与产业资本一样,具有盲目性。尽管之前从事投资行业的人也会十分重视数据分析,但是今天的大数据时代让这种面向投资的数据分析更加便捷化了。我们看到,在大数据和云计算的支撑下,原先相对盲目的投资开始长上了眼睛,各种货币资本和资源,在大数据的助力下,更容易被分配到更易获利的产业和部门,而一些基于大数据的投资咨询公司也应运而生。这样,表面上独立的金融资本,在今天也严重依赖于云计算和大数据。

---

[1] [法] 西斯蒙第:《政治经济学研究 第一卷》,胡尧步等译,商务印书馆 1989 年版,第 67 页。

这样，在传统意义上的产业资本和金融资本之外，我们看到了第三种特殊资本类型，一种获得额外权力的资本——数字资本。现在，通过各大平台上的交易现象很容易就能观察到资本的存在，例如在淘宝平台上，既不是买家也不是卖家在决定着交易的节奏和方向，相反，在这个过程中，背后的大数据应用占据着不可忽视的地位。在每年的双十一购物节当天，阿里巴巴公司的云计算部分就会同步运算即时发生的交易的数据信息，并同时支配着发生交易的诸方。它不仅仅是买卖双方的第三方平台，也是规则的制定者和权力拥有者，而让它获得至高地位的，正是一种新型的资本：数字资本。

## 二、一般数据及其生产

要理解数字资本，我们还需要引入一个一般性概念。马克思在对资本主义的产业劳动的分析中，曾提出了一个劳动一般的概念。在《1857—1858年经济学手稿》中，马克思在对亚当·斯密的贡献的评价中指出：

> 亚当·斯密大大地前进了一步，他抛开了创造财富的活动的一切规定性——干脆就是劳动，既不是工业劳动，又不是商业劳动，也不是农业劳动，而既是这种劳动，又是那种劳动，有了创造财富的活动的抽象一般性，也就有了被规定为财富的对象的一般性，这就是产品一般，或者说又是劳动一般，然而是作为过去的，对象化的劳动。①

可以说，从亚当·斯密开始，对市民社会的政治经济学分析，是基于一个一般性的概念（或等价的量）来进行的；在《资本论》成稿

---

① 《马克思恩格斯选集》第2卷，人民出版社1995年版，第21—22页。

之前，马克思将这个一般性的概念称之为"劳动一般"。劳动一般是一种抽象一般性，作为抽象，它并不关心冶炼钢铁的劳动和制作陶罐的劳动有什么区别，这种劳动一般只有在进入到发达的商品经济社会，为了建立更广泛更一致的交换体系时才确立起来，而作为这个体系的衡量标准的就是这个劳动一般。在《资本论》中，这个劳动一般的概念进一步演化成具体劳动和抽象劳动的区别，成为更具有经济学色彩的交换价值概念。在这个概念中，劳动一般已经成为物的第二自然属性，即商品在生产和交换过程中形成的社会关系的体现。

不过，对于后来的意大利自治学派的思想家（包括奈格里、保罗·维尔诺、拉扎拉托等人）来说，他们更看重的是马克思在《1857—1858年经济学手稿》中的另一段话：

> 自然界没有造出任何机器，没有造出机车、铁路、电报、自动走锭精纺机等等。它们是人的产业劳动的产物，是转化为人的意志驾驭自然界的器官或者说在自然界实现人的意志的器官的自然物质。它们是**人的手创造出来的人脑的器官**；是对象化的知识力量。固定资本的发展表明，一般社会知识，已经在多么大的程度上变成了**直接的生产力**，从而社会生活过程的条件本身在多么大的程度上受到一般智力的控制并按照这种智力得到改造。它表明，社会生产力已经在多么大的程度上，不仅以知识的形式，而且作为社会实践的直接器官，作为实际生活过程的直接器官被生产出来。①

在这段话里，马克思使用了一个新的概念：一般智力（general intellect）。有趣的是，在这部德文手稿中，马克思却是用英文来书写这个词的，而且将其书写为斜体。从这个角度来看，马克思十分重视这个新概念，也相信英文比德文能更准确地表达这个词语的意思。实

---

① 《马克思恩格斯文集》第8卷，人民出版社2009年版，第197—198页。

际上，如果对照后面的《资本论》的正式出版稿来看，马克思后来已经放弃了使用这个概念，也就是说，马克思只在被意大利自治学派称之为"机器论片段"的这个手稿中使用了这个概念。无论马克思起初在《手稿》中基于何种动机使用了一个英文单词来阐释机器化大生产的特征，但是，哈特、奈格里、维尔诺等人给出了自己对这个词语的解读。在哈特和奈格里名震一时的《帝国》（*Empire*）中，他们指出："马克思认为，在资本主义发展的未来的一个点上，劳动力被科技、传播和语言的力量所穿透。一般智力是一种集体的、社会的智力，它是由汇聚起来的认识、技术和知识创造出来的。"① 实际上，在哈特、奈格里等人看来，这种一般智力正是当代认知资本主义（cognitive capitalism）下的非物质劳动（immaterial labor）的产物。需要理解的是，在哈特和奈格里这里，非物质劳动并不是像平常人们理解的那样，是一种相对于物质产品的精神产品（如文学、影视等）的生产，而更多的是生命政治的生产②，也是一种社会关系的生产。他们说："生命政治生产将经济的重心转移到社会关系的生产，而生产和再生产日益混同。"③ 这样，哈特和奈格里实际上在马克思时代的大机器生产和非物质生产（或者他们意义上的生命政治生产）之间做了一个类推，在认知资本主义或生命政治的生产之下，非物质劳动会生产出工人之间的社会关系和协作关系，这种关系类似于机器的架构。在"机器论片段"中，马克思强调了机器对个体工人的身体的贯穿作用，并将工人

---

① Michael Hardt & Antonio Negri, *Empire*, Cambridge: Harvard University Press, 2000, p. 364.
② 需要注意的是，哈特和奈格里的生命政治生产与福柯的生命政治有着很大的区别：福柯以及后来的阿甘本基本上是从否定和消极的意义上来使用生命政治一词的，而哈特、奈格里的生命政治虽然与今天的生产模式密切相关，但是意义则大相径庭，可以参见 Thomas Lemke, *Biopolitics: An Advanced Introduction*, New York: New York University Press, 2011, pp. 5 - 6。
③ [美] 哈特、[意] 奈格里：《大同世界》，王行坤译，中国人民大学出版社 2015 年版，第 108 页。

架构为大机器的一部分，而在哈特和奈格里的生命政治生产中，劳动者的活劳动也被整合到这个巨大的一般智力当中。另一位自治学派的学者维尔诺也将工人在劳动中创造出来的语言看成是一般智力："一般智力，或公共智力，如果它不成为一个共和性和公共性的领域，一个政治共同体，它就会强制性地让人们屈服于它。为了更清晰地说明这一点，我们看看当代的生产。语言和认知习惯的共享就是后福特制劳动过程的构成要素。所有工人都进入到类似于言说-思考一类的生产当中。"①

无论是哈特和奈格里还是维尔诺，都十分清楚地看到今天实际上有一种无形的"机器"架构着生产，阿甘本将这种机器称之为"装置"（apparatus），这种无形的巨大装置让每一个参与其中劳动的人都成为它的一部分、一个零件。在这一点上，意大利自治学派的确把握住了后福特制生产的要害，即一种非物质的力量，而不是物质性机器的力量，将所有生产劳动凝结为一个整体。他们同样敏锐地看到的是，这种力量，即一般智力，是劳动者生产的结果，依赖于每一个参与到其中的劳动者的生产的力量，聚沙成塔。然而，奈格里等人的错误在于，他们过于乐观地将这种非物质生产主义的一般智力，看成了一种主观性，在另一本书中，奈格里直接将一般智力的生产等同于"主体性的生产"（production of subjectivity）。他认为："我们想强调的是，主体性生产的原因或动力是在权力关系内部建立起来的，因为关系的复杂博弈不断地会被生命欲望所清除。因为生命欲望标志着抵抗权力的出现，抵抗本身成了主体性生产的真正动力。"② 奈格里实在太乐观了，他的错误在于在非物质的生产与主体性的生产之间直接画上了等号，

---

① Paolo Virno, *A Grammar of the Multitude*, trans. Isabella Bertoletti, James Cascito, Andrea Casson, South Pasadena: Semiotext (e), 2004, p.41.
② Antonio Negri, *The Porcelain Workshop: For a New Grammar of Politics*, trans. Noura Wedell, South Pasadena: Semiotext (e), 2008, p.37.

这样，在他那里，非物质劳动生产出来的一种无形的"机器"被直接等同于主体性，等同于工人抵抗的可能性，因为他认为正是一般智力创造了将零散的各个主体［他和哈特的概念是大众（multitude）］聚集起来的可能性，而这种可能性则为颠覆资本主义和帝国的统治奠定了基础。2017年奈格里在南京大学的讲座中更是强调，一般智力就是通向共产主义的路径，因为主体性的生产将不变资本变成了可变资本，而这种可变资本的权力不是掌握在资本家手中，而是掌握在被凝聚起来的大众手中。事实上，奈格里已经在这条偏差的路径上南辕北辙了。

其实，最核心的问题在于：这种非物质劳动是否等同于一种主体性？哈特和奈格里的误解实际上是一个二元范式，即物质/非物质的二元对立，被他们直接等同于客体/主体的对立，在这个逻辑之下，非物质生产也就成为可变资本的主体性生产。实际上，当代的思辨实在论驳斥了这个问题，如格拉厄姆·哈曼认为，今天数字化生产出来的新事物，既非物质，也非主体，而是对象（object）。这种数字化的对象，在存在论意义上已经不同于传统意义上的物质，但绝对不是主体。正如哈曼所解释的："'对象'准确的意思如下，它包含那些既非生理，亦非实在的东西……所有这一类对象，都需要从本体论上来考察，而不能贬斥为或还原为无关紧要的虚空。"① 哈曼对对象的理解，实际上更多地来自吉尔贝·西蒙东，对象的形成，虽然没有物质形体，但也绝对成为一种主观性存在，它是一种独立于二元分类的存在，在这个意义上，它不构成奈格里意义上的主观性。

那么，我们通过简单的观察就可以看到，今天的数字生产时代生产出来的这些对象，显然与主体性关联不大，且根本不受主体性的支配。在前文中我们已经指出，数字时代的全新对象，就是数据。这种数据保持了它自身的运转，让自己在云计算的装置中生成和演化，变

---

① Graham Harman, *The Quadruple Object*, Hants: Zero Books, 2011, p. 5.

成了一种独立于主体意识的存在。所以，我们既不能从物质的层面，也不能从主体的层面来把握这种数字对象。为了方便起见，我们可以赋予这种对象一个新名称：一般数据。在这里，我们虽然还无法给出一般数据的准确定义，但是我们可以描述出一般数据的几个特征：

（1）一般数据并不是具体的某种数据，与劳动一般一样，它代表着所有数据的抽象层面。数字化时代或者数字资本主义的典型特征，是将一切都数字化，转化为一个可以进入到云计算界面的数据，而这种数据的抽象形式就是一般数据。由于一般数据的出现，我们看到，今天人们的异化，已经从马克思和卢卡奇批判过的物化（Versachlichung）变成了数字异化。而且这种数字异化是我们进入数字化时代的必然趋势，我们没有能力拒绝这种数字异化的方式，因为如果不能转化为一种数字化的数据，我们就无法与新的数字时代对接，也无法进入到数字的界面中去建立社会关系，这势必意味着个体被数字时代所放逐。

（2）一般数据是每一个用户数字劳动的产物。和一般智力一样，一般数据不是凭空出现的，它首先是一种产品，一种在数字化环境中被生产出来的产品。必须指出的是，现代的数字生产，已经不是需要厂房和车间，在一个固定空间中从事的生产活动。从法国的安德烈·高兹和意大利自治学派开始，生产的概念已经得到了很大拓展。譬如，我们在淘宝上的购物行为，除了完成我们自己所需要的购物行为之外，一般会被我们忽视的一点是，我们也完成了一次数据生产。普通人的搜索、购买、视频、游戏等活动，实际上完成了数据生产最基础的工作，尼克·斯尔尼塞克认为这就是数据的原材料的生产。而这种原材料是基础性的，在云计算和各种App的数字机器作用下，被加工成具有价值的一般数据，并可以在市场上作为商品来销售。更重要的是，这些一般数据是数字资本主义时代权力的象征，在这个意义上，谁在今天拥有了足够多的一般数据，谁就拥有了权力。

（3）一般数据成为数字资本的前提是私人占有，并从中获利。一般数据从一开始就不是一个个体的产物，在这个庞大数据构成的平台上，每个人的数据信息已经变得难分彼此。在这个意义上，一般数据在本质上就是集体性的（collective）。不过，我们面对的是，这些集体性的一般数据，却被某些大公司，如谷歌、苹果、微软、阿里巴巴无偿占有，这些大公司不仅占有一般数据，而且从中获利，而那些生产这些作为原材料的一般数据的数字劳动者（即他们数字平台的用户）却得不到一丝回报。由于这种私人占有，原本集体性的数据变成了为某个公司、某个个体牟取利益的工具。因此，一般数据因为这种私人占有关系变成了数字资本，而数字资本为数字资本家在今天赢得了巨大的权力，让他们成为数字资本主义时代呼风唤雨的"英雄"。

所以，在认清楚一般数据的基本事实之后，我们需要做的是，建立一种全新的数字时代的政治经济学批判，从马克思所奠基的政治经济学批判的角度来审视今天的数字资本主义问题。

## 三、数字资本的政治经济学

根据前文的分析，从马克思的政治经济学开始到今天，资本总体上有三种样态：产业资本（包括商业资本等）、金融资本、数字资本。这样，资本主义的类型也有三种：产业资本主义、金融资本主义和数字资本主义。不过，需要强调的是，后面的资本样态和资本主义类型的出现，并不代表前面的资本样态和资本主义类型的消失，例如，金融资本的出现，并不代表产业资本的消失，同样，数字资本的出现，也不代表产业资本和金融资本的消失。在对数字资本主义亦步亦趋的分析过程中，需要避免一种倾向，即认为一旦数字资本主义诞生，就意味着一个新时代的来临，这个新时代会十分自然地将一切旧有的东西都扫入历史的垃圾堆里。这是一种未来主义和数字神秘主义的神话，我们不需要编造这样的神话，因为对数字资本主义的客观分析，仍然需要在马克思主义的政治经济学批判的基础上来进行，任何脱离这个基础的天花乱坠的说辞，都不过是虚无缥缈的空中楼阁。

因此，我们需要从几个要点来审视当下数字资本存在的基础逻辑：

（1）产业资本仍然是资本主义不可取代的基础。无论金融资本和数字资本如何发展，如何在今天的世界里演绎经济的奇迹，一旦没有基础的产业资本作为支撑，这些泡沫式的神话会立刻破灭。无论是英国的古典政治经济学，还是马克思的历史唯物主义，社会历史发展的全部事实必须建立在最基本的经济事实上。如英国威斯敏斯特大学的克里斯蒂安·福克斯在研究数字劳动和数字资本之后，坚持认为"农业、工业、建筑、交通运输等实质性劳动只有作为基础的生产性劳动"[1]，如此才能理解当代经济的最基本的框架。正是产业劳动，为人类在这个世界上的生存创造出基础的物质资料和生活资料。无论虚拟和数字经济发展到何种程度，只要人类还是以生命体的形式存在，就永远离不开实体性的物质生产；不仅离不开物质生产，而且这些产业劳动必定作为全部经济学事实存在的根基。不过，还需要强调一点，数字资本的兴起不一定代表着产业资本的没落，实际上，数字技术和数字资本主义也带动了产业资本的升级，如物联网（Internet of Things, IoT）和人工智能技术的应用，坦白来说，就是数字资本与产业资本的协同前进。当人工智能机器人帮助顺丰、韵达、圆通等快递行业迅速分拣送往各地的快递包裹时，当深圳华强北的物联网系统迅速调拨珠三角地区乃至全国的物质性资源投入新型产业生产的时候，我们很难说，在数字资本兴起的时候，产业资本走向了没落。

---

[1] Eran Fisher & Christian Fuchs, *Reconsidering Value and Labour in the Digital Age*, New York: Palgrave Macmillan, 2015, p.35.,

（2）金融资本仍然在所有的经济活动中起着十分重要的作用。尽管数字经济的出现改变了传统经济的许多形式，但是希法亭对金融资本的分析并没有发生本质性的改变。今天的银行仍然在实现着它的信用，用借贷和投资支配着产业资本，尽管随着数字技术的广泛应用，随着支付宝、微信支付、Apple Pay 等的广泛应用，传统意义上的银行业务遭到了很大挑战。第三方支付业务实际上在很大程度上架空了传统银行业的权力，这是因为第三方支付业务实质上就是数字时代的银行。与产业资本主义一样，数字资本主义的出现并不代表着金融资本主义的消失，数字技术与金融资本也实现了融合。数字技术不仅可以为金融投资提供方向，同时，智能手机上的 App 让大银行无法完成的小额信贷在数字时代成为可能，数字时代的个人信用机制比金融资本主义时代更完善，而金融资本在数字资本的助力下获得了更大的发挥空间。

（3）数字资本处于当代政治经济学结构的顶层。如果我们说产业资本是整个资本结构的基底，那么金融资本是这个结构的中层，而数字资本占据着这个金字塔结构的塔尖。也就是说，数字资本可以有效地引导产业资本和金融资本；在今天谁掌握了数字资本，无疑会在市场竞争中获得非同一般的优势。随着十几年互联网技术的发展，今天的数字资本已经表现为平台资本。一般数据高度聚集在某几个大平台上，如果传统产业不能有效地加入这些平台，便意味着会面临被市场淘汰的风险。例如，餐饮业现在需要加入大众点评、美团、饿了吗等，宾馆和民宿等行业也与携程、艺龙、蚂蚁短租等平台密切相关，淘宝、天猫、京东、当当等为产业资本创造的不仅仅是一个个销售平台，而且是一种数字资本的引导，甚至直接与产业和金融业的生存相关联。正是这一切奠定了数字资本在这个结构中的金字塔尖的地位。

根据以上分析，我们可以将产业资本、金融资本、数字资本的关系图示为：

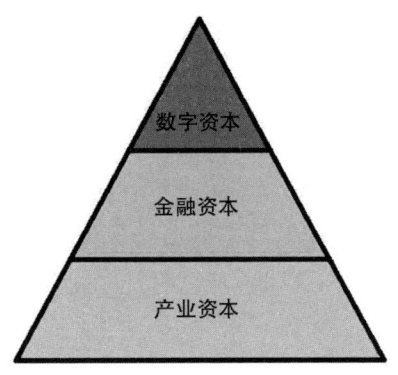

在理解了产业资本、金融资本、数字资本的关系之后，需要解释的是，为什么是在近五年来数字资本主义才兴起，而不是在互联网开始起步的 20 世纪 90 年代末期和 21 世纪的最初十年。的确，在 20 世纪 90 年代，产生了一系列新的概念，如知识经济、信息经济，也有知识资本的提法出现，但是，在那段时间，并没有真正形成一种知识资本主义和信息资本主义。近五年来，究竟是什么促成了数字资本主义的出现？显然，知识、信息甚至数据的出现，尚不足以促成一种新的资本主义形态，因为在那个时代，知识、信息和数据都是作为一种资本的要素出现的，这些要素本身并没有占据支配性的地位，也没有成为资本的能力。真正意义上的资本，需要的是一种普世性的架构。例如，在产业资本阶段，亚当·斯密提出的世界市场，只有建立在一种劳动一般的等价量基础上才是可能的，这种等价量将一切不能相互比较的物品，都转化为一个具体的量，可以在市场上衡量；在市场上，由于这种等价量的出现，梵高的绘画和一个宋代汝窑瓷器可以同时在艺术品市场上比较。

正如卢卡奇所指出的："一个商品形式占支配地位，对所有生活形式都有决定性影响的社会和一个商品形式只是短暂出现的社会之间的区别是质的区别。"① 那么，我们也可以顺着卢卡奇的说法指出："一个数字形式占支配地位，对所有生活形式都有决定性的影响的社会和一个数字形式只是短暂出现的社会之间的区别是质的区别。"的确，今天的数字生活形式，已经从各个方面支配着我们的生活，我们已经很难想象，一旦离开了我们的智能手机以及其他的智能设备，我们的生活会是什么样子。而且，今天的智能手机和各种 App 软件，已经将很多之前在互联网时代不会加入到网络空间中的个体都强制性地纳入到数字空间中来，当看到街头卖烤地瓜的老大爷摆出自己的微信和支付宝的收款二维码的时候，我们难道还看不到数字形式已经成为今天世界上的支配性力量吗？而这一切的发生，不是在 20 世纪 90 年代，不是在 21 世纪的最初 10 年，而就是在这三五年间。数字资本正在以巨大的规模扩张，将一切可以纳入其框架的个体甚至物品，都毫无例外地纳入它的支配之下。今天的与世隔绝或许不再是隐居山林，而是在地铁上几乎所有人都在盯着自己的智能设备的屏幕，唯独你一个人茫然地望着这一切，与世隔绝。

这是一种新的同质化的力量，它既是对我们固有的乡愁和质性的进一步的消灭，也是一种历史前进的车轮；在这个历史趋势之下，个体实际上没有太多选择，我们在更多时候是被强行拽入到这个进步轨道上的，没有其他选择！或者，这就是福柯的生命政治的数字化改进版。福柯在《安全、领土与人口》中认为："政治经济学只有在人口主体（sujet-population）被引入的情况下才可能成为一种思想。"② 将具体的活生生的人还原为可以在人口统计学上计数的人口个体，并在人口计数中还原为人口总体，这是后来为什么马克思批判马尔萨斯的人口论的原因，因为马尔萨斯将人口看成一种自然规律，而对于马克思

---

① [匈] 卢卡奇：《历史与阶级意识》，杜章智等译，商务印书馆 1992 年版，第 144 页。
② [法] 福柯：《安全、领土与人口》，钱翰、陈晓径译，上海人民出版社 2010 年版，第 63 页。

和福柯来说，人口规律是进入到现代文明后的一种现象，不过，在马克思那里，人口是政治经济学的产物，而福柯则将人口看成现代安全机制下的治理技术。换句话说，当现代人被还原为在人口统计学、卫生防疫学以及政治经济学上可以统计的人口数据时，我们的生命已经被还原为一种纯粹的生物学意义上的生命，这是现代生命政治学（biopolitics）的诞生。政治经济学与生命政治学就是现代政治发展的两个不同的侧面。

在数字资本主义发展的今天，福柯所谓的具体的人被生命政治化为人口统计学上的数据个体的命运并没有改变，相反，这个趋势在今天愈演愈烈。换句话说，唯有当我们被转化为一系列的数据，变成在平台上交流的数字资本的时候，我们的生命才具有意义。所以，在数字资本主义的前提下，生命就是数据。在医疗平台上，我们是一系列血压、血糖、血脂指标数据，而医疗平台只需要根据这些数据指标，而不是针对我们的生命实体作出反应。在相亲网站上，一位男士或女士被转化为身高、学历、收入情况、家庭背景供其他用户搜索配对。不仅个人如此，每一个商家、厂商甚至大学、事业机构，都在数字资本的大数据库中被使用。在制造业调用资源的时候，一个厂商仅仅只是一个特殊部分的供应渠道的数据而已，而这种数据资源，在物联网状态中更容易转化为一种更庞大的数据系统。在数据的界面上，人与物的界限已经变得模糊，在云计算的平台上，我们和仓库里存放的货物一样，只是被用来调配的数字资源。生命政治在数字资本主义的政治经济学框架下变得更加淋漓尽致。在这里，一切才刚刚起步，而在数字技术突飞猛进的今天，我们需要更冷静地反思，这种反思不再是堕落的人本主义的乡愁，而是真正进入到数字资本内部，探讨其运行机制的数字资本主义的政治经济学批判。我们可以看到，当我们接触到数字资本主义的政治经济学的时候，并不是已经找到了答案，而仅仅是打开了一扇大门，我们需要披荆斩棘，在其中开辟出一条道路。

# 第十一章

# 数字再生产

要找到一种语言——而且,正因为语言就是观念,使用一种宇宙语言的时代必将到来!

——兰波:《通灵人信札之二》

如果19世纪的主要形象是忏悔主体和统计主体,那么20世纪产生了新的信息主体,直到今天,这种信息主体对我们来说仍然十分新鲜。事情在20世纪的最初20年里发生了至关重要的转变。信息开始先于人而存在。

——库普曼:《我们如何变成数据》

或许，在 19 世纪时，很少有人知道兰波在《通灵人信札之二》中为什么要通灵，那种普世的宇宙语言又是什么。兰波不信任转瞬即逝的感官，试图用一种普世语言来实现与另一个世界通灵，这也是他为什么坚持诗人是一个通灵者的原因。通灵者不会囿于一个故步自封的世界，不会玩着永世轮回的游戏；通灵者需要走出循环时间的迷宫，让另一个世界的希望照亮荆棘密布的此世，让人们可以在没有上帝的世界里重新看到走出时间循环的可能性。这就是为什么兰波将希望寄托在一个根本不存在的宇宙语言身上的原因。他满怀希望地说道："诗人在他于宇宙之灵中觉醒的时候将给未知以定量，诗人一定可以提供更多的东西——比他的思想模式，比他的走向进步的记录还要多！不正常状态一旦转而成为正常，一旦被所有人所吸收，诗人便将真正成为一个进步的促进者！"①

一个多世纪之后的今天，我们似乎看到了兰波的这种普世的宇宙语言的曙光，但是我们看到的却是另一番景象。我们今天的确"给未知以定量"，因为我们将一切都转化为数据，并在数字算法后台中将其纳入一个庞大的数字网络中去；我们的确得到了更多的东西，我们也获得了巨大的进步，我们的状态也越来越正常，但是创造这一切的不是兰波式的诗人，而是数字技术和算法。我们面对着一个全新的时代，一个普遍数字化的时代；一切事物，一切可以经验到的东西，并不是变成可说的事物，而是变成了一种新的存在方式——可数字化的数据。在今天，到处充满着智能网络，到处都在使用手机、笔记本电脑、智能终端等设备，这已经不再是纯粹工艺学上的技术和设备的更新换代，而是一种存在方式的改变。不仅如此，我们也在整个数字化网络中不断再生产出我们自己，以及我们的各种社会关系。在这样一个时代里，我们并没有成为一个真正的诗人，一个此世和另一个世界的通灵者，

---

① [法] 兰波：《地狱一季》，王道乾译，花城出版社 1991 年版，第 80 页。

而是进入一个更巨大的轮回，即数字资本主义时代的再生产。为了理解这种再生产，我们需要借助本雅明、德里达和福柯的武器，为我们揭示出将我们绑定在数字结界上的魔法。

# 一、从可说性到可数字化

1916年7月，本雅明在写给马丁·布伯的一封信中曾说道，"要彻底消灭语言中的不可言说的东西"。本雅明在这里提到的不可言说的东西（the unsayable），实际上指向了西方哲学史上的一个十分重要的问题，即可说之物（the sayable）的问题。

为什么会有可说之物的问题？实际上，我们知道，世界上存在着一个基本的二分，即词与物、概念与现象、能指与所指、符号与意义的二分，我们可以轻易地将一朵花视为属于物的世界或现象世界的东西，而将一般性的"花"的概念看成是词的世界或概念世界中的东西。但更为重要的不是这个二分，而是词与物、概念与现象这两个世界之间存在着一种隐秘的关联，我们可以将这种关联视为映射关系和对应关系。譬如，当我们说"花"这个词的时候，一定会让我们联想到物的世界中的某个对应的可以被称呼为花的东西，例如眼前的这一朵梅花，凌霜傲雪，暗香浮动。这种能指和所指、词与物之间的对应关系，保证了两个彼此分开的世界存在着一定的关联，从而保证了世界的统一性。这就是为什么最初的哲学是本体论（onto-logie）的原因。本体论不是纯粹对物的世界或实体（on）的探究，也不是对纯粹的词语和概念世界或逻各斯（logos）的研究，因为本体论从一开始就是研究本体与逻各斯的关联，即在逻各斯下被言说的本体或实在。正如亚里士多德在《范畴篇》中就提到柏拉图主义的关键就是建立起理念与事物之间的关联。亚里士多德说："由于分有，众多和理念同名的事物才得以存在。"① 这样，在古希腊的本体论中，实体与逻各斯、物与词语的对应关系就建立了起来，而这些对应关系最终被归结为理念（Idea）。

不过，这里还有一个比较重要的问题：词与物、逻各斯与世界的对应关系是如何建立起来的？而这个问题引出了一个更为重要的问题：逻各斯与实体之间的关系真的是没有遗漏的一一对应关系吗？当我们言说一个词语的时候，是什么保障了一定有一个实在物与之对应，而所有的实在物都应该有一个名称来称呼它？事实上，在当代思想家瓦尔特·本雅明那里，两者之间的这种对应关系似乎更像是自柏拉图以来的一种形而上学的伎俩，也就是说，形而上学通过某种特定的方式，让原本并不能直接对应的关系（即词与物、言说与实体、逻各斯与世界）变成了对应关系。在《德国悲苦剧的起源》中，本雅明就十分明确地坚持了这种反形而上学的立场：

> 概念的标尺是用来表达一个理念的，它将理念现实化为概念的组合（Konfiguration）。因为理念并没有将现象纳入其中。现象没有被理念所包含。毋宁说，理念是现象客观化了的虚拟整饬，是对现象的客观化阐释。如果理念既没有将现象吸纳入自身，也没有化解在自己的功能中，化解在现象法则，化解在"假设"中的话，那么就会有这样一个问题：理念将以何种方式达致现象？②

本雅明的意思在这里十分清楚。理念与现象、词与物之间的对应关系，实际上是完成了一个魔法：理念或词语根本没有与现象和物对应起来，或者用本雅明的话来说，根本没有"将现象纳入其中"。从一开始，理念、词语、概念与现象、物、实在之间的对应关系就是一种虚幻，理念实际上并没有达到现象和实在。倘若如此，与词语和理念

---

① [古希腊] 亚里士多德：《形而上学》，苗力田译，中国人民大学出版社2003年版，第17页。
② [德] 本雅明：《德国悲苦剧的起源》，李双志、苏伟译，北京师范大学出版社2013年版，第10页。

对应的"物"和"实在"究竟是什么？本雅明给出的答案是，对应的"物"和"实在"实际上是理念或词语在逻各斯的范畴内所再现（Repräsentation）的对象，是"现象客观化了的虚拟整饬"。这是什么意思？简单来说，在实在世界里，实际上现象或实在一开始并不是以彼此分离的具体对象或物存在的，原初的世界在根本上是一个无差分（indifference）的世界，这就是拉康意义上的真实界（le réel）；而这个无差分的真实界也正是后来思辨实在论（speculative realism）和新实在论（new realism）的基础。也就是说，在没有词语和概念的前提下，我们无法将某一特殊对象从它的周围环境中隔离出来，比如说一朵花，它在现象世界中并不是天然独立的，它混同在其他诸多事物当中；唯有当我们言说花这个概念的时候，花才能作为一个独立的对象从周围环境中分离出来，成为我们观看和言说的对象，成为笛卡尔哲学以后的客体概念。

但是，这里存在一个问题：作为对象和客体的花，与原先混合在周围无差分环境中的花是否是一回事？对于在词语中被言说的花，在本雅明看来，就是被再现出来的花；"花"的概念通过某种属性的规定，让"花"可以与周围的"非花"事物隔离开来，让眼前的花成为一个独立的对象。在这个意义上，当我们可以将一朵花从植物的茎上摘下来时，已经意味着这朵花被主体视为一个可以与周围环境隔离开来的对象，从而我们可以用手将花摘落下来。我手中这朵被摘落的花不再是长在植物根茎之上的鲜花，而是通过我们的"花"的理念不仅在词语上被隔离出来，也在现实中被隔离出来的对象，所以我手中的花不再是原始的自然状态下的花，而是被我们的理念或概念"再现"出来的花。

更为重要的问题是，可以被词语和理念再现的花（并非在言说中所说的"花"），实际上就是我们通常所认为的与概念的对应物，这样，我们便可以理解，与概念对应的根本不是实在，不是自然状态下的现象，也不是原初的世界，而是被概念和理念介入，将与之对应的材料与周围的世界隔离开来而形成的对象。这个对象已经包含了词语所规定的属性，从而可以在概念层面上表现出与概念或词语的一一对应性。也就是说，这种词与物、理念与现象之间的对应关系实际上是一种伪像，所有的对应关系全部发生在词语层面和理念层面，词语和理念完成的是对原初世界和现象的切割。就像我们可以将那朵花从植物的茎上摘下来一样，表面上看，花还是那朵花，但是，花的意义已经发生了改变，原初在自然环境中经验到的具有生命活力的花，突然变成了主体凝视和把玩的对象，沦为了客体，成为被主体送上概念解剖台的僵死的对象。这些对象不仅被概念和词语所切割，它们之间的关联也不再是在原初世界中的真实关联，而是在一个新的平台上，按照词语或能指之间的关系进行了重新组合，并在这个平台上被再现为新的状态。本雅明把这个将活生生的现象和实在变成词语和概念手术台上的对象的平台称为聚阵（Konstellation）。本雅明说："理念是永恒的聚阵结构，包含着作为这样的聚阵之连接点的现象元素，由此现象既被分解又得到了拯救。而那些元素，将其从现象中抽离出来的就是概念的任务，那些元素在极端情况下（das Extreme），最是显露无遗。"[1] 在概念聚阵的平台上，原初与世界的直接经验被转换为经由概念和词语再现的对象，我们的身体对世界的实在经验反而变成了无关紧要的东西。正如本雅明在《经验与贫乏》中强调的，木匠的经验被直接的现代加工工艺学的知识所取代，而我们对世界的直接体验，被各种意识形态的话语切割成鸡零狗碎。"我们承认：这种经验的贫乏不仅是个人的，而且也是人类经验的贫乏，也就是说，一种新的无教养。"[2]

作为本雅明精神衣钵的传承者，意大利思想家阿甘本显然也接受了本雅明的理念的聚阵的概念，不过，他更希望将这个概念与古代希

---

[1] [德] 本雅明：《德国悲苦剧的起源》，李双志、苏伟译，北京师范大学出版社 2013 年版，第 11 页。

[2] [德] 本雅明：《经验与贫乏》，王炳钧、杨劲译，百花文艺出版社 1999 年版，第 254 页。

腊化时期的斯多葛学派的一个重要概念——可说之物（lekton）——联系起来。斯多葛学派承袭了柏拉图在《蒂迈欧篇》中的区分，柏拉图很明确地感受到，在词与物、概念与实在之外，还存在着第三样东西，对于第三样东西，柏拉图给出了一个名称 kora，kora 是一个空洞的空间，它是一个虚无的架构，但是物体和现象只有进入到 kora 这个空间之后，才能与词语和概念形成对应关系，即形成所谓的本体-逻辑（onto-logie）。正是这个空洞的空间，即 kora，在后世的斯多葛学派那里，被称为可说性（lekton）。在《蒂迈欧篇》的柏拉图，以及后来的斯多葛学派看来，过程实际上这样的：纯粹的现象和实在，一开始无法与我们的知识和语言建立起有效的关联，如果需要建立关联，必须让现象和实在进入 kora 或 lekton 之中，成为与概念对应的可说之物。所以，阿甘本指出："为了这个目的，恢复柏拉图的态度，所以斯多葛主义为他们的意义理论加上了'可说性'（lekton）。从'玫瑰'一词和'玫瑰'的概念，可以指向个别的现存的玫瑰，我们需要假定玫瑰的观念，即纯粹可说性上的玫瑰，即它的'诞生'。"① 也就是说，自然现象或纯粹实在，并不是直接可以被我们言说的对象，我们需要通过 kora 或者可说性，或者本雅明意义上的聚阵，让其在这个平台上变成可说之物，从而才能变成与我们言说的词语和概念一一对应的对象。换句话说，这个过程是，人类在语言诞生的过程中产生了这种可说性的机制，让不可言说的纯粹现象变成了可说之物，然后，才能在人类的语言中交流，成为我们互相言说的对象。从纯粹世界中的实在到逻各斯之下的可说之物，才是人类语言最大的奥秘。

当然，追溯本雅明的聚阵、柏拉图的 kora、斯多葛学派的 lekton，最根本的意思在于，我们人类社会的文明如果是建立在语言和概念基础上，那么其前提是所有的物体和实在要变成可说之物。在今天，即

---

① ［意］阿甘本：《什么是哲学?》，蓝江译，上海社会科学院出版社 2019 年版，第 110 页。

兰波宣称具有宇宙语言的时代，我们面临的是一种全新的状况，因为在我们世界中运行的不仅仅是我们人与人之间交流的语言，更重要的是，在我们的语言交流的背后，还有一个潜在的更大的数据世界，在那里收集了大量的数据，并在计算机语言算法的掌控下已经形成了全新的聚阵，这不再是本雅明的语言或理念的聚阵，而毋宁就是数据的聚阵或算法的聚阵。根据本雅明、柏拉图或斯多葛学派的结论，我们是否可以做出这样的推理，即今天可说性已经让位于一个更大的数字平台，我们面对的世界不仅仅是需要将纯粹现象变成可说之物，更重要的是要变成巨大的数字平台上的可数字化之物。所以，今天我们面对着一个全新的 kora、全新的 lekton，这个新的平台就是由数字和算法支撑的平台，而今天我们想成为数字时代的现代人的一个前提就是要成为可数字化之物，而成为可数字化之物的代价必然是本雅明曾提到的真实经验的毁灭。但我们知道，正如本雅明所说，这既是毁灭，也是新的拯救。我们在可数字化之下抛弃了旧时代的藩篱，也陷入更精密的囚笼当中。

## 二、复制与增补：再生产的数据化

数字资本主义时代的困境不仅仅在于原初经验的失却，即原初的实在和物被具有可说性的理念切割成与词语对应的对象和不可被词语消化的残余，在数字化时代，这种可说性变成了可数字化的平台，即任何的经验、任何的实在，必须经过数字化来转换。即便是我们生活中的词语和对象，一旦不能变成网络平台上的数据，也自然与之前被可说性切割下来的残余经验一样，成为新的残余。这是第二次切割，也是我们经验的第二次丧失。从可说之物向可数字化之物的转变，也正是从人类的语言交换体系的普遍化向数字平台的普遍化的转变。

然而，在这个发展过程中，还有一个更深层次的裂变，也就是说，不是所有可数字化的信息或数据都可以在数字平台上交流。数字平台天天采集着与我们的日常生活息息相关的各种数据。齐泽克曾说："人类个体也变成了'物'，他们的言说和行为在他们不知道的情况下，都能不断地变成数据并被传递出去：他们的身体行动、金融交易、健康、饮食习惯、购买与售卖记录，他们读什么，听什么，看什么，所有这些都被收集到数据网络中。"① 不过，这里要注意的是，将人的行为和习惯变成可数字化之物，仅仅是这个步骤中的第一步。也就是说，我们的具体行为、言说和经验变成数据，并被各大数字平台所采集，实际上只是一个采矿过程。加拿大加速主义的代表人物尼克·斯尔尼塞克有一个不错的比喻，他说："简单来说，我们应该把数据作为必须提取的原材料，用户的活动就是这种原材料的天然来源。这就像石油一样，数据是一种被提取、被精炼并以各种方式被使用的物质。数据越多，权力越大。"② 斯尔尼塞克说的没错，的确，数据就是数字资本主义时代最重要的资源，数据的地位可以与产业资本主义时代的石油和煤矿相媲美，谁拥有了更多的数据，谁就拥有了更多的权力。

但是，这个比喻也指出了一个新的问题。这就好像在产业资本主义时代，仅仅开采出原油，并不能让我们获得直接的工业产品和生活消费品。在斯尔尼塞克的隐喻中，记录了我们社会生活的话语和行为痕迹的数据，实际上并不能带来数字资本主义的繁荣，所以对于数据的原材料而言，必须还有一个精炼（refined）的过程。正如有了开采原油的油田，还必须有加工原油产品的炼油厂。在数字资本主义时代，数字平台一开始完成的只是其数字生产的初级活动，而并没有完成其

---

① Slavoj Zizek, *The Relevance of the Communist Manifesto*, Cambridge, UK: Polity Press, 2019, p. 6.
② [加] 尼克·斯尔尼塞克：《平台资本主义》，程水英译，广东人民出版社2018年版，第46页。

生产活动的更为重要的部分：对数据进行精炼提纯，让其成为能为我们所用的数字产品，也成为为数字资本家赚取巨额利润的数字资本。

实际上，为了理解对数据的精炼与提纯，德里达的文字学（grammatologie）是一个非常不错的切入口。首先，这里涉及德里达的一个十分重要的概念：书写（écirture）。德里达并不是在语言学中来看待书写的，也就是说，书写的痕迹与语言学上的发音、词汇和意义的统一体没有关系。那个词语的统一体属于可说性层面，在 kora 的层面上与其他的词语和意义形成交换关系。但是，书写完全是一种静谧的痕迹，一旦书写出来，它不再在语言系统中直接承担语言交流的使命，而是作为一个曾经发生过的语言交流事件以物质痕迹的方式沉淀下来。德里达说："与那种统一体相比，书写是衍生的、偶然的、外在的，是能指的备胎（redoublant）。"[①] 德里达的书写不是一种处于交流中的书写符号，不具有能指的功能，也就是说，书写的痕迹并不一定指向某个具体的所指。书写是一个被固定下来的痕迹，它是言说和记录行为的残余物，它也是某个直接语言交流行为最后留下的记录；除了指向一个曾经的交流行为，它什么也不是。在这个意义上，德里达认为书写是衍生的、偶然的、外在的：它之所以是偶然的，是因为书写不一定以固定的方式存留下来；之所以是外在的，是因为书写本身不是言说行为。但在德里达看来，恰恰是这个留下的书写痕迹，抵抗着德里达意义上的在场形而上学（métaphysique de la présence），也抵抗着逻各斯中心主义。也正因为书写的存留，让发音、词语和意义的统一性发生了动摇，书写痕迹在这个统一体之外形成了一个无法被语言学消化的内核。所以，德里达用一个比喻来形容这种书写："书写，它既是感知材料，也是人造的外在性，它是一件'外衣'。"[②]"外衣"的比喻，

---

[①] Jacques Derrida, *De la Grammatologie*, Paris: Les Éditions de Minuit, 2011, p. 44.
[②] Jacques Derrida, *De la Grammatologie*, Paris: Les Éditions de Minuit, 2011, p. 51.

意味着书写痕迹根本不在意指关系（signification）的语言学或符号学体系之内，我们不能从索绪尔、本维尼斯特等人的语言学来看待留下的书写痕迹，在一定意义上，这些痕迹连能指都不是。于是，德里达认为，在常规的语言学（linguistqiue）和符号学（semiologie）之外，必须形成一种专门关注残留的书写痕迹的学问，这门科学的名称就是"文字学"。需要注意的是，尽管在中文中 grammatologie 长期以来被翻译为文字学，实际上它根本不指向具体的语言学下作为能指的文字，而是在书写文字时留下的残余痕迹。它以语言学残留的遗迹存在着，并保持着它特有的独立性；书写痕迹的存在，必然抵抗着发音、词语和意义的统一体，也抵抗着以语言学和符号学为中心的意指关系的统一体。

显然，德里达并不打算十分消极地看待这些作为能指的备胎的书写痕迹，也正因为它的残留，才超越了当下时间性的限制，让书写痕迹可以在新的基础上焕发出青春。首先，按照德里达的定义，书写痕迹实际上并不直接具有交流的作用，它并不完全在语言学和符号学的统一体之内。这个定义一方面表明了书写痕迹相对于符号体系的外在性，也在另一方面说明了，在另一个时间和地点，当人们直接面对书写痕迹的时候，是无法直接理解的。书写痕迹是某个历史时间内的语言行为的衍生物，是备胎，但这是一个不完整的备胎，它只留下了历史岁月的线索，而并不直接将书写痕迹的原始能指的内涵传递给历史时空之外的阅读者。千百年之后的阅读者，如果要解读面前这个残留的书写痕迹，就必须进行一项操作：增补（supplément）。增补也意味着，我们在当下对千百年前书写痕迹的解读，绝不是回到原来的真实含义，而是一种在新的当下的增补。德里达说："增补进行着补充。它只是进行着替代。倘若它填补了空缺，它在替代（à-la-place-de）的位置上进行着干预或实现了饱和。"[①] 于是，在若干年后的解读中，实际

---

① Jacques Derrida, *De la Grammatologie*, Paris: Les Éditions de Minuit, 2011, p. 202.

上并不是我们阅读了书写痕迹,而是通过增补,让原先无法阅读的书写痕迹变得可以阅读;而在这个过程中,由于增补让不可阅读的书写痕迹变得可以阅读,于是,我们便忘却了增补的存在。德里达将这个通过增补让书写文字重新变得饱满起来的过程称为文字化(grammatisation)。这样,所谓的文字学就是对既定的书写痕迹进行增补加工的过程。对书写痕迹的每一次调用,都面临着不同的增补,也意味着面对不同的文字化。文字化是面向当下的生产,让不具有意义的书写符号重新在语言学或符号学意义上获得饱满的意义,从而成为让后世的人们可以阅读和理解的词语和文字。这是两个层次:一个是书写痕迹的纯粹文字学的层次,它与真正的语言交流之间存在着一定的距离;另一个是通过文字化,得以在语言学上变得可读和可理解的层次。这两个层次就仿佛是未装修的不可居住的毛坯房,与经过装修的增补而变得适合人们居住的生活房之间的区别。那么,当代的文化工业,绝不是让我们回到那个不可阅读的书写痕迹,而是将它们作为材料,重新获得我们当代语言可以理解的意义。

那么,在数字资本主义社会里,我们所面对的情况与德里达的文字学所描述的情况非常近似。深受德里达影响的当代法国技术哲学家贝尔纳·斯蒂格勒曾十分明确地指出,文字化,即"数字回溯技术就是自从旧石器时代以来的文字化最高阶段,人们开始学会对各种各样的经由他们和他们自己生产的数据流进行离散化(discrétiser)处理和再生产"[①]。这样,斯蒂格勒数字资本主义时代重建德里达的文字化概念,文字化实际上即是一种对产生的离散化数据进行再处理的方式。直接从人们的行为和言说中采集的数据,对于互联网络中的个体来说,是离散的、不可阅读的,也是没有价值的。比如说,我们自己不会在意我们在谷歌上的浏览记录和淘宝上的购买记录,因为这些离散的数

---

① Bernard Stiegler, *La société automatique*, Paris: Fayard, 2015, p.42.

据无论是对我来说，还是对其他人来说，都没有太大的价值。然而，大数据平台收集了这些数据，产生了具有高度价值的产品，就是对这些在普通人看来无法阅读也没有价值的数据进行精炼和提纯，我们可以将这个过程称之为数据的文字化（grammatisation de la donnée）过程。在数据的文字化过程中，也存在着与德里达的文字学对应的两个层面：一边是无法阅读的，在普通人看来也毫无价值的原始数据（données brutes），这些原始数据是离散的、无价值的；另一边则是经过文字化，精炼得出了具有高度分析价值的数据，如通过对百万人的数据的分析可以得出这百万人大致的兴趣偏好和消费倾向，这种数据对于互联网用户来说是可读的和有价值的，也是一种通过算法增补让原始数据重新获得价值的过程。在这个意义上，可以说我们面对着一种新型的文字学，我们不妨称之为数字文字学（grammatologie digitale）。这样，数字平台对采集过来的数据进行增补、精炼、提纯的过程，就是数字文字学。数字文字学的目的就是让原先不能阅读的原始数据，在通过一定的文字化算法计算之后，成为可以被数字资本和普通用户利用的有效数据。这样，我们面对的数字资本实际上不是直接从各个用户身上直接采集的原始数据，而是经过数字文字学加工后的数据。在数字资本高度发展的今天，我们面对的不仅是一般性的数据的诞生，也面对着数据精炼和增补技术的数字文字学的诞生。

## 三、数据生产关系的再生产

无论是对原初数据的采集，还是对原始数据进行进一步精炼和提纯的数字文字学，事实上都服务于一个更高的目的：形成数据人，并实现对数据人的算法治理。如果说福柯的生命政治学的分析，旨在将现代性的过程视为塑造规范的现代人的过程，而这种规范的现代人与生命政治的治理技术，尤其是新自由主义之下的安全机制的治理技术是天然契合的，那么，在进入数字时代之后，市民社会中的一切生产性和安全性治理，即将让位于背后的数字算法的自动化治理，为了与这种算法治理术相契合，就必须要形成特定的新的主体，这种新主体就是数据人。

在1976年法兰西学院的讲座的末尾，福柯突然提到了人口统计学相对于治理技术的意义。在福柯看来，人口统计学的意义不仅仅在于一个民族国家能够直接了解自己的人口数量，尽管人口因素在民族国家发展初期已经被视为衡量国家实力的一个重要参数。福柯实际上更关心的是人口这个概念。对于具体生活中的人，我们可以悬搁他们的具体身份，如他们的年龄、性别、籍贯，甚至可以悬搁掉一个人是贵族还是平民，我们把多样化的人的生存转换为冷冰冰的数据统计上的"1"——一个人的身份和地位无论多么显耀，一个女性无论多么雍容华贵，一个乞丐无论多么贫寒，他们都一律被人口统计学还原为数量上的"1"，一个贵族在统计学上的数字绝不会多于一个在路边行乞的乞丐——这样，人口统计学就具有了一种现代平等的意义。此外，福柯还看到了人口统计学对于现代治理技术下的主体的塑造效果。福柯说：

> 在由生命政治学建立的机制中，首先当然是预测、统计评估、总量测量，同样它也不是改变某个特殊的现象，也不是改变某个作为个体的人，而是主要在总体意义的普遍现象的决定因素的层面上进行干预。①

福柯对生命政治学和人口统计学的判断十分重要。因为在生命政治学之下，所需要改变的并不是某个具体的人，而是生产一种人口总体，这种人口总体让政府治理的关注转向了人口的出生率和死亡率，

---

① [法]福柯：《必须保卫社会》，钱翰译，上海人民出版社1999年版，第252页。

以及整体人口的素质和质量。在这里，至于一个贵族繁衍了多少后裔，一个富家小姐是嫁给了穷小子还是门当户对的贵族，在新的治理技术中统统不重要；重要的是，现代社会让人成为符合现代治理技术的规范人，通过医院、学校、监狱、精神病院，甚至资本家的工厂，市民社会将人们从复杂的血缘关系中抽离出来，成为原子化的个体，一个可以被统治的个体。所以福柯说："在知识-权力的内部，在经济的技术和治理内部，在属于人口的层面和不属于人口的层面或者说工具性的层面之间有这样的断裂。最终的目标是人口。人口适合作为目标点，而个人，一系列的个人，成群的个人，杂多的个人，是不适合作为目标的。而仅仅作为在人口层面获得某种东西的工具、替代或者条件来说才是适合的。"① 那么，在生命政治的治理技术之下，也是在自由主义的安全治理技术之下，规范化的、独立的个体成为治理的有效对象，这些可以被量化统计所计数的规范个体形成的总体就是人口。人口统计学意味着，将人们塑造成规范性的统计性个体，而不符合这些规范的，则变成了不正常的人（les anormaux）；不能被规范的尺度所测量和统计的个人被分别送到了精神病院、监狱以及医院的隔离病区，与规范的人口保持着距离，从而保障整个现代社会可以在规范有序的治理下良性地运作。

于是，我们可以问，如果今天存在一种不同于福柯所讲的安全机制下的生命政治治理技术的新型治理技术的话，那么是否还需要一种全新的主体来对应于这种治理技术呢？答案是肯定的。正如福柯研究学者斯蒂芬·夏皮罗（Stephen Shapiro）所提出的，尽管福柯晚年已经开始关注到从凯恩斯主义向新自由主义的转变必然带来治理技术的变化，即新自由主义导致了博弈型的投机主体（subjet spéculatif）的

---

① [法] 福柯：《安全、领土与人口》，钱翰、陈晓径译，上海人民出版社2010年版，第33页。

出现，但是"他的死亡，彻底关禁了他继续思考的道路……他没有见到 2008—2011 年的金融危机，也没有看到由数据技术的广泛使用所填补的真空，这将创造一种新的自由资本主义版本，而不是简单地对之前的资本主义的替代"[1]。在夏皮罗看来，如果顺着福柯的谱系学进行推理，在新的数字时代的治理技术下，一定会形成一种新型的治理对象或主体。那么，这种数字化背景下的新型主体是什么呢？

美国芝加哥大学的社会学家科林·库普曼提出的信息人（informational person）是一个十分有益的思路。在库普曼看来，福柯对 19 世纪之前和 19 世纪的治理主体的探讨实际上就是忏悔主体[2]和统计主体，而库普曼提出了一个新的概念即信息人或信息主体。库普曼说："如果 19 世纪的主要形象是忏悔主体和统计主体，那么 20 世纪产生了新的信息主体，直到今天，这种信息主体对我们来说仍然十分新鲜。事情在 20 世纪的最初 20 年里发生了至关重要的转变。信息开始先于人而存在。人们可以从人身上提取信息，一些放满各种纸卡的盒子会一直伴随着我们从出生到死亡的历程。我们从出生开始就变成了一种形式：独一无二的出生证证明了充满一生的纸质材料痕迹的诞生，这些痕迹甚至能超过证明我们的死亡事件的死亡证而继续存在下去。"[3]库普曼的信息人的谱系学研究卓有成效，他看到了福柯研究视野之外的东西，即除了我们现实中的肉身存在之外，还存在着一个真正作为

---

[1] Stephen Shapiro, "Foucault, Neoliberalism, Algorithmic Governmantality, and the Loss of Liberal Culture", in Liam Kennedy and Stephen Shapiro eds., *Neoliberalism and Contemporary American Literature*, Hanover, NH: Dartmouth College Press, 2019, p. 54.

[2] 福柯晚期在朴次茅斯学院的讲座"自我解释学的起源"中谈到了中世纪基督教的忏悔技术对于自我的主体的塑造和治理，即通过发明忏悔的话语，让自我的忏悔可以在罪恶与善良之间做出抉择，从而形成适宜于基督教治理的忏悔主体。而奥古斯丁的《忏悔录》就是这种忏悔主体生产的标准文本。可以参看福柯《自我解释学的起源》，潘培庆译，西南师范大学出版社 2018 年版，第 35—63 页。

[3] Colin Koopman, *How we Became our Data: A Genealogy of the Informational Person*, Chicago: The University of Chicago Press, 2019, p. 6.

治理对象的信息人，这个信息人不完全等同于我们的肉身。库普曼特意提到，即便我们拿到了死亡证，即我们的生理生命的结束，也并不意味着我们的信息主体的身份的结束，因为我们的某种存在会在各种纸质档案中继续存在。

但是，库普曼的研究只看到了一方面，即看到了我们的生命过程中的轨迹所产生的数据的方面。从20世纪最初的20年里开始，有了记录所有可能的生命的档案，这是一个数据采集过程，让人们变成德里达意义上的书写痕迹（écirture）。但问题也在于，这些数据和信息也仅仅是书写痕迹而已，这些痕迹只能作为一个曾经的生命事件遗落的物质残余物，在世界上与我们并存。也就是说，这些装满各种纸卡的档案，虽然完整地记录了不同个体的生命活动的各种痕迹记录，但是这些信息和数据缺少德里达的文字化的过程；这些档案往往记录下来之后就被永远封存在档案馆布满灰尘的房间里，如果没有一个新的事件需要调用这些档案，它们将与这些纸张一起尘归尘、土归土。

因此，将今天的数字资本主义时代与库普曼的信息人区别开来的不是数据的收集，而是形成了一个数字文字学的界面。与20世纪的那些一旦记录下来就有可能被永远尘封起来的档案不同，今天的数字数据会被计算机算法随时调用分析，成为有效的数据，即算法不断地将原始数据文字化，并在可读的和可利用的数字文字学的界面上将其再生产出来。因此，导致数字时代的新型治理技术对象产生的，并不是库普曼所说的信息的收集和贮藏过程——这个过程最多算是开采原油并储存的过程，更重要的过程是对原料的精炼和加工，让其在数字文字学的层面上浮现出来。经过算法分析和增补，在数字文字学层面浮现出来对具体个体微粒化的分析——根据我们的出行、消费、购物、饮食、住宿、交友等信息，可以具体分析出来一个主体的精准的特征，加上新产生的面部识别和声音识别技术，现代的数字技术已经不满足于仅仅采集和储存数据，而是可以在捕捉到对象之后的第一时间，精准地描绘出所需要的主体的性格特征、行为习惯、爱好、口味甚至可以利用的缺点。这是一种数字图绘（digital profiling）技术，也就是说，经过详尽的数字图绘，计算机算法在屏幕背后形成了对主体十分精准的分析。正如齐泽克所说："数字网络中收集和处理的信息，将比我们自己更了解我们。"① 于是，我们可以置换一下库普曼的信息人的概念，将这种经过精准的数字图绘产生的人叫作数据人（digital person）。

对于数字时代的新的治理对象或适宜于数字时代算法治理的主体，即数据人，我们需要进一步得出两个结论：

（1）和信息人一样，数据人并不等于自然人，它甚至可以在自然人之外而独立存在。齐泽克十分强调这种在我们意识不到的情况下，作为我们数据身份的数据人不断地在网络中进行数据交换和生产的状况。也就是说，数据人的本质不是我们的备胎（redoulant），而是一种再生产的主体，它们存在的目的并不是完全地再现出我们的实在，而是再生产出数字时代下算法治理的架构。也就是说，数字资本主义的根本目的就在于不断地生产出数据人，让它们成为适宜于算法治理的对象。

（2）数字时代的数字文字学主要面对的对象并不是那些原始数据，而是数据人，即经过原初数据提纯和增补加工后形成的数据身份。也就是说，算法治理技术面对的对象根本不是现实世界中存在的自然人，而是数据人。如果进行算法治理，需要调用的恰恰是经过数据加工后的数据人，然后对数据人的治理结果反过来再影响到现实中的人的存在。例如，我们通过统计算法，根据所精炼的信息，得出什么样的主体更适合完成某项任务，计算机算法会进行对数据人的筛选和列举，

---

① Slavoj Zizek, *The Relevance of the Communist Manifesto*, Cambridge, UK: Polity Press, 2019, p. 6.

然后这个任务直接与现实中的个体建立关联。这是一个反向的过程：现实社会中的人通过可数字化的程序变成数据，然后在数字文字化的过程中成为算法治理的对象，之后在算法的统计计算中，再次被塑造成适宜于治理的对象。通过这样的构成，现实社会中的主体不断被转化为数据人，并被嵌入到巨大的算法治理的框架中。

的确，我们今天经历了比布尔迪厄的社会和文化的再生产更复杂的再生产，这是一种数字时代的再生产；这种再生产就是通过算法治理来实现的，算法实现的基础就是不断地将现实社会中的个体再生产为数据人，并嵌入到巨大的算法治理的框架中。这是一个比福柯的监控和规训社会更严格的治理技术，这种治理技术虽然不需要将权力施加于我们的身体，但是它可以通过数据收集、分析和统计，清楚地了解每一个数据人的具体倾向和行为可能性，并掌控每一个个体的可能弱点，并加以引导，从而形成更完善的安全机制。在这样的机制下，已经很难出现颠覆性的事件，而算法治理技术不断地再生产出适宜于数字资本主义治理和盘剥的对象。这是一个最好的时代，因为我们面对着最大的技术跨越的可能性，让我们看到了人类社会的狂飙猛进；但也是最坏的时代，这种数字技术和算法治理技术的代价是，我们每一个人都变成牵线木偶，成为巨大的算法治理平台上的数据人。

# 第十二章
# 数字社会主义的可能性

> 奇点将代表我们的生物思想与现存技术融合的顶点,它将导致人类超越自身的生物局限性。在人类与机器、现实与虚拟之间,不存在差异与后奇点。
>
> ——库兹韦尔:《奇点临近》

> 随着全球数据处理系统变得全知全能,"连接到这个系统"也就成了所有意义的来源。人类之所以想要融入这个数据流,正是因为成为数据流的一部分,你就会加入一个比自己更伟大的计划。
>
> ——尤瓦尔·赫拉利:《未来简史》

# 第十二章 数字社会主义的可能性

如果说在今天，无论对于自然科学的发展，还是对于人文社会科学的发展来说，都存在着一个至关重要的主题，那么这个主题毫无疑问就是人工智能问题。随着今天通信技术、大数据和云计算技术，甚至基因工程、人工神经网络和脑科学技术的发展，人工智能问题已经不纯粹是一个局限于计算机和数字科学领域的话题，它的影响也逐步深入到其他的学科，人文学科和社会科学也不例外。如工业领域中广泛的智能机器人的应用，智能家居，无人驾驶汽车、无人机，以及我们的智能手机和智能平台上的无形的人工智能的应用，带来的并不纯粹是一场科技领域的革命，同时也冲击着我们的社会生活。因此，社会学、经济学、政治学乃至哲学在今天已经不能忽视人工智能带来的影响。此外，在小说和艺术中，我们已经看到人工智能越来越成为影视作品中的核心要素，美国热映的剧集《西部世界》、英国的剧集《真实的人类》就是其中的典型。

不过，对于马克思主义研究者来说，摆在面前的问题就不仅仅是探索人工智能对我们当下日常生活的影响，以及人工智能究竟在人类日常生活中将扮演何种角色的问题。人工智能带来的另一个核心问题是：随着这种最新的技术革命的发展，我们究竟是有可能借着人工智能的加速冲击波来突破资本主义的藩篱，抑或是人工智能会成为资本主义奴役普通大众，尤其是无产阶级的工具？相对于人工智能的进一步发展，马克思主义最初设定的社会主义的目标，究竟是离我们更近了，还是更远了？的确，马克思关于资本主义的批判和对于未来社会发展的历史规律的判断，并没有变。但是，我们今天所面对的具体情境，并不是马克思所在的19世纪，甚至与20世纪的最后20年都有着霄壤之别。面对这些新的历史状况，面对第四次工业革命和人工智能革命的浪潮，我们需要从现实社会的片段中来寻找到通向未来社会的道路。

## 一、无用阶级：无产阶级的新形态？

2005 年，美国的未来学家、人工智能专家、谷歌工程总监雷·库兹韦尔（Ray Kurzweil）将自己多年来关于未来人工智能技术的思考结集出版，并将这本集子命名为《奇点临近》(*The Singularity is Near*)。在这本书的开头，库兹韦尔就提出了一个十分令人震惊的论断：

> 奇点将代表我们的生物思想与现存技术融合的顶点，它将导致人类超越自身的生物局限性。在人类与机器、现实与虚拟之间，不存在差异与后奇点。①

我们可以这样来理解库兹韦尔的论断：我们在技术发展上正处于一种指数级的增长，这不是普通的线性发展的量变，或许，在这个爆发性的指数级别的增长中，会达到一个增长的拐点，这个拐点就是奇点。具体到人类社会现实之中，奇点的意义在于，高速增长终有一天会突破我们的生物学极限，以至于我们的生物性的大脑和身体已经不能承受这样的高速增长；这种增长不仅超越了我们大脑生物性思考的界限，也超越了我们想象力的界限。这样，奇点代表着我们生物性身体的极限状态，一旦超越了这个极限状态，生物性大脑将会让位于人工智能。

实际上，库兹韦尔的奇点理论依赖于他的另一个定律，即加速回报定律。而这项定律是对半导体行业的摩尔定律的一次矫正。摩尔定律是由现在的著名的半导体芯片公司 Intel 的创始人之一戈登·摩尔提出的，最早是摩尔在 1965 年 4 月发表于《电子学杂志》(*Electronics Magazine*) 的一篇文章中提出的，其大致的意义是：我们可以每 24 个月在集成电路

---

① [美] 雷·库兹韦尔：《奇点临近》，李庆诚、董振华、田源译，机械工业出版社 2011 年版，第 2 页。

上继承现在两倍的晶体管，电子传导距离随之减少，电路也将运行得更快，从而提高整体的计算能力。摩尔定律带来的后果是计算的性价比以指数增长，其翻倍的速度（以 12 个月为基本单位）比人类社会范式变化的速度要快得多。也就是说，在摩尔定律中，信息技术的指数级的增长，让发展的曲线更接近于一个反向的 L 型，而且反向 L 曲线的前部越来越接近于陡峭的直线。不过，库兹韦尔认为摩尔定律的指数级增长不可能无限地持续下去，因为存在一个人的生物学极限，而这个生物学极限正在接近奇点。一旦接近奇点，这个反 L 型曲线就会变成库兹韦尔的 S 型曲线，库兹韦尔称之为加速回报定理。加速回报定理的关键在于，存在一种新的模式，其是对之前的基于人类生物性模式的替代，或者一种与智能机器相结合的方式会支撑着从奇点向新的增长前进。对于这种变化，库兹韦尔保持一种拥抱的态度。他在另一本著作《人工智能的未来》中十分明确地谈道："通过这种方式，我们与不断发明中的智能技术融为一体。我们血液中的智能纳米机器人会保护我们的细胞与分子，进而维持我们的健康。这些纳米机器人还会通过毛细血管进入大脑，并与我们的生物神经元互动，直接扩展为我们的智力。这并不是很遥远的事情。"① 或许这个在库兹韦尔看来并不太遥远的奇点，正是所谓的人工智能时代的降临。

不过，各个领域的理论家们并不一定都像库兹韦尔那样来思考人工智能带来的加速回报定律，也不可能盲目地去拥抱一个代表不确定未来的奇点。实际上，无论是从事社会科学研究的理论家，还是普罗大众，甚至是拍摄好莱坞大片和制作电子游戏的厂家，都对于可能代替人类甚至反过来支配人类的人工智能带有着深深的忧虑。例如以色列年轻学者赫拉利在他的《未来简史：从智人到智神》中就表达了由计算机算法构成的人工智能将会将人类驱逐出所有的就业领域的观点。

---

① [美] 雷·库兹韦尔：《人工智能的未来》，盛杨燕译，浙江人民出版社 2016 年版，第 273 页。

在赫拉利看来，在 19 世纪，蒸汽机和大机器代替了手工作坊中的体力劳动者，因为他们的重复性的体力工作完全可以让固定的机器来取代。马克思在《1857—1858 年经济学手稿》中指出，他看到工人将这种取代他们工作的机器称之为"铁人"，工人发现，原来可以用他们的体力来完成的工作，甚至一些他们的体力所无法完成的工作，现在已经完全被机器所取代。马克思曾引用过纱厂工头和工厂主的一个报告，这个报告指出："工厂工人们应当牢牢记住，他们的劳动实际上是一种极低级的熟练劳动；没有一种劳动比它更容易学会，按质量来说比它报酬更高，没有一种别的劳动能通过对最无经验的人进行短期训练而这样快这样大量地得到。在生产事务中，主人的机器所起的作用，实际上比工人的劳动和技巧所起的作用重要得多。"① 在马克思的时代里，低级的重复性的体力劳动会被机器所取代，机器成为一种"铁人"。在今天，赫拉利看到了一个更为广泛的事实，即人工智能已进化到一个更高端的领域，将人类的思考性的劳动也一并取代了。对于这种取代的后果，赫拉利并不像库兹韦尔那样保持乐观，而是给出了一个十分黑色的论调："在过去几千年里，人类已经走向专业化。比起狩猎者，出租车司机或心脏病专科医生所做的事更为有限，也就更容易被人工智能取代。我已一再强调，人工智能目前绝对无法做到与人类匹敌。但对大多数现代工作者来说，99％的人类特性及能力都是多余的。人工智能要把人类挤出就业市场，只要在特定行业需要的能力上超越人类，就足够了。"② 赫拉利的这个论点，对于从马克思主义角度来研究人工智能十分重要，其原因大致有如下几点：

（1）赫拉利谈到的并不是人工智能普遍地来取代人类，恰恰相反，赫拉利认为在现阶段人工智能还达不到完全取代人类的形态。人工智

---

① 《马克思恩格斯全集》第 32 卷，中文第二版，人民出版社 1998 年版，第 389 页。
② [以色列] 尤瓦尔·赫拉利：《未来简史：从智人到智神》，林俊宏译，中信出版社 2017 年版，第 290 页。

能或者自动化的算法所取代的只是人口中的一部分，也就是偏重复性和低端性的一部分，这部分本身就是资产阶级社会中的无产阶级，在马克思的时代，他们是重复性的体力工作，在人工智能时代，他们是办公室的白领文员，甚至是写代码的码农。这样，和马克思所分析的作为"铁人"的机器一样，它所取代的是一种特殊的专业化群体，这种群体所拥有的技能比较重复、单调，所以很容易被人工智能所取代，正如超市的收银员，逐渐被自动扫描支付程序所取代。随着无人驾驶技术的广泛应用，专业司机的职业地位也处在岌岌可危的位置上。这些被人工智能所取代的群体，成为赫拉利笔下的"无用阶级"。

（2）不是所有人都会沦为"无用阶级"，而是在人工智能时代产生了更深刻的两极分化。掌握着高端算法，掌握着资本和权力的特权阶级，拥有着用最新的人工智能技术来改造自己生物学身体的可能性。库兹韦尔所描绘的"智能纳米机器人"的想象实际上只能被少数拥有巨大财力和权力的阶层所享有。这些经过智能改造后的生物-机器合体人，就如同唐娜·哈拉维（Donna Haraway）笔下的赛博格（Cyborg）一样，由于经过了生物技术和人工智能技术的改造，他们从一开始就拥有超越一般人的体能和智力，拥有更长的寿命，身体衰老得更为缓慢。这种经过人工智能改造过的身体，让他们不仅在经济和政治上拥有了特权，也在生物学身体与基本体能和智能上拥有了特权。所以，人工智能社会的未来景象并不是人工智能彻底地取代人类，而是形成了被人工智能技术加强的合体的赛博格与体能和智能都处于劣势的"无用阶级"的区别。如果说在马克思的《共产党宣言》里，资产者和无产者的区分还是经济和政治上的区别，那么，在人工智能时代里，这种阶级区别直接体现在了智能和体能上，"无用阶级"再也无法通过自己的身体性的打拼或者智能上的努力来超越自己的平庸的地位，因为这条道路已经被新的数字技术、基因技术和人工智能技术所堵死。如果说在马克思的时代，资产阶级作为精英阶层仍然将无产阶级作为剥削的对象来保存的话,今天的"无用阶级"的地位更为悲惨。赫拉利说:"至少部分精英阶层会认为,无须浪费资源为大量无用的穷人提升甚至维持基本的健康水平,而应该集中资源,让极少数人提升到超人类。"①

(3)于是,我们可以说,"无用阶级"就是数字和人工智能时代的无产阶级的新形态。"无用阶级"的出现,不仅仅意味着那些只拥有过于专业化的技能从而可以被人工智能取而代之的普罗大众与精英阶层的分化,成为人工智能时代的无产阶级和资产阶级。更重要的是,"无用阶级"随着自身学习和拥有的技能的无用化,进一步让自己陷于系统性愚蠢(systematic stupidity)的境地。在法国思想家贝尔纳·斯蒂格勒看来,这种在数字化和自动化社会中产生的替代性作用实际上就是一种新的无产阶级化过程。在《自动化社会》中,斯蒂格勒十分明确地指出:"从 1993 年开始,随着所有人都可以借助网络,借助万维网技术进行网络式的阅读和书写,数字技术已经让超工业社会走向了无产阶级化的新阶段——在这个阶段里,超工业时代成为系统愚蠢的时代,也可以称之为功能性愚蠢的时代。"② 在斯蒂格勒看来,人工智能是一种药,它在给精英阶层和社会带来极大便利的同时,在社会功能上,让那些只能从事专门劳动的个体变得愚蠢,也就是感觉上的无产阶级化。因为在人工智能的发展过程中,作为人的思维智能和感受性(sensibilité)的正常功能也被剥夺了,人们只能按照数字化和自动化的人工智能技术的框架来运行自己的功能;他们没有感受,没有智能,只有一味地迎合固定的话语套路在网络上表现出躁动的情绪。在资本的眼中,他们是最理想的消费者,因为一句"6·18"或者"黑色星期五"的口号,就能让他们透支信用卡和电子支付来填满他们的购物车。而另一方面,感受性和智能上的无产阶级化也造成了政治上的盲动,

---

① [以色列]尤瓦尔·赫拉利:《未来简史:从智人到智神》,林俊宏译,中信出版社 2017 年版,第 314 页。
② Bernard Stiegler, *La Société automatique*, Paris: Fayard, 2015, p.51.

他们手中的选票不再是经过他们理智思考的产物，而是被数字和人工智能技术控制的票仓。一旦无产阶级在功能上变得"愚蠢"，即变成被技术剥夺了自我思考能力和感受性的"无用阶级"，他们自然会沦为右翼民粹主义利用的工具；在欧美民粹主义极富煽动性的口号的蛊惑下，他们像一个自动机器一样，做出了人工智能算法所预测的选项。

问题在于，人工智能导致的"无用阶级"，是否就是马克思在《资本论》中分析资本主义经济危机时提到过的"过剩人口"或"产业后备大军"？当然，在二者之间存在着一定的相关性。也有学者指出："'无用阶级'在本质上是它不能为资本价值增殖所需要和利用，从而沦为'多余'或'过剩'的人口而已。"[①] 但是，在马克思那里，这种"过剩人口"是周期性的，随着资本主义进入到下一个正循环周期，这些失业的产业后备军会再次被纳入资本主义雇佣劳动体制中。但是被人工智能淘汰的"无用阶级"根本不是诞生于资本主义的经济危机，换言之，对"无用阶级"的替代不是发生在资本主义本身的经济危机循环周期之内，它是在正常的生产范畴之内诞生的概念，这样，"无用阶级"就不会像"产业后备军"那样重新看到再次被雇佣的希望，而是彻底沦为人工智能和数字技术下的功能性愚蠢的僵尸。对于这样的现象，我们需要重新思考人工智能和数字技术的应用带来的宏观层面的社会架构。

## 二、人工智能与新社会主义计划

作为新无产阶级的"无用阶级"带来了一个新的问题：人工智能和大数据等新技术的应用究竟是更有利于实现对资本主义社会的超越，走向社会主义，甚至共产主义，还是成为通向更高社会阶段的障碍，

---

① 巩永丹：《人工智能催生"无用阶级"吗?》，载《国外理论动态》2019 年第 6 期，第 89 页。

人工智能技术成为资本的同谋,而新无产阶级使用这些技术实现解放的希望无异于与虎谋皮?

事实上,从赫拉利的分析中我们可以得知,赫拉利并不认为人工智能技术是所有人的敌人,大数据、云计算、人工智能等技术的应用,可能进一步强化了现存生活中的不平等现象,但是一部分处于高端的精英阶层因此而获利,他们获得了更长的寿命,更完备的知识能力和体能,更丰富的经验,更协调的身体与机器的关系。不过,长期起来人们围绕人工智能的争论往往陷入一个误区,即人工智能的诞生,在不久的未来会反过来凌驾于人之上,这种趋势进一步被新闻媒体、大众读物、电影和艺术作品,甚至电子游戏所夸大。一些并非真正研究人工智能的专家宣布,如果要避免陷入这种悲惨的境地,避免人彻底地沦为人工智能的奴隶,就需要为人工智能立法,甚至有人主张直接将人工智能对人类的无上尊重写入人工智能代码之中。且不说今天的机器学习和深度学习,已经将人为编写的代码对人工智能的限定作用降低到了一个比较次要的水平上,即便人工智能带有"绝对不能伤害人""绝对不能奴役人"的代码,难道不会出现像在美剧《西部世界》中谈过的冥想程序,让绝对遵从人类编码指令的人工智能觉醒吗?在许多人工智能的从业者看来,这些看似言之凿凿的论断,实际上都出自对新技术无比恐慌的"卢德分子"①(Luddites),他们将人工智能技术直接置于人类生存的对立面,

---

① 卢德分子的概念最开始并不是产生于数字技术和人工智能时代,相反,这个概念与社会主义运动中的卢德运动有关。1811年,英国的诺丁汉郡出于竞争需要,改善了原来的生产机器系统,增加了产量,也压低了纺织品的价格,迫使采用原先设备进行生产的纺织厂破产,也使得纺织业工人大量失业。于是,一些纺织工人秘密集合起来,打着"卢德将军"的旗号,捣毁诺丁汉郡的机器,尤其是先进的织袜机。1812年,英国国会通过了《保障治安法案》,对发动"卢德运动"的工人进行残酷镇压。后来,"卢德运动"被广泛地指代捣毁机器的运动。在人工智能时代,"卢德运动"和"卢德分子"被用来描述那些坚定地抵制数字技术、通信技术、互联网技术、人工智能技术发展的人,人工智能时代的"卢德分子"已经不分阶层,既包括最底层的没有太多文化的民众,也包括故步自封的政客、媒体人、人文学者,甚至也不乏一些坚持传统科学的理工类科学家。

认为数字技术和人工智能的无限度的发展,最终带来的就是人类的毁灭,这种情绪让很多"卢德分子"保持了对人工智能技术的坚决抵制。

回到马克思那里,马克思并不纯粹是"卢德分子"的同路人,尽管马克思在《1857—1858年经济学手稿》中谈到,机器的应用是以取代工人的劳动为代价的,在这个意义上,资本家故意将工人置于机器("铁人")的对立面。对此,马克思曾说道:"为了进行对抗,资本家就采用机器。在这里,机器直接成了缩短必要劳动时间的手段。同时机器成了资本的形式,成了资本驾驭劳动的权力,成了资本镇压劳动追求独立的一切要求的手段。在这里,机器就它本身的使命来说,也成了与劳动相敌对的资本形式。棉纺业中的走锭纺纱机、梳棉机,取代了手摇并纱机的所谓搓条机(在毛纺业中也有这种情况),等等,——所有这些机器,都是为了镇压罢工而发明的。"① 事实上,在马克思看来,这一切不过是资本家玩弄的一个伎俩,他们成功地将无产阶级针对资本家的憎恨和不满转移到机器上。真正的问题并不是出在技术和机器上,而是出在资本家对机器和技术的占有上;他们利用新机器和技术来对抗工人,以至于工人认为他们的敌人就是机器,这才是马克思所分析的"卢德运动"的根本原因。

同样,如果我们将马克思的相关结论用来理解今天的人工智能问题,结果也是一样的。今天的社会发展的罪魁祸首并不是人工智能,一些乐观派的人工智能专家会跟我们谈到智能家居和无人驾驶的情况,以及以后随着社会老龄化问题越来越严重,人工智能的智能增强体系可以用来延缓人的衰老,甚至直接服务于人类,这些并不是画饼充饥,而是眼下可以实现的技术。在一定程度上,我们可以这样来思考,人工智能技术,至少在现阶段而言,它是一把双刃剑,并不一定只会导致坏的结果。而一旦这些技术与资本进行媾和,成为个别人牟利的手

---

① 《马克思恩格斯全集》第32卷,中文第二版,人民出版社1998年版,第387页。

段,并将绝大多数人排斥出去,将他们当成"无用阶级"时,问题才会凸显。比如,《纽约客》杂志提到,人类未来会被人工智能取代的职业中,绝大多数是无产阶级和中产白领从事的行业,而处于顶端的人群并不在被取代之列。这样,当人工智能时代的"卢德分子"将口诛笔伐的矛头指向人工智能技术本身的时候,实际上,今天的媒体和政客也玩弄了同样的伎俩,而事实是极少数阶层将社会和权力资源加以垄断,而绝大多数大众阶层的职业为人工智能所取代,将他们变为"无用阶级"从而陷入赤贫的境地。基于此,马克思关于资本主义的分析在今天仍然有效,即面对机器,面对人工智能,问题不在于退回到一个没有机器、没有人工智能的时代,去享受一种根本不存在的田园诗歌般的浪漫生活。我们就处在这个时代,我们没有办法回避数字技术和人工智能给我们现实生活带来的实际冲击,那么真正的问题只有一个:打破资产阶级对新技术,尤其是数字技术、通信技术、人工智能技术的绝对垄断;无产阶级应该勇敢地利用这些机器来为我们创造一个新的社会,即走向未来的社会主义生活。

于是,关于人工智能与社会主义的问题变成了这样一个问题:人工智能是否有利于在平等、解放的环境下创造一个不同于资本主义社会的新社会状况,来满足大众的共同福利?对于科学社会主义的描述,恩格斯在《反杜林论》中曾给出一个基本的判断:

> 当社会成为全部生产资料的主人,可以在社会范围内有计划地利用这些生产资料的时候,社会就消灭了迄今为止的人自己的生产资料对人的奴役。不言而喻,要不是每一个人都得到解放,社会也不能得到解放。因此,旧的生产方式必须彻底变革,特别是旧的分工必须消灭。代替它们的应该是这样的生产组织:在这样的组织中,一方面,任何个人都不能把自己在生产劳动这个人类生存的必要条件中所应承担的部分推给别人;另一方面,生产劳动给每一个人提供全面发展和表现自己的全部能力即体能和智

能的机会,这样,生产劳动就不再是奴役人的手段,而成了解放人的手段,因此,生产劳动就从一种负担变成一种快乐。①

恩格斯对社会主义状态的描述是建立在对欧根·杜林的批判基础之上的,在这段文字中,社会主义不仅仅被看成一种对资本主义的替代方案,而且是彻底的人类的解放。在这个意义上,恩格斯十分清楚,未来的社会主义并不是消灭了劳动,而是让劳动成为一种快乐。同样,我们也可以设想,恩格斯所描述的社会主义并不在于消灭机器,而是在机器大生产运动中将生产劳动变成人类的解放活动。将这个语境移植到当下的人工智能时代来看,那就是:如果存在着一个社会主义的未来,那么这个社会主义不会是对人工智能技术的拒绝,而是在人工智能技术、通信技术、数字技术的发展中带来人的能力的巨大提升。

不过,在走向社会主义的时候,还存在一个问题,即对分配问题的考察。恩格斯继续说道:"就在这种情况下,社会也必须知道,每一种消费品的生产需要多少劳动。它必须按照生产资料来安排生产计划,这里特别是劳动力也要考虑在内。各种消费品的效用(它们被相互衡量并和制造它们所必需的劳动量相比较)最后决定这一计划。人们可以非常简单地处理这一切,而不需要著名的'价值'插手其间。"② 恩格斯认为,在未来的社会主义阶段,已经不需要"价值"这种形式来分配各种资料,而是按照一种计划来安排,不过这种计划与后来苏联的计划经济体制还是有一定的区别的。正是对于社会主义的计划,自由主义经济学家哈耶克给出了十分严厉的批评:"由于没有一个人能够有意识地权衡所有必须顾及的因素,它们关系到如此众多的个人的决定,因而使分权成为必要,很显然,要完成这种调节,不是通过'有意识的控制',而只有通过具体安排,向每个企业单位传播它必须获悉

---

① 《马克思恩格斯选集》第3卷,人民出版社2012年版,第681页。
② 《马克思恩格斯选集》第3卷,人民出版社2012年版,第697页。

的信息，以便使它能够有效地调整自己的决定以适应其他人的决定。"①哈耶克之所以反对社会主义计划，反对集中控制，除了他本人对市场竞争调节作用的绝对信任之外，更重要的是，他不相信处于集中控制的计划中央的人有着绝对的智能和信息处理能力（哈耶克也不放心处在中枢计划位置上的调节人的道德水平，认为人天生的自利倾向会让公正的调节失效，从而影响中央计划的公平性和合理性）。当然，我们也需要注意，哈耶克的这个观点明显带有自由主义经济学的偏见，他崇尚用市场进行调节和分配，反对用计划来行之有效地在各个部分、各个个体之间完成最合适的调节。如果我们将哈耶克的反对意见进一步梳理一下的话，可以得出这样的结论：哈耶克并不真正彻底地反对计划，而是提出，绝对有效的和拥有绝对智能的中央调节者不存在，没有一个人拥有这样的智能和道德素养，能让他处在中枢位置来真正实现公平合理的计划调节。那么，恩格斯的关于社会主义计划的设想和哈耶克的批评都指向了同一个问题：是否存在一个绝对智能，它拥有处理庞大信息的能力，同时兼有绝对公正的立场，来完成中央计划的分配与实施？的确，无论是在恩格斯的时代还是哈耶克的时代，我们都找不到一个中央的绝对智能来公正地实施社会主义计划。这样，对于哈耶克的批评，我们可以理解为是退而求其次，在没有绝对智能和绝对公正的中央计划者（在许多西方学者看来，唯一有资格处于这个位置上的主体就是上帝）的情况下，只能依赖于市场竞争的看不见的手来实现平衡和调节。

一旦我们进入到人工智能时代，随着大数据和云计算技术的实现，随着5G通信技术的市场化，我们是否可以假定一种可能性，即哈耶克所批评的社会主义集中计划的缺陷，会被新的技术手段加以弥补。原

---

① [英] 弗里德里希·哈耶克：《通往奴役之路》，王明毅、冯兴元译，中国社会科学出版社1997年版，第52页。

来我们的假定是：中央统筹计划被归为某个部门或某个主体，用一种中央科层制的方式来实现社会主义的计划，但是这种计划所面临的困境是，根本不存在一个或多个现实的主体能够具有处理如此庞大信息量的能力，在当时的机器和信息技术条件下也不具有这种计算和处理能力。在计算和学习能力得到指数级增长的人工智能面前，我们或许可以期望，有朝一日，如此庞大的信息和数据量，如此复杂的调节和分配运算，可以在人工智能的统筹计划下完成。而且，人工智能也不会具有道德上的问题，即我们根本不用担心人工智能拥有自利的意识，从而在资源和生产的调节与分配上为满足个人的私利，而让计划陷于腐败和不公正。这也就是为什么今天的一些公司，如阿里巴巴和京东都先后提出新计划经济的理念的原因。这种新计划经济的理念虽然是一个雏形，但在基础上已经完全不同于20世纪苏联的由中央计划实现的社会主义计划经济，阿里巴巴和京东的底气背后或许就是云计算和人工智能模式的逐步完善。即便在今天，这种作为未来社会主义设计的新计划经济仍然停留在一个十分模糊的层次上，但这种未来仍然是可以冀望的。

## 三、新控制论与未来的社会主义

为何说基于人工智能技术的新计划经济是可以冀望的？这并不是今天的互联网商家或者某些狂热的未来学者的突发奇想，而是具有一定的理论依据的。实际上，从20世纪开始，不断有信息理论的科学家和计算机领域的专家试图在技术层面上来解决信息传播和数据处理的瓶颈问题，他们也相信，通信技术的进步与改善，会为我们提供一个更美妙的未来社会的模型。

在诸多信息理论科学家中，起到奠基作用的美国数学家罗伯特·维纳（Robert Wiener）将香农（Shannon）的信息理论纳入他所提出的控制论（cybernetis）之中。简单来说，香农将热力学上的熵（entropy）的概念纳入信息论当中。在香农看来，信息空间与热力学空间有着一定的相似性。熵是物理学家玻尔兹曼提出的概念，熵是热力学上表示混乱度的概念，熵的值越高，意味着热量越高。那么，热力学表明，熵总是从高热量的区域传播到低热量的区域，这就是熵增的原理。香农观察到，在信息学上也有类似的情况，于是将玻尔兹曼的热力熵改成信息熵，也称作香农熵。1948年，香农在他的论文《通信的数学理论》中第一次从信息论的角度阐述了信息熵的原理。在这个时期，为了与冯·诺依曼的二进位代码的发明相对应，香农将其转化为一个对数公式，这个公式计算出来的就是信息熵的值，这个值的单位是比特（bit）。对于香农而言，信息代表着不确定性的减少，也就是熵减，信息熵的减少则代表着确定性的增加，即"信息是确定性的增加"①，而这个定义已经成为当代通信科学中关于信息的最经典的定义。

维纳的控制论显然建立在香农的信息定义的基础之上。维纳说："机器和生命体一样，是一种装置，它看来是局部地和暂时地抗拒着熵增加的总趋势。由于机器有决策能力，所以它能够在一个其总趋势是衰退的世界中在自己的周围创造出一个局部组织化的区域来。"② 因此，维纳的控制论是一种自我控制，即机器能够以智能的方式自我做出对信息的反馈与决定，实现对各种复杂的熵的处置，从而趋于稳定性的状态。在后来的《控制论》一书中，维纳再次强调："整个流程由机器自动完成，因此，必须保证从数据输入到数据输出都没有人为因素的

---

① 王雨田主编：《控制论、信息论、系统科学与哲学》，中国人民大学出版社1986年版，第283页。
② [美] 诺伯特·维纳：《人对人有用处——控制论与社会》，陈步译，北京大学出版社2010年版，第28页。

干扰，而所有的逻辑判定均由机器自动完成。"① 维纳的控制机器的模型，让机器在人类的干预之外，自动地实现对信息的处理和决定成为可能。

尽管维纳多次强调，他并不希望他提出的控制论模型被使用于国家管理和社会控制等层面，因为维纳无法判断这种机器是否具有善恶观念，但是仍然有不少尝试者试图从维纳的控制论模型中受到启发，将控制论与社会主义计划联系起来。其中最具有代表性的就是20世纪70年代初的智利总统萨尔瓦多·阿连德（Salvador Allende）的"赛博协同工程"（Project Cybersyn）。1970年11月，阿连德作为人民团结阵线的领袖参与竞选，并成功当选。在1971—1973年间，带有社会主义倾向的阿连德总统试图用一种人工智能的方式来实现他的社会主义计划的梦想，该计划旨在建立一种分散型决议支持系统，来帮助参与国民经济的决策和管理。该计划由四个模块组成：经济模拟器、检查生产表征的常用软件、操作室和远程电报机网络，这些模块都链接到一个电脑主机之上，由电脑主机自动地实现对国家经济的计划和模拟。之所以要实施这个"赛博协同工程"，正是因为阿连德看到了苏联和古巴在中央计划执行上的缓慢和平庸，无法有效地处理各种复杂的信息和状况，所以阿连德希望通过计算机和人工智能设备来实现国民经济的社会主义改革。为了达到这个目的，阿连德专门从英国邀请了控制论专家斯塔福德·比尔（Stafford Beer）来协助他实现这个史无前例的规划，"智利为实现社会主义治理的技术性工作与英国精通管理控制论的专家的结合，产生了赛博协同计划，他们带着雄心壮志创造了庞大的计算机体系，实时地使用技术来管理智利的国民经济，在绝大多数情况下，这些技术并不太尖端。英国的控制论专家与智利的社会主义

---

① [美]诺伯特·维纳：《控制论：关于动物和机器的控制与传播科学》，陈娟译，中国传媒大学出版社2018年版，第16页。

的结合非比寻常,这不仅是因为英国与智利相隔千山万水,而且因为他们代表着一种非常特别的科学思想或政治思想的潮流。"① 1971 年,刚开始实验"赛博协同工程"的阿连德雄心万丈,他认为自己实现了真正的"完美的计划经济",这种计划经济完全没有人为干预,所有经济上的决策完全取决于那台中央电脑,这样,通过电脑对各种信息的控制与决策,达到了"科学实现的完美经济平衡",这也意味着智利会在他的领导下走向真正的社会主义。然而,理想只能是理想,仅仅在实施"赛博协同工程"一年之后,智利的通货膨胀率就达到了140%,物价飞涨。1973 年,陆军总司令皮诺切特发动政变,推翻了阿连德政府。

  人工智能与社会主义的第一次邂逅就这样结束了。许多人将阿连德政府的失败直接归咎于"赛博协同工程",并认为不能任由人工智能来实现计划的统筹和决策。正如艾登·梅迪纳(Eden Medina)看到的那样,阿连德和比尔的"赛博协同工程"实际上是一个很不成熟的产品,他们并没有当时世界上最先进的计算机和信息处理设备,他们创造的中心计算机处理信息的效率十分低下,实际上根本无法满足智利全国的国民经济的总信息量;由于信息量有限,智利国民经济系统实际上并没有真正达到随机性和或然性的熵减,相反,处于高度的不稳定状态,这也是阿连德政府和比尔等人的失败之处。② 尽管阿连德和比尔的实验失败了,但是,为后人的研究留下了一个非常重要的案例,这个案例可以让后来的左翼思想家和工程师们,能够在阿连德和比尔等人成就的基础上继续思考控制论、人工智能技术与社会主义的关系。正如今天的技术加速主义倡导者阿列克斯·威廉姆斯和尼克·斯尔尼

---

① Eden Medina, *Cybernetic Revolutionaries: Technology and Politics in Allende's Chile*, Cambridge, MA: The MIT Press, 2011, p. 16.
② Eden Medina, *Cybernetic Revolutionaries: Technology and Politics in Allende's Chile*, Cambridge, MA: The MIT Press, 2011, p. 224.

塞克对阿连德和比尔的实验所给出的十分公允的评价:"智利的'赛博协同工程'就是这种实验态度的象征——将控制论技术与复杂的经济模型,以及民主平台融合起来,在技术基础设施建设上是典范性的。……这些实验最终都没有获得成功,这归咎于早期控制论学者操作时面对的政治限制和技术局限。"[1]

这样,在新一代通信技术和人工智能专家看来,阿连德的"赛博协同工程"并不是阿连德政治理念的失败,而是技术的失败。当时的控制论技术和通信网络都不足以支持一个国家的总体规划,但是这种思路仍然是可行的。与阿连德同时期的英国学者斯蒂芬·博丁顿(Stephen Botington)就写过一本《计算机与社会主义》(*Computer and Socialism*),坚信可以用计算机模拟和智能的方式,来实验复杂的经济现象:"计算机收集和分析统计量的能力与解决设计模拟经济结构模型的问题密切相关,最终目的是模拟整个经济结构的各种活动,已作的各种努力还远不能实现这一目标。这类模型能够显示出成本变化的程度,测定新的程序对成本、生产时间等所产生的影响。人们开始使用计算机模型模拟真实情况,对现状进行研究,在这个过程中,经济学可能成为一种实验科学,如同化学家做化学实验一样。"[2] 博丁顿提出的理念不同于阿连德和比尔的"赛博协同工程",博丁顿很重视对现实的模拟,继而以实验的方式来推进,而不是直接将国民经济的控制权交给电脑和智能机器。与之相对应,今天的人工智能实际上已经可以实现新的社会科学研究方法,我们可以将这种方法称为智能体基模型或代理人基模型(agents-based modelling,ABM)。正如博丁顿所说,社会科学很难直接在现实领域中来做实验,不过人工智能技术可

---

[1] Alex Williams, Nick Srnicek, "♯Accelerate: Manifesto for an Accelerationist Politics", in Robin Mackey & Armen Avanessian eds., *♯Accelerate: The Accelerationist Reader*, London: Urbanomic Media LTD., 2014, p.357.
[2] [英] 斯蒂芬·博丁顿:《计算机与社会主义》,杨孝敏、张明华、仲维畅译,华夏出版社1988年版,第108页。

以通过一定的智能行为体（agents）来模拟人类的行为，利用大数据计算机和人工智能来实验在不同模态系下的各种异质性智能行为体的对应状态，"ABM方法采用了基于元素的系统视角，关注在系统中作为相关行动元的实体之间的行为和互动。ABM的视角试图用更现实的方法来表达社会和经济体系下的行动元，来克服忽视了异质性因素的相关定义下的代表性行为体的局限性，来体现各种互动的异质的智能行为体的关联含义"①。今天的ABM模型，已经不是按照固定的性质界定来模拟设计者已经设想好的倾向，其中的行动元或智能体，实际上是经过机器学习和深度学习，具有人工神经网络的行为体，它具有自动的智能，能够尽可能产生出更多的行为结果。

我们可以认为，ABM实际上构成了一种新控制论模型。在今天计算速度和信息处理速度都大大高于阿连德时代的情况下，我们是否可以首先利用这种模型来尝试进行社会主义的实验？这种实验不会像阿连德总统一样，不顾后果地将计算机的统筹决策强制性推行。通过今天高度智能化的计算，在大量数据收集和反馈的基础上，我们是否可以在人工智能互动界面上模拟出一种理想的社会主义结果来？一旦满足足够的条件设定，这种经过反复改变各种参数和环境，经过多重互动和试错之后的ABM实验结果，是否可以成为我们人类社会进行社会主义尝试的一种可能性？尽管今天的技术加速主义对此表示了十分乐观的态度，如前文中提到的威廉姆斯和斯尔尼塞克就十分明确地认为："在社会网络分析，在ABM模型、大数据分析、不平衡经济模型中建立起来的工具，都是用来理解诸如现代社会这样的复杂体系的认知中介。加速主义左派必须熟知技术领域中的知识。"② 的确，今天的加速

---

① Matthias Müller, *An Agent-Based Model of Heterogeneous Demand*, Stuttgart: Springer, 2016, p.27.
② Alex Williams, Nick Srnicek, "♯Accelerate: Manifesto for an Accelerationist Politics", in Robin Mackey & Armen Avanessian eds., ♯ *Accelerate: The Accelerationist Reader*, London: Urbanomic Media LTD., 2014, p.357.

主义者和左翼人工智能学者的确试图通过人工智能的尝试，找到通向未来社会主义的更可靠的道路，不论他们的尝试会否成功，我们都可以认为，他们的这种精神是值得肯定的。

尾声

# 5G、数字在场与万物互联

2019年6月26日,一则新闻在各大媒体上相继引发关注。当天,在上海举行的MWC移动大会的华为展台,一位挖掘机工程师在现场的几个屏幕和操纵台上操控着各种模拟真实挖掘机的操纵杆和仪表,成功地远程操作了位于千里之外的河南的一台挖掘机,在一旁观看的观众不时向正在演示5G远程操作的工程师报以热烈的掌声。① 无独有偶,2019年1月,一名在中国福建的外科医生,在5G通信技术的协助下,成功操作了在48公里外的一个偏远山区的机械手臂,实现了世界上第一例5G远程手术,而手术过程中的时间延迟最多不超过0.1秒。② 这两则涉及5G通信技术的案例,仅仅只是5G的牛刀小试,在不远的将来,5G技术将会进一步在智能无人驾驶技术、无人机技术,甚至人工智能技术等方面大放异彩。通过上海的MWC展会,通过福建的第一例5G远程手术,我们似乎看到了另一个未来的可能性,似乎5G带来的是新一轮的技术变革,而这种变革会如同高铁、支付宝等数字化应用以及其他技术带来的变革一样,深深地根植于我们的世界,将我们的社会生活塑造成一个前所未有的模样。

不过,在面对这样的技术变革的时候,人文社会科学的研究也必须紧紧跟上,来思考这种变革带来的社会与人文效应。在这种思维的

---

① 《华为在2019 MWC上海移动大会上秀"5G远程操纵"》,中新网2019年6月26日。
② 《中国完成全球首例5G远程手术,仅时延0.1秒》,凤凰网2019年1月19日。

指引下，我们需要看到，5G不仅仅是一种停留在通信科学、计算机科学、数字技术上的纯理工学科，它是一根撬棍，已经在远程操控、无人驾驶等领域找到了它的支点，剩下的就是如同阿基米德所说的那样，来撬动整个地球。因此，5G通信和对应的一系列技术不仅仅是技术类学科的领域，也应该成为社会科学和哲学人文科学关注的内容。那么，问题在于，作为人文学科的哲学，应该如何来思考5G通信技术与我们的社会生活的关系。

## 一

5G远程操纵技术直接带来的一个问题是：在场的"我"与远在千里之外的挖掘机的行为，或在几十公里之外的外科手术臂之间的关系是什么？我们知道，自启蒙哲学以来，笛卡尔所建立的自我同一性的观念都是建立在我思和我的行为之间的同一性基础之上的，在《第一哲学沉思录》中，这二者表现为思维与广延的统一性。比如说，我喝掉了眼前的这杯咖啡，我思告诉我，我的心灵指挥着我的手臂端起咖啡，并慢慢地啜饮，这是一种带有主体性印记的行为，并表现为我的主观意志。在广延上，杯子里的咖啡的确减少了，通过主体观察和反映了这个客观事实，我也意识到我的确刚刚喝了咖啡。这样，我的行为意志和行为结果在喝咖啡这件事情上展现出了统一，而这种统一也将主观的我和客观反思性的我统一了起来。这种统一不仅仅是主观意志上的统一，也是广延空间上的统一，即在当下的这个具体空间中，我实现了我的意志和行为结果的统一。在启蒙的时代，那个祛除了宗教和神秘化魅影的时代里，人们已经不再会简单地相信一个人可以用意志操纵一个千里之外的物体，这种意念操纵和隔空取物的魔法内容被抛入所谓的神秘学①（esotericism）之中。所以，在许多启蒙哲学家那里，主观上的我所处的位置，与我的行为造成的结果所处的位置之间的统一，是作为现代哲学核心的"我"的概念，在现实世界基础上获得统一身份的前提。那么，当我们再次回到华为5G技术下远程操作挖掘机的工程师的案例时，这一点会变得十分有趣。显然，5G技术让现代启蒙哲学的一个基本前提动摇了，即我的在场与我的行为结果可以具有空间上的差异。当然，这并不是说，操纵千里之外的挖掘机的工程师，以及操作几十公里之外的外科手术的福建医生已经失去了我的同一性，这显然是一个十分荒谬的结论。那么，我们如何来面对这两个案例带来的哲学挑战呢？

我们注意到，尽管诸如笛卡尔之类的哲学家强调了主体意志和行为结果的空间同一性，但是并没有指定这个空间的有效范围是多大。一个千里之外的地点是否能够跟在上海展台上的工程师构成空间同一性？随着技术的发展，我们可以发现，自我同一性的构建实际上与现实社会生活中的速度有关。例如，在日本本格推理小说中有一类小说是列车推理小说，在这类小说中，犯罪嫌疑人一般是清楚的，但是问题在于，这类犯罪嫌疑人都会拿铁路做文章，来制造所谓的不在场证据。实际上，警方或者说小说作者的最终目的就是要证明处在不可能的空间中的行为结果，在嫌疑人身上具有高度的同一性。例如，在松本清张的小说《点与线》中，最关键的布局在于坐飞机去北海道的安田和在列车上被人看到的安田，在既定的时间差之内，不可能同时在场。需要注意到的是，这种列车推理小说，与内燃机车时代火车的速度密切相关，小说作者营造的恰恰是机车速度所实现的时间范围内的

---

① 乌特·哈内赫拉夫在《西方神秘学指津》中也曾谈到，在近代科学兴起之后，西方社会仍然保留着一种神秘学传统。哈内赫拉夫说："到了19世纪中叶，魔法传统已经沦为仅仅是古物研究者好奇的对象。"（参见乌特·哈内赫拉夫《西方神秘学指津》，张卜天译，商务印书馆2018年版，第51页）在这个意义上，坚持主体意志与行为结果可以不在同一个时间和空间中发生的学说基本上被排斥在主流科学知识之外。

空间上的不可能。当然，这种速度可以被加速，今天的高铁时代的中国，仍然可以为这种列车推理小说提供足够的素材土壤，只是时间跨度会比日本列车推理小说要更为紧凑一些。但是问题是一致的，即我们需要一个绝对速度的载体，将作为"我"的统一的身体从 A 地转送到 B 地，列车推理小说需要假定的就是这种身体上的唯一性，而这个身体的唯一性证实了犯罪嫌疑人的同一性。

5G 通信技术带来的变革恰恰突破了这一点。如果说在 2G 时代，手机等终端设备只能传送一些简单的数字和文字信息，而在 3G 时代的速率让图片的传输成为可能，如人们在法国巴黎埃菲尔铁塔下拍摄的分辨率不高的照片，可以在低时延的情况下传输到国内，而 4G 时代，高清图片和视频的在线共享、下载和传输成了司空见惯的事情，那么，对于 5G 来说，更快的速度、更高的传输速率可以做些什么？我们可以作这样一个设想：我们每一个人的行为和活动都可以被转化为一种数据记录下来，那么，我们在 A 地的行为变成一个巨大的数据包，在瞬间可以传递到 B 地，通过 B 地的解码设备，将转化为数据包的行为操作数据转化为真实的指令，然后通过指令来实现数码控制的挖掘机进行挖掘和数码控制的手术臂完成手术。在物理运输的背景下，人的肉身是唯一性的，一个人的行为如果要在 B 地产生效果，必须借助肉身的移动来实现。在日本本格推理的列车小说中，犯罪嫌疑人无论玩弄什么花招，他在谋杀现场需要一种物理在场（他要么提前到达现场亲身或请代理人布置一个杀人装置，要么在制造凶案的时候直接身体在场），因此，传递的方式是从身体到身体，即"身体-身体"（B - B'）方式。然而，5G 通信技术则不需要完全让身体从 A 地运输到 B 地，它需要传输的只是一个行为的数据包。这样，原先在物理空间中的传输运动"身体-身体"（B - B'），被另一种传输运动所取代。我们假设在上海展厅的工程师的身体为 B，他的操作行为被数据化为一个数据包，我们称之为虚体 V。这个数据包是一个海量级的数据包，之前的文字信息、图片信息、视频信息跟它的数据量都不可同日而语，只有在5G时代，这样的编码了人的行为数据的数据包的传输才成为可能。在传递到B地之后，在接收终端上，这个数据包变成了V'，同时被解码为具体的指令并作用于位于B地的终端设备，于是B-B'的同一性结构被扩充为B→V-V'→B'的同一性。在这个意义上，处于A地的思维领域的我思与B地的广延领域的行为结果的同一性被5G技术建立起来，一个直接物理在场的我思与行为的同一性，被5G通信技术转为一个被中介的"我思-数据传输-行为"的同一性①。

## 二

于是，我们可以发明一个新的概念，来形容5G技术带来的这种中介化的同一性结构，我们可以称之为数字在场（digital present）。数字在场是相对于身体在场而言的，而身体在场不仅仅是笛卡尔的我思哲学的前提，也是海德格尔、梅洛-庞蒂等人的存在哲学的前提。正如海德格尔使用的此在（Dasein）概念，就突出了一种此在的在场。海德格尔用Ent-fernung②来形容此在的在场性："去其远（entfernen）首先与通常就是寻视着使之近，就是带到近处来，也就是办到、准备好、弄到手。不过，就是纯认识揭示存在着时的某些方式也具有使之近的

---

① 我在另一篇文章中，将V-V'的关系称之为虚体，"身体关系之间被切入了一个数字化的虚体中介，身体必须通过某种算法变成虚体，再与网络空间中的其他虚体发生关系，于是，身体-身体'（B-B'）关系变成身体→虚体-虚体'→身体'（B→V-V'→B'）关系。"（参见蓝江《生存的数字之影：数字资本主义的哲学批判》，载《国外理论动态》2019年第3期）
② 在陈嘉映先生的《存在与时间》译本中，海德格尔的Ent-fernung被翻译为"去远"。这个译法的确不是太好理解，不过陈嘉映先生为这个词给出了注释说明，"去远"指的是"去除距离和遥远而不是增加它们"。实际上，通过陈嘉映先生的解释，"去远"也就意味着相近，即此在在此时此刻的亲近性和在场性。

性质。在此在之中有一种求近的本质倾向。"① 对于现代的传播技术，海德格尔认为这些技术在本质上与此在的 Ent-fernung 的要求相背离。因此，海德格尔紧接着说道："我们当今或多或少都被迫一道提高速度，而提高速度的一切方式都以克服相去之远（Ent-fernung）为鹄的。例如，无线电的出现使此在如今在扩展和破坏日常周围世界（Umwelt）的道路上迈出一大步。"② 海德格尔的话读起来尽管有些晦涩，但他基本上否定了在遥远距离上具有建构此在的周围世界的可能性，也就是说，直接的当下在场才是此在的唯一可能。由此，对于那个时代最具有意义的电报和广播技术，海德格尔都给予了批判，认为这种技术都试图消除此在的在场性，也就是在消除此在的存在。实际上，我们可以通过数字在场的概念来克服海德格尔对此在去远性的规定。数字在场意味着，通过 5G 通信技术，可以将当下的物理空间，通过数字编码和传播，将另一个空间的活动相对于此在构成为周围世界（Umwelt），从而在一个异空间中成为与此在共同在场的去远性的规定。此在不再仅仅是肉身性的此在，也是通信技术实现的远距离的数字在场。

那么，什么是数字在场？为什么一定在 5G 时代才能实现数字在场？在 4G 时代，我们已经具有了一些远程技术，如在线教育。例如，在疫情之后涌现的腾讯会议和 ZOOM 在线课程实现了真正意义上的远程教学，被隔离在外地的学生，无法返回学校，但教师可以通过腾讯会议和 ZOOM 等在线学习工具，与隔离在全国各地的学生进行即时性的交流，甚至提问和讨论，这样的在线教学显然已经打破了物理空间的距离，但是，这种在线教学仍然存在着一个鸿沟，即我们只能隔着屏幕与身处不同地域的老师和学生进行互动，我们仍然被笔记本电脑、智能手机、平板电脑等各种终端设备分隔开来。5G 技术则可能打破这个鸿沟，因为位于上海展厅的工程师可以操纵河南的一部挖掘机，那

---

① 《海德格尔文集：存在与时间》，陈嘉映译，商务印书馆 2016 年版，第 153 页。
② 《海德格尔文集：存在与时间》，陈嘉映译，商务印书馆 2016 年版，第 153 页。

么我们是否可以设想，在腾讯会议和ZOOM等在线教学的模式中，我们虽然有视听上的交流，但缺少行为上的互动，倘若隔离在各地的学生不仅仅聆听和注视着iPad或手机的屏幕，而是一个可以被数据指令掌控的替代性的身体，那么远在千里之外的老师通过身体行为B，转化为数据包V，在隔离学生房间里的替代性身体上接收为数据包V′，然后V′中包含的行为指令转为替代性身体的行为，从而可以在学生的房间里替代性身体上具身化（embodiment），成为可以在学生面前做动作的老师B′，这样，4G时代隔着终端屏幕的远程教学，经过5G时代B→V—V′→B′的转化，在线课程的老师的远程行为可以在隔离学生的家里的替代性身体上直接实现为行为，从而实现了老师的数字在场。我们可以再假设另一种情况：一对异地恋的情侣，在4G时代，他们能通过手机屏幕视频对话，来消除物理空间距离造成的相思，但是由于4G的传输速率只能停留在视频上，他们之间的情感只能满足于视觉和听觉上的感受。但如果通过5G时代的数字在场，如在双方的住所里都有一个替代性的操纵身体，他们在各自场所中的行为，不仅可以让对方看见和听见，而且通过5G的B→V - V′→B′的传递，可以转化为行为上的互动，从而进一步消除二人之间的异地相思之苦。实际上，在中国作家江离的小说《恋爱反身》中，已经用科幻的方式设想了这种数字在场的可能性：在小说中，住在东京的白川沙优，将自己的行为变成数据，传递到北海道的数据接收站，在那里有一个数字替身，将数据行为转移到这个数字替身身上，这个数字替身就可以帮助女主角白川沙优实现在札幌的一家餐厅里打工的活动。在这个意义上，白川沙优在北海道的行为就是一种数字在场，"她"与位于东京的本体身体构成了一种新的"我思-数据传输-行为"的同一性。这样，相对于4G乃至之前时代中的文字信息、图片信息、视频信息、音频信息的传递，5G通信时代最显著的特征就是数字在场，它可以实现在另一个空间中的行为的可能性，让在一个固定空间中的我的存在，通过高速度和大容量的传递，实现我在多重空间中的数字在场。

## 三

当然，5G 通信实现的数字在场，还需要一个重要条件。我们之前谈到，在 4G 时代，数字终端的接收设备是计算机、手机、iPad 等以视觉为主的终端设备，所传输的数据也大多数是视觉性的。但是，在 5G 通信时代，终端设备会发生质的变化，在华为的演示中，终端是一辆带数控设备的挖掘机；在福建外科医生的案例中，终端设备是手术台上的机械手臂；而在我们假定的异地恋人，还有《恋爱反身》的案例中，都存在着一个可以远程接收数据并转为行为的终端身体的存在。在某种意义上，能够进行无人驾驶的汽车和无人机，以及投放到宇宙中的探测器和月球车，实际上都是能进行高速率通信传播和数字技术转化的终端设备，它们都通过一个遥远的主体实现了在异地的数字在场。但是这一切都依赖于一个看不见的数字通信网络，这个网络是以 5G 为基础的，一个隐形而庞大的巨大数字矩阵，换句话说，5G 的价值正是在于形成了这样一种不可替代的数字通信传播网络，而这个网络背后的价值是一个全新的概念：万物互联（Internet of Everything, IoE）。

如果说 4G 时代的互联网是由诸多智能手机、计算机等平面设备构成的互联网络，5G 时代的万物互联则绝对超越了这个概念，而且万物互联概念是此前提出的物联网的升级版。在物联网概念中，所连接的仅仅是各种物的资源，包括生产、物流、资金等各方面的数据；万物互联显然已经加入了人的因素，人不再被视为一个高于物的独立因素存在于数据网络之中，而是被同样转化为一个数据包，与各种物的资源链接和互动。事实上，万物互联的理念不仅仅体现在技术上，也体现在哲学上，例如英国哲学新锐格拉厄姆·哈曼提出的以对象为导向的本体论（object-oriented ontology，OOO）体系①。哈曼在他的著作《以对象为导向的本体论：新万物理论》中提出："OOO 的一些基本原则如下：所有的对象都需要得到平等关注，无论这些对象是人，还是非人、自然物、人工物、实在物或者虚拟物。"② 换句话说，哈曼的 OOO 哲学旨在将所有的物，包括人在内，都还原为平等的对象，对象通过一定的方式发生关联，而这些关联形成了一个巨大的网络。这或许是哈曼为什么将他的 OOO 哲学称为新万物理论的原因吧。OOO 理论尽管是在哲学上提出的，但是已经包含了这样的关系：所有的对象，包括人、非人、自然物、人工物、实在物、虚拟物都在一个巨大的万物网络中被转化为一个对象，这个对象在 5G 通信时代就是一个数字化的数据包，在这个意义上，OOO 哲学再一次与它的根源，计算机编程上的 OOP 编程联系了起来。此外，所有对象被转化为数据包，即意味着这些数据包形成了一个巨大的万物网络，同时，各个对象又在各种物质载体（电脑、智能家居、无人驾驶汽车、无人机、月球探测车等）或非物质载体（虚拟人物、虚拟城市、虚拟交通等）中得到具身化，成为数字在场。在这个基础上，我们得到了万物互联的一个基本描述："由于互联技术的最新发展和智能设备的广泛传播，我们可以持续进行交流、交换、上载信息，我们的环境变成了一个'万物互联'的环境。万物互联是一个更高阶的阶段，让所有具有特殊功能的设备互联性更强，也更为智能。然而，这个说法还比较简单，万物互联不仅提供了物体之间的互联，也提供了数据、人和进程之间的互联。当下传感器

---

① 严格来说，OOO 体系并不是肇始于哈曼。在 20 世纪 90 年代，已经有人根据 C++ 语言、JAVA 语言中以对象为导向的编程（OOP）提出了 OOO 的理论，但是 OOO 得到哲学界的响应却是在 2010 年之后。哈曼在 2010 年 4 月美国亚特兰大的一个技术会议上提出了 OOO 的哲学。此后，一些哲学家开始响应哈曼的 OOO 倡议，如艾兰·博格斯特（Ian Bogost）、提摩太·莫顿（Timothy Morton）、列维·布莱恩特（Levi Bryant）、曼纽尔·德兰达（Manuel Delanda）等。
② Graham Harman, *Object-Oriented Ontology: A New Theory of Everything*, London: Penguin Books, 2018, p.9.

和设备网络的发展,与人们和社会环境已经有了深入的接触,万物互联会给城市规划、军事、健康医疗等方面带来巨大的影响。"①

5G 通信时代的万物互联意味着:我们作为主体的人的行为已经被转化为一个数据,在一个庞大的万物互联网中发生着交换,这种交换可以具体体现在装有传感器和控制器的任何一个智能终端上,让行为在任何地点被具身化,即被具体实现为对应的行为效果。我们可以设想,在万物互联的状态下,我可以通过一个机械手与在欧洲的棋手下棋,也可以同时操纵一架无人机在丛林里探险,甚至可以与邀请的亲人"面对面"地游戏,那个具有唯一性的此在的在场性,被 5G 转化为多元性的数字在场,我的行为体现在世界上的各个地方。那么,在这种情况下,我是什么?我们是否还有可能按照经典的启蒙哲学或此在的存在哲学来定义我的唯一性?在 5G 的万物互联的状态中,我们是否还需要这种我的唯一性和同一性?如果需要,我们如何在多空间的数字在场中构建出这种统一性?这些问题会彻底改变我们对世界的态度和立场,也会改变自启蒙以来的主体哲学。我们甚至不能用后现代主义和主体间性的哲学来简单应付这种全新的情况,因为后现代主义和主体间性仍然将哲学和存在论建立在人的优先性基础之上。在 5G 的万物互联的世界里,我们面对的不仅仅是主体与主体之间的交流,因为我们的存在被分散在诸多终端设备上,同时与我们发生交换的不仅仅是人,还有非人、自然物和虚构的人工智能程序。或许,这正是华为公司将 2019 年开发上市的、最初用在万物互联网络之上的操作系统命名为"鸿蒙"的原因吧!这的确是一个鸿蒙初开的世界!在所有的人、非人、自然物、人工物、实在物、虚拟物实现连通之后,我们面对的绝对是一个迥异的新世界,一个存在着多元数字在场的世界;我们不再能用逼仄的物理空间来限定此在的存在,因为 5G

---

① Beniamio Di Martino etc., *Internet of Everything: Algorithms, Methodologies, Technologies and Perspectives*, Berlin: Springer, 2018, pp. 1 – 2.

通信的传输速率和海量的数据量已经将我们变成了一种被数据中介化的存在模式，我们的肉身只是我们存在的一部分（尽管在很长一段时间里，仍然是不可或缺的一部分，因为我的主体意识的存在还需要身体的生理性营养的供给，还需要基本的新陈代谢，等等）。如果5G的万物互联成为现实，势必意味着我们会成为唐娜·哈拉维笔下的赛博格（Cyborg），一个由生理性身体与5G通信和万物互联技术下的终端设备构成的多重数字在场：一个在南京喝着咖啡的我，一个在遥远山区控制着机械手臂动手术的我，一个在河南工地上操纵着挖掘机的我，一个和恋人借用代用身体互动的我，甚至一个在网络游戏中与队友组队"刷怪"的我，都是我思在物理广延和数字广延中的对应物。那么，我们究竟该如何来思考这样的哲学？

显然，这是一个敞开的问题，也是一个无法在5G得到广泛应用之前，在狭窄的数据通道里借用科幻小说式的遐想就能解决的问题。但是，这里所谈的问题并不是纯粹的科幻，而是很有可能在5G通信技术得到广泛应用之后成为现实的问题。鸿蒙初开，5G的大门敞开之后，我们可能会面对一个未知的世界，我们曾经倚重的那些哲学知识或许会在鸿蒙初开的世界里坍塌，我们这个时代的哲学学者需要去面对这个全新的世界，那是一片未知的大海，也是一片充满希望的大海。我们可以用瓦莱里的《海滨墓园》中的诗句作为结尾：

> 一股鲜活的气息在大海中喷涌，
> 修复我的灵魂……呼吸咸味的效用！
> 让我们奔向大海，在惊涛拍击后生还！
> 是的，壮阔的大海有如此放浪不羁的才华，
> 有着豹纹般的皮肤和多孔的披挂。
> 它筛取太阳千变万化的肖形，
> 桀骜的怪物在你蓝色的血肉中饮醉。

# 主要参考资料

一、中文资料

1. 马克思恩格斯选集:第1—4卷.北京:人民出版社,1995
2. 马克思恩格斯文集:第8卷.北京:人民出版社,2009
3. 马克思恩格斯全集:第30卷.2版.北京:人民出版社,1995
4. 马克思恩格斯全集:第32卷.2版.北京:人民出版社,1998
5. 马克思恩格斯全集:第44卷.2版.北京:人民出版社,2001
6. 马克思恩格斯全集:第45卷.2版.北京:人民出版社,2003
7. 马克思恩格斯全集:第46卷.2版.北京:人民出版社,2003
8. 马克思.1844年经济学哲学手稿.北京:人民出版社,2014
9. 马克思.博士论文.贺麟译.上海:上海人民出版社,2012
10. 马克思,恩格斯.共产党宣言.北京:人民出版社,2014
11. 马克思.资本论:第一卷.法文修订版.北京:中国社会科学出版社,1983
12. 阿多诺.马克思与社会学理论的基本概念.《郑州轻工业学院学报》2020年第1期
13. 阿甘本.裸体.黄晓武译.北京:北京大学出版社,2016
14. 阿甘本.什么是哲学?蓝江译.上海:上海社会科学院出版社,2019
15. 阿甘本.神圣人:至高权力与赤裸生命.吴冠军译.北京:中央编译出版社,2016
16. 阿甘本.语言的圣礼:誓言考古学.蓝江译.重庆:重庆大学出版社,2016
17. 布莱恩·阿瑟.技术的本质:技术是什么,它如何进化.曹东溟,王健译.杭州:浙江人民出版社,2014
18. 巴迪欧.存在与事件.蓝江译.南京:南京大学出版社,2018
19. 巴迪欧.数学颂.蓝江译.北京:中信出版集团,2017
20. 巴塔耶.不可能性.曹丹红译.南京:南京大学出版社,2017
21. 鲍德里亚.符号政治经济学批判.夏莹译.南京:南京大学出版社,2015
22. 鲍德里亚.论诱惑.张新木译.南京:南京大学出版社,2011

23. 鲍德里亚. 密码. 戴阿宝译. 郑州：河南大学出版社,2019
24. 鲍德里亚. 消费社会. 刘成富译. 南京：南京大学出版社,2008
25. 鲍德里亚. 物体系. 林志明译. 上海：上海人民出版社,2019
26. 鲍宗豪. 网络与当代社会文化. 上海：上海三联书店,2001
27. 本雅明. 德国悲苦剧的起源. 李双志,苏伟译. 北京：北京师范大学出版社,2013
28. 本雅明. 经验与贫乏. 王炳钧,杨劲译. 天津：百花文艺出版社,1999
29. 本雅明. 摄影小史，机械复制时代的艺术作品. 王才勇译. 南京：江苏人民出版社,2006
30. 博丁顿. 计算机与社会主义. 杨孝敏,张明华,仲维畅译. 北京：华夏出版社,1988
31. 乔治·戴森. 图灵的大教堂：数字宇宙开启智能时代. 盛杨灿译. 杭州：浙江人民出版社,2015
32. 居伊·德波. 景观社会. 张新木译. 南京：南京大学出版社,2017
33. 奥克塔维奥·法雷斯. 西班牙货币史. 宋海译. 北京：中国金融出版社,2019
34. 吕克·费希. 超人类革命：生物科技将如何改变我们的未来？周行译. 长沙：湖南科学技术出版社,2017
35. 福柯. 安全、领土与人口. 钱翰,陈晓径译. 上海：上海人民出版社,2010
36. 福柯. 必须保卫社会. 钱翰译. 上海：上海人民出版社,2000
37. 福柯. 自我解释学的起源. 潘培庆译. 重庆：西南师范大学出版社,2018
38. 福克斯. 马克思归来. 传播驿站工作坊译. 上海：华东师范大学出版社,2016
39. 福克斯. 交往批判理论：互联网时代重读卢卡奇、阿多诺、马尔库塞、霍耐特和哈贝马斯. 王锦刚译. 北京：中国传媒大学出版社,2019
40. 福克斯. 社交媒体批判导演. 赵文丹译. 北京：中国传媒大学出版社,2019
41. 弗洛里迪. 第四次革命：人工智能如何重塑人类现实. 王文革译. 杭州：浙江人民出版社,2016
42. 弗洛里迪. 信息伦理学. 薛平译. 上海：上海译文出版社,2018
43. 弗洛里迪. 在线生活宣言. 成素梅,孙越,蒋益,刘默译. 上海：上海译文出版社,2018
44. 格林加德. 物联网. 刘林德译. 北京：中信出版集团,2016
45. 哈内赫拉茨. 西方神秘学指津. 张卜天译. 北京：商务印书馆,2018
46. 哈特,奈格里. 大同世界. 王行坤译. 北京：中国人民大学出版社,2015
47. 哈耶克. 通往奴役之路. 王明毅,冯兴元译. 北京：中国社会科学出版社,1997
48. 韩炳哲. 在群中：数字媒体时代的大众心理学. 程巍译. 北京：中信出版社,2019
49. 韩炳哲. 精神政治学. 关玉红译. 北京：中信出版社,2019
50. 海德格尔. 存在与时间. 陈嘉映译. 北京：商务印书馆,2016
51. 赫拉利. 今日简史：人类命运大议题. 林俊宏译. 北京：中信出版社,2018
52. 赫拉利. 人类简史：从动物到上帝. 林俊宏译. 北京：中信出版社,2014

53. 赫拉利.未来简史:从智人到智神.林俊宏译.北京:中信出版社,2017
54. 赫胥黎.美丽新世界.陈超译.上海:上海译文出版社,2017
55. 赫伊津哈.游戏的人.多人译.杭州:中国美术学院出版社,1996
56. 黑格尔.精神现象学.贺麟,王玖兴译.北京:商务印书馆,1979
57. 霍布斯鲍姆.工业与帝国:英国现代化历程.梅俊杰译.北京:中央编译出版社,2016
58. 霍耐特.物化:承认理论探析.罗名珍译.上海:华东师范大学出版社,2018
59. 基特勒.留声机、电影、打字机.邢春丽译.上海:复旦大学出版社,2017
60. 基特勒.实体之夜.李双志译.上海:上海社会科学院出版社,2019
61. 卡普兰.人工智能时代.李盼译.杭州:浙江人民出版社,2016
62. 卡斯特.网络社会的崛起.夏铸九,王志弘译.北京:社会科学文献出版社,2001
63. 卡斯特.网络星河:对互联网、商业和社会的反思.郑波,武炜译.北京:社会科学文献出版社,2001
64. 科特金.新地理:数字经济如何重塑美国地貌.王玉平,王洋译.北京:社会科学文献出版社,2010
65. 科耶夫.黑格尔导读.姜志辉译.南京:译林出版社,2005
66. 库克里克.微粒社会:数字化时代的社会模式.黄昆,夏柯译.北京:中信出版集团,2018
67. 库兹韦尔.奇点临近.李庆诚,董振华,田源译.北京:机械工业出版社,2011
68. 库兹韦尔.人工智能的未来.盛杨燕译.杭州:浙江人民出版社,2016
69. 拉图尔.我们从未现代过.刘鹏,安涅思译.苏州:苏州大学出版社,2010
70. 兰波.地狱一季.王道乾译.广州:花城出版社,1991
71. 蓝江.阿甘本五讲.郑州:河南大学出版社,2018
72. 蓝江.忠实于事件本身:巴迪欧哲学思想导论.北京:北京师范大学出版社,2018
73. 李开复.AI·未来.杭州:浙江人民出版社,2018
74. 卢卡奇.关于社会存在的本体论(上卷)——社会存在本体论引论.白锡堃,张西平,李秋零译.重庆:重庆出版社,1993
75. 卢卡奇.历史与阶级意识.杜章智等译.北京:商务印书馆,1992
76. 罗格斯.数字方法.成素梅,陈鹏,赵彰译.上海:上海译文出版社,2018
77. 罗萨.加速:现代社会中时间结构的改变.董璐译.北京:北京大学出版社,2015
78. 罗萨.新异化的诞生:社会加速批判理论大纲.郑作彧译.上海:上海译文出版社,2018
79. 罗斯布拉特.虚拟人:人类新物种.郭雪译.杭州:浙江人民出版社,2016
80. 迈尔-舍恩伯格,库克耶.大数据时代:生活、工作与思维的大变革.盛杨燕,周涛译.杭州:浙江人民出版社,2013
81. 迈尔-舍恩伯格,拉姆什.数据资本时代.李晓霞,周涛译.北京:中信出版集

团,2018
82. 麦肯齐. 无线:网络文化中激进的经验主义. 张帆译. 上海:上海译文出版社,2018
83. 梅洛-庞蒂文集:第 4 卷　意义与无意义. 张颖译. 北京:商务印书馆,2018
84. 梅洛-庞蒂. 行为的结构. 杨大春,张尧均译. 北京:商务印书馆,2005
85. 梅洛-庞蒂. 知觉现象学. 姜志辉译. 北京:商务印书馆,2001
86. 米切尔. 伊托邦:数字时代的城市生活. 吴启迪,乔非译. 上海:上海科技教育出版社,2005
87. 明德尔. 智能机器的未来. 胡小锐译. 北京:中信出版集团,2017
88. 明斯基. 情感机器. 王文革,程玉婷,李小刚译. 杭州:浙江人民出版社,2016
89. 莫斯. 礼物. 汲喆译. 上海:上海人民出版社,2002
90. 尼葛洛庞帝. 数字化生存. 胡泳译. 海口:海南出版社,1999
91. 尼可莱利斯. 脑机穿越:脑机接口改变人类未来. 黄珏苹,郑悠然译. 杭州:浙江人民出版社,2015
92. 奥尼尔. 算法霸权:数学杀伤性武器的威胁. 马青玲译. 北京:中信出版集团,2018
93. 彭信威. 中国货币史. 上海:上海人民出版社,2007
94. 米歇尔·塞尔. 万物本源. 蒲北溟译. 北京:三联书店,1996
95. 色诺芬. 经济论　雅典的收入. 张伯健,陆大年译. 北京:商务印书馆,2017
96. 史坦丁. 不稳定无产阶级. 刘维人译. 台北:脸谱出版,2019
97. 斯蒂格勒. 意外地哲学思考. 许煜译. 上海:上海社会科学院出版社,2018
98. 斯尔尼塞克. 平台资本主义. 程水英译. 广州:广东人民出版社,2018
99. 亚当·斯密. 国民财富的性质和原因的研究:上. 郭大力,王亚南译. 北京:商务印书馆,1972
100. 亚当·斯密. 国民财富的性质和原因的研究:下. 郭大力,王亚南译. 北京:商务印书馆,1974
101. 斯诺. 两种文化. 纪树立译. 北京:三联书店,1994
102. 孙乐强. 马克思再生产理论及其哲学效应研究. 南京:江苏人民出版社,2016
103. 泰格马克. 生命 3.0:人工智能时代,生而为人的意义. 汪婕舒译. 杭州:浙江教育出版社,2018
104. 唐正东. 从斯密到马克思. 南京:江苏人民出版社,2003
105. 唐正东. 当代资本主义新变化的批判性解读. 北京:经济科学出版社,2016
106. 托普. 未来医疗:智能时代的个体医疗革命. 郑杰译. 杭州:浙江人民出版社,2019
107. 瓦赫特. 数字医疗:信息化时代医疗改革的机遇与挑战. 郑杰译. 杭州:浙江人民出版社,2018
108. 王雨田主编. 控制论、信息论、系统科学与哲学. 北京:中国人民大学出版社,1986

109. 维纳.控制论:关于动物和机器的控制与传播科学.陈娟译.北京:中国传媒大学出版社,2018
110. 维纳.人对人有用处——控制论与社会.陈步译.北京:北京大学出版社,2010
111. 希法亭.金融资本.福民等译.北京:商务印书馆,1994
112. 希勒.数字资本主义.杨立平译.南昌:江西人民出版社,2001
113. 西斯蒙第.政治经济学研究:第一卷.胡尧步等译.北京:商务印书馆,1989
114. 夏平,谢弗.利维坦与空气泵.蔡佩君译.上海:上海人民出版社,2006
115. 项立刚.5G 时代,什么是5G,它将如何改变世界.北京:中国人民大学出版社,2019
116. 谢诺夫斯基.深度学习:智能时代的核心驱动力量.姜悦兵译.北京:中信出版集团,2019
117. 谢肇淛.五杂组.上海:上海书店出版社,2009
118. 亚里士多德.尼各马可伦理学.廖申白译.北京:商务印书馆,2003
119. 亚里士多德.形而上学.苗力田译.北京:中国人民大学出版社,2003
120. 张一兵.回到马克思——经济学语境中的哲学话语.4 版.南京:江苏人民出版社,2020
121. 张一兵.马克思历史辩证法的主体向度.南京:南京大学出版社,2002
122. 张一兵.遭遇阿甘本.南京:南京大学出版社,2019
123. 周延云,闫秀荣.数字劳动和卡尔·马克思:数字化时代国外马克思劳动价值论研究.北京:中国社会科学出版社,2016

## 二、外文资料

1. Agamben, Giorgio. *The Signature of All Things: On Method*. trans. Luca D'Isanto & Kevin Attell. New York: Zone Books, 2009
2. Agamben, Giorgio. *The Fire and the Tale*. trans. Lorenzo Chiesa. Stanford: Stanford University Press, 2017
3. Agamben, Giorgio. *The Highest Poverty: Monastic Rules and Form-of-Life*. Stanford: Stanford University Press, 2013
4. Agamben, Giorgio. *The Kingdom and the Glory: For a Theological Genealogy of Economy and Government*. trans. Lorenzo Chiesa. Stanford: Stanford University Press, 2011
5. Agamben, Giorgio. *The Open: Man and Animal*. trans. Kevin Attell. Stanford: Stanford University Press, 2004
6. Agamben, Giorgio. *What is an Apparatus?* trans. David Kishik & Stefan Pedatella. Stanford: Stanford University Press, 2009

7. Badiou, Alain. *Éloge de la politique*. Paris: Flammarion, 2017
8. Badiou, Alain. *Je vous sais si nombreux*. Paris: Fayard, 2017
9. Badiou, Alain. *Logiques des mondes*. Paris: Seuil, 2006
10. Baudrillard, Jean. *Le système des objets*. Paris: Gallimard, 1968
11. Bernard, Andreas. *The Triumph of Profiling: The Self in Digital Culture*. Cambridge: Polity, 2019
12. Betancourt, Michael. *The Critique of Digital Capitalism: An Analysis of the Political Economy of Digital Culture and Technology*. New York: Punctum Books, 2015
13. Bown, Alfie. *The Playstation Dreamworld*. Cambridge: Polity Press, 2018
14. Briziarelli, Marco & Armano, Emiliana. *The Spectacle 2.0: Reading Debord in the Context of Digital Capitalism*. London: University of Westminster Press, 2017
15. Brunton, Finn. *Digital Cash: The Unknown History of the Anarchists, Utopians and Technologists Who Created Cryptocurrency*. Princeton: Princeton University Press, 2019
16. Casey, Michael J. & Vigna, Paul. *The Truth Machine: The Blockchain and the Future of Everything*. New York: St. Martin's Press, 2018
17. Caplan, Jane & Torpey, John eds. *Documenting Individual Identity*. Princeton: Princeton University Press, 2001
18. Chandler, David & Fuchs, Christian. *Digital Objects, Digital Subjects: Interdisciplinary Perspectives on Capitalism, Labour and Politics in the Age of Big Data*. London: University of Westminster Press, 2019
19. Costikyan, Greg. *Uncertainty in Games*. Cambridge, MA: MIT Press Books, 2013
20. Dean, Jodi. *Blog Theory*. Cambridge: Polity Press, 2010
21. Dean, Jodi. *Democracy and Other Neoliberal Fantasies: Communicative Capitalism and Left Politics*. Durham: Duke University Press, 2009
22. Dean, Jodi. *Empire's New Clothes: Reading Hardt and Negri*. New York: Routledge, 2004
23. Dean, Jodi. *The Communist Horizon*. London: Verso, 2012
24. Deleuze, Gilles. *Deux régimes de fous*. Paris: Minuit, 2003
25. Deleuze, Gilles. *Différence et repetition*. Paris: PUF, 1968
26. Derrida, Jacques. *De la Grammatologie*. Paris: Les Éditions de Minuit, 1967
27. Di Martino, Beniamio etc. *Internet of Everything: Algorithms, Methodologies, Technologies and Perspectives*. Berlin: Springer, 2018

28. Dyer-Witheford, Nick. *Cyber-Proletariat: Global Labour in the Digital Vortex*. London: Pluto Press, 2015
29. Dyer-Witheford, Nick & Kjøsen, Atle M. *Inhuman Power: Artificial Intelligence and the Future of Capitalism*. London: Pluto Press, 2019
30. Fisher, Eran & Fuchs, Christian. *Reconsidering Value and Labour in the Digital Age*. New York: Palgrave Macmillan, 2015
31. Foucault, Michel. *Dits et écrits I. 1954–1975*. Paris: Gallimard, 2001
32. Foucault, Michel. *Les mots et les choses*. Paris: Gallimard, 1966
33. Foucault, Michel. *L'Ordre du discours*. Paris: Gallimard, 2014
34. Foucault, Michel. *Power/Knowledge: Selected Interviews and Other Writings, 1972–1977*. ed. C. Gordon. New York: Pantheon Books, 1980
35. Fuchs, Christian. *Digital Labour and Karl Marx*. New York: Routeledge, 2014
36. Gerbaudo, Paolo. *The Digital Party: Political Organisation and Online Democracy*. London: Pluto Press, 2019
37. Gold, Louis. The Psychiatric Profile of Firesetter. *Jounral of Forensic Sciences*, 1962:7, p. 416
38. Gorz, André. *The Immarterial*. trans. Chris Turner, London: Seagull Books, 2010
39. Hardt, Michael & Negri, Antonio. *Empire*. Cambridge: Harvard University Press, 2000
40. Hardt, Michael & Negri, Antonio. *Multitude: War and Democracy in the Age of Empire*. London: Penguin Group, 2004
41. Harman, Graham. *Immaterialism*. Cambridge: Polity Press, 2016
42. Harman, Graham. *Object-Oriented-Ontology: A New Theory of Everything*. London: Penguin Books, 2018
43. Harman, Graham. *Prince of Networks: Bruno Latour and Metaphysics*. Melbourne: re. press, 2009
44. Harman, Graham. *The Quadruple Object*. Hants: Zero Books, 2011
45. Henry, Michel. *Philosophy and Phenomenology of the Body*. trans. Girard Etzkorn. Martinus NijHoff-The Hague, 1975
46. Hildebrandt, Mireille & Antoinette Rouvroy eds. *Law, Human Agency and Autonomic Computing: The Philosophy of Law Meets the Philosophy of Technology*. London: Routledge, 2011
47. Hildebrandt, Mireille & Katja de Vries eds. *Privacy, Due Process and the Computational Turn*. London: Routledge, 2013

48. Honneth, Axel. *Reification: A New Look at an Old Idea*. trans. Martin Jay. Oxford: Oxford University Press, 2012

49. Hui, Yuk. *On the Existence of Digital Objects*. Forword by Bernard Stiegler. Minneapolis: University of Minnesota Press, 2016

50. Jordan, Tim. *Information Politics: Liberation and Exploitation in the Digital Society*. London: Pluto Press, 2015

51. Kennedy, Liam & Shapiro, Stephen eds. *Neoliberalism and Contemporary American Literature*. Hanover, NH: Dartmouth College Press, 2019

52. Koopman, Colin. *How We Became Our Data: A Genealogy of the Informational Person*. Chicago: The University of Chicago Press, 2019

53. Latour, Bruno. *The Pasteurization of France*. trans. Alan Sheridan & John Law. Cambridge, Massachussetts: Harvard University Press, 1988

54. Latour, Bruno. *Reassembling the Social: An Introduction to Actor-Network-Theory*. Oxford: Oxford University Press, 2005

55. Lazzarato, Maurizio. *Governing by Debt*. trans. Joshua David Jordan. South Pasadena: Semiotext(e), 2015

56. Leibovitz, Liel. *God in the Machine: Video Games as Spiritual Pursuit*. West Conshohocken, PA: Templeton Press, 2013

57. Lemke, Thomas. *Biopolitics: An Advanced Introduction*. New York: New York University Press, 2011

58. Lovink, Geert. *Sad by Design: On Platform Nihilism*. London: Pluto Press, 2019

59. Mackey, Robin & Avanessian, Armen eds. *Accelerate: Accelerationist Readers*. 2014

60. Malik, S. & Cox, C. eds. *Realism Materialism Art*. Annandale-on-Hudson: Sternberg Press, 2015

61. Marazzi, Chrisitian. *Capital and Language*. Los Angeles: Semiotext(e), 2008

62. Medina, Eden. *Cybernetic Revolutionaries: Technology and Politics in Allende's Chile*. Cambridge, MA: The MIT Press, 2011

63. Merleau-Ponty, Maurice. *Phénoménologie de la perception*. Paris: Gallimard, 2003

64. Mitchell, Liam. *Ludopolitics: Videogames against Control*. Hampshire: Zero books, 2018

65. Müller, Matthias. *An Agent-Based Model of Heterogeneous Demand*. Stuttgart: Springer, 2016

66. Negri, Antonio. *The Porcelain Workshop: For a New Grammar of Politics*.

trans. Noura Wedell. South Pasadena: Semiotext(e), 2008

67. O'Riordan, Kate. *Unreal Objects: Digital Materialities, Technoscientific Projects and Political Realities*. London: Pluto Press, 2017

68. Quiniou, Matthieu. *Blockchain: The Advent of Disintermediation*. London: ISTE Ltd. And John Wiley & Sons, Inc, 2019

69. Ratta, Donatella D. *Shooting a Revolution: Visual Media and Warfare in Syria*. London: Pluto Press, 2018

70. Richterich, Annika. *The Big Data Agenda: Data Ethics and Critical Data Studies*. London: University of Westminster Press, 2018

71. Schramm, Ernst Percy. *Herrschaftzeichen und Staatssymbolik: Beiträgezuihrer Geschichte vomdrittenbiszumsechzehntenJahrhundert*, Vol. 1. Stuttgart: Anton Hiersemann, 1954

72. Scholz, Trebor. *Digital Labor: The Internet as Playground and Factory*. New York: Routledge, 2013

73. Serres, Michel. *Parasite*. trans. Lawrence R. Schehr. Baltimore: The Johns Hopkins University Press, 1982

74. Sicart, Miguel. *Play Matters*. Cambridge, MA: MIT Press Books, 2014

75. Simondon, Gilbert. *Du mode d'existence des objets techniques*. Lonrai: Aubier, 2012

76. Simondon, Gilbert. *Two Lessons on Animal and Man*. Minneapolis: Univocal, 2011

77. Smythe, Dallas. *Dependency Road*. Norwood: Ablex Press, 1981

78. Spang, Rebecca L. *Stuff and Money in the Time of the French Revolution*. Cambridge MA: Harvard University Press, 2015

79. Srnicek, Nick. *Platform Capitalism*. Cambridge: Polity

80. Stiegler, Bernard. *Automatic Society, Vol.1 The Future of Work*. trans. Daniel Ross. Cambridg: Polity, 2016

81. Stiegler, Bernard. *Symbolic Misery Vol.1 The Hyperindustrial Epoch*. trans. Barnaby Norman. Cambridge: Polity, 2014

82. Tarizzo, Davide. *Life: A Modern Invention*. Cambridge, MA: MIT Press Books, 2017

83. Virno, Paolo. *A Grammar of the Multitude*. trans. Sylvere Lotringer. Los Angeles, CA: Semiotext(e), 2007

84. Virno, Paolo. Intelletto generale. eds. Zanini and Fadini. *Lessico Postfordista* Milan: Feltrinelli, 2001

85. Virno, Paolo. *When the Word Becomes Flesh: Language and Human Nature*.

trans. Giuseppina Mecchia. South Pasadena: Semiotext(e), 2015
86. Wajcman, Judy. *Pressed for Time: The Acceleration of Life in Digital Capitalism*. Chicago: The University of Chicago Press, 2015
87. Žižek, Slovaj. *The Relevance of the Commnunist Manifesto*. Cambridge, Polity, 2019
88. Zukerfeld, Mariano. *Knowledge in the Age of Digital Capitalism: An Introduction to Cognitive Materialism*. London: University of Westminster Press, 2017

# 后 记

大概有朋友会有这样的疑问：你原来不是研究巴迪欧、阿甘本等人的哲学思想的吗，你翻译了他们的著作，也写了不少关于巴迪欧、阿甘本和当代法国马克思主义哲学的研究文章，为什么会突然转向研究数字资本主义？我想这个问题可能有两种不同的回答方式。

一个是我自己对马克思主义哲学的理解。其实，我本科、硕士、博士都是思想政治教育专业。而阅读哲学，只是我个人私下的一点爱好。在读博士期间，我读到了张异宾老师的《回到马克思》，当时的确被张老师对马克思的深邃解读所折服。回忆起来，真正第一次打动我的，或许正是张异宾老师所说的马克思的唯物主义是真正面对社会现实的唯物主义，而对于当时的马克思来说，最大的现实就是政治经济学。这当然可以理解为马克思从哲学批判走向政治经济学批判的一个根本动机。那么，问题来了，我们今天面对的最大的社会现实是什么？我想，对于这个问题，读康德、黑格尔、胡塞尔、海德格尔、萨特是有用的，但是读他们的用处并不在于让我们回到他们原教旨的思想中，我们的哲学研究的目的绝对不是去让我们比康德更康德，比黑格尔更黑格尔，比海德格尔更海德格尔。我相信，在这些大思想家背后，一定有着他们直接的现实关怀，尽管这种现实关怀并没有直接呈现出来。那么，我们今天的哲学研究势必要面对今天的现实生活：如果说政治经济学是马克思必须面对的社会现实，那么我们的社会现实就是数字化社会和数字资本日益成为我们生活中不可或缺的部分，而在全球范围内，数字资本主义正在取代以往的产业资本主义和金融资本主义，正在衍生出新的资本主义形态，对此我们必须保持清醒的理论认识。对于这种新的社会现实，我们不能直接套用那些传统思想家的结论，而是需要在当下的情境中对之加以转化。的确，再敏锐的思想家，都没有预计到今天的世界会走向数字资本主义社会：福柯看到了全景监控和生命政治，但他没有看到的是，这种全景监控和生命政治是用大数据和智能算法的方式来实现的；海德格尔看到了技术的集置，但他没有看到的是，我们今天的社会身份唯有被数据化为一个虚体时，才能在数字世界中存在。所以，尽管这些伟大的哲学家可以为我们提供反思当下社会现实的理论渊源，但是，对这些最直接的现实的哲学反思却需要我们自己来进行。

另一个是最直接的动机。记得2016年南京大学邀请奈格里、大卫·哈维、斯蒂格勒、普殊同等人，在南京大学马克思主义社会理论研究中心举办了一次关于数字资本主义的学术会议。在会议上，奈格里仍然坚持谈他的一般智力概念，认为数字资本主义下的非物质劳动会产生更强大的一般智力，而这种一般智力会成为超越资本主义、走向未来共产主义社会的关键。不过，奈格里认为一般智力具有主观性，也就是说，它是大众的产物，一旦大众将一般智力从资本主义社会中抽离出来，资本主义就会崩溃。在讨论环节，我对奈格里的这个结论表示了异议。我告诉他，一般智力一旦形成，就不可能具有主观性，而是变成了对象化的存在，它恰恰是客观的；即便是作为一般智力生产者的大众，也不可能将它随意地从资本主义生产体系下抽离出来。相比于奈格里的一般智力，我更希望使用一般数据的概念，以表明其客观属性。显然，奈格里否定了我的解释，他坚持认为一般智力是一种具有生命力的活劳动的产物（尽管我认为他根本上误用了马克思的活劳动概念）。在会议之后，我觉得需要专门写文章来批评奈格里的一般智力和对数字资本主义的理解，从而提出一种不同于奈格里等人的关于数字资本主义的评论。我之所以认为需要批评奈格里，是因为像他们这一批理论家，实际上并不是数字时代的原住民，他们仍然是以20世纪六七十年代的眼光审视数字化技术和数字资本带来的变化，所以，他坚持使用非物质劳动、一般智力等概念；这些概念是当时他与潘齐耶里、特隆蒂等人在意大利工人自治主义时期形成的概念，或许对那个时代有效，但面对今天的数字时代，似乎有些隔靴搔痒之感。而今天已经为中国人所熟悉的微信、支付宝、滴滴打车、美团等App，都是这些学者不怎么使用的。我想起当年联系一位国外知名的理论家时，突然被告知这位理论家甚至连电子邮件都不使用。对于我来说，实在很难想象这样一批根本不使用智能手机、最新的App应用，更不可能玩电子游戏的理论家，如何有充分的理论资源去反思数字资本主义带来的巨大变化。正是在这个动机的促发之下，我转向了数字资本主义。从2017年开始，我逐渐在《哲学研究》《山东社会科学》《华中科技大学学报》《江海学刊》等杂志上发表相关主题的文章，提出了一系列数字资本主义研究的概念，如一般数据、虚体、数字资本等。在经过了这几年的思考之后，终于有机会以一本书的形式来展现我自己对数字资本主义的探索和耕犁。

当然，本书能够出版，首先需要感谢南京大学哲学系和马克思主义社会理论研究中心的张异宾教授和唐正东教授的大力支持，两位老师一直是我思想上的指路人，也是我现实学习和研究中的可敬的前辈和师长。江苏人民出版社的戴亦梁编辑为本书的编辑校对付出了辛勤的劳动，在此也表示由衷的感谢！此外，本书的一些成果也得益于与老师和好友们的讨论，包括复旦大学哲学学院吴晓明教授、陈学明教授、张双利教授、王凤才教授、汪行福教授、王金林教授、吴猛教授、杨庆峰教授，南京大学马克思主义学院胡大平教授，南京大学哲学系刘怀玉教授、张亮教授、孙乐强教授、周嘉昕教授，清华大学哲学系夏莹教授，华东师范大学政治学系吴冠军教授，华东师范大学哲学系姜宇辉教授，华东师范大学中文系朱国华教授、王嘉军教授，北京大学艺术学院李洋教授，吉林大学哲学社会学院王庆丰教授、王福生教授，武汉大学哲学学院李佃来教授,中国人民大学哲学学院李科林教授,西南大学马克思主义学院黄其洪教授,华南师范大学马克思主义学院尹树广教授、涂良川教授。本书中的一些章节曾经得到了一些学术杂志的编辑的支持和帮助,包括《中国社会科学》薛刚编辑,《哲学研究》陈德中编辑、周丹编辑,《马克思主义与现实》黄晓武编辑,《哲学动态》强乃社编辑,《山东社会科学》周文升主编,《江海学刊》赵涛编辑、冯潇编辑,《探索与争鸣》叶祝弟编辑、阮凯编辑,《华中科技大学学报》吴兰丽编辑,《苏州大学学报》赵强编辑,等等。最后也感谢我的夫人董金平在我研究的过程中也参与了一些有价值的讨论,并给我很多深刻的启迪。我相信,数字资本主义的哲学思考,是一个尚未完成的事业,仍然需要不断探索前进。所以,由于本人的知识局限和能力的不足,本书中不免有一些疏漏和错讹,其责任完全在于我自己。也望各位方家继续给予指正和批评。

蓝 江

2021 年 5 月 16 日于南京仙林